HUNDERT DÜSSELDORFER KÖPFE

Herausgeber Natascha Plankermann · Tigo Zeyen
Friedhelm Görgens Fotograf Hartmut S. Bühler

Droste

Bibliografische Informationen Der Deutschen Bibliothek
Die Deutsche Bibliothek verzeichnet diese Publikation in der Deutschen Nationalbibliografie; detaillierte bibliografische Daten sind im Internet über http://dnb.ddb.de abrufbar.

Herausgeber: Natascha Plankermann, Tigo Zeyen, Friedhelm Görgens
Fotografien: Hartmut S. Bühler
(ausgenommen Seite 79, Jörg Immendorff: Andreas Bretz)
Gesamtgestaltung und Satz: Droste Verlag
Druck und Bindung: B.o.s.s Druck und Medien GmbH
ISBN 3-7700-1193-7

www.drosteverlag.de

Inhaltsverzeichnis

Vorwort

„100 Düsseldorfer Köpfe" – das sind 100 Beispiele gelebter Düsseldorfer Geschichte zu Beginn des 21. Jahrhunderts. Zu Beginn eines Jahrhunderts, da die Stadt prosperiert wie selten zuvor. Düsseldorf ist nicht nur die Landeshauptstadt des bevölkerungsreichsten Bundeslandes der Bundesrepublik Deutschland – es ist zugleich die „Boomtown", die wirtschaftliche Nr. 1 unter allen deutschen Großstädten, wie erst kürzlich eine Umfrage des Wirtschaftsmagazins „Capital" ergab.

In einer ganzen Reihe von Branchen gehört die Stadt zu den Spitzenreitern in Deutschland:
Sie ist Werbestandort Nr. 1 vor Frankfurt und Hamburg, sie ist Standort Nr. 1 für Damenmoden, sie ist Groß- und Außenhandelsstandort Nr. 2 nach Hamburg, sie ist Bankenstandort Nr. 2 nach Frankfurt.

Düsseldorf hat geschickter als viele andere Städte die Vorteile des Strukturwandels genutzt. Die Stadt blieb dadurch über alle wirtschaftlichen Schwankungen hinweg ein attraktiver Standort für Unternehmen und Investoren. 82 Prozent der mehr als 420 000 Düsseldorfer Arbeitsplätze entfallen mittlerweile auf den so genannten tertiären Bereich, auf Handel, private Dienstleistungen und Gewerbe. Als Zentrum der Rhein-Ruhr-Region, der künftigen „Rheincity", ist Düsseldorf das Herz der wirtschaftsstärksten europäischen Region – vergleichbar Greater London oder der Ile de France.

Diese Erfolgsgeschichte haben aber nicht anonyme Mächte geschrieben, sondern Menschen aus Fleisch und Blut: Wirtschaftsführer und Kaufleute, Wissenschaftler und Mäzene, Manager und Politiker, Künstler und Sportler. Sie prägen nicht nur die Stadt, sondern die gesamte Region – sie sind das wichtigste Kapital unserer Stadt. 100 davon werden in diesem Buch porträtiert – 100 Persönlichkeiten, ohne die das moderne Düsseldorf nicht denkbar wäre.

Verlag und Herausgeber wissen, dass diese Auswahl subjektiv und unvollständig sein muss. Aber weitere 100 Köpfe, die es sicherlich verdient gehabt hätten, passen nicht auf 200 Seiten. Deshalb ist dieses Buch weniger ein „Who's Who", als vielmehr ein Beispiel für die Vielfalt, für die Unterschiedlichkeit der Lebenswege, die Düsseldorf zum Wachstumsstandort Nr. 1 in Deutschland gemacht haben.

Joachim Erwin
Oberbürgermeister der Landeshauptstadt Düsseldorf

Helge Achenbach

Ein Kran, hat Helge Achenbach einmal in trauter Freundesrunde erzählt, ein Kran habe praktisch sein Leben verändert. Es waren die 70er, als er irgendwo in Deutschland an einem dieser gewaltigen Baukräne vorbeifuhr. Ein Bürohaus wurde gebaut. So ein Haus, dachte Achenbach damals, wird sicherlich später, wenn die Menschen es in Besitz nehmen, mit Kunst verschönt.

Bilder, Skulpturen wurden auch damals schon in Fluren, Treppenhäusern und vor allem in Foyers platziert, um das Image der Firma zu transportieren, von ihrem Sinn für Kultur zu zeugen. Und Kunst, das war etwas, von dem Achenbach viel verstand.

Was, so der Gedanke, wenn man nicht nur einzelne Bilder oder Plastiken an den Mann bringen, sondern ganze Konzepte verkaufen würde? Passend zum Gebäude, zur Firma, zu den Menschen, die dort arbeiten? Kunst im Bau, am Bau, für und mit den Menschen – eine wohl durchdachte Gesamtkomposition, sozusagen. Das alles ging dem Mann durch den Kopf, als er vor diesem Kran stand.

Der Rest ist Geschichte und heißt heute Achenbach Kunst-Beratung.

Der damals noch junge (und schlanke) Galerist notierte sich den Namen des Architekten vom Bauschild, fand seine Adresse heraus und bot ihm seine Idee an. Der Mann war angetan, eine erste Geschäftsbeziehung war geknüpft. Viele weitere, größere, folgten.

Im damals noch „roten" Eller, einem Düsseldorfer Arbeiterviertel, lebte Achenbach und studierte Sozialpädagogik. Das dabei trainierte Feeling für die sozial Benachteiligten hinderte den SPD-Mann nicht daran, sich auch noch als Galerist zu betätigen. Den Anfang machte er in Räumen über einer Buchhandlung an der Bismarckstraße, geliehenes Kapital vom Vater – 20 000 Mark – halfen dem Sohn auf die Sprünge. Das erste Geschäft, bei dem er tatsächlich ein komplettes Gebäude mit Kunst nach seiner Wahl ausstattete, brachte auf einen Schlag mehr Umsatz als die Galerie sonst im ganzen Jahr erwirtschaftete, sagt er.

Diesem Auftrag schlossen sich weitere an, sein Ruf wuchs wie der mancher Künstler, die er aussuchte, denen er mit einem für Laien unerklärlichen Gespür eine große Zukunft zutraute. Wobei „groß" durchaus auch im Sinne von Wertzuwachs gemeint ist. Stolz berichtet Achenbach, dass er damals, in den 80er Jahren, ein Werk von Gerhard Richter an eine deutsche Versicherung vermittelte, für das das Unternehmen einen hohen fünfstelligen Betrag zahlte. Nun, knapp 20 Jahre später, ist „der Richter" einen zweistelligen Millionenbetrag in Euro wert.

Mehr denn je kommt ihm heute zugute, dass er viele der seit einigen Jahren arrivierten Künstler schon aus Zeiten kennt, in denen sie gerade anfingen, noch unbekannt (also preiswert) waren. Immendorff, Gursky, Lüpertz, Baselitz, Penck, Paik, Polke, Warhol, Struth, Uecker, Mack: Achenbach kennt (und hat!) sie alle, und sie kennen ihn. Auf seinem Handy sind ihre Nummern gespeichert, mit fast allen ist er per Du.

Dass er einmal für zwei oder drei Jahre Präsident von Fortuna Düsseldorf war – Schwamm drüber. Ein unerfreuliches Kapitel. Faux pas eines Fußball-Fans, der meinte, Fußball habe mit Kunst viel gemeinsam.

Zurzeit macht er Schlagzeilen mit einer europaweit bekannten „Strandbar": „Monkey's Island". Der Vater von acht Kindern (von drei Frauen) ist quasi nebenbei Gastronom geworden. „Monkey's" war seine Idee, er hat sie umgesetzt, und freut sich nun am Erfolg des künstlichen Strands im Düsseldorfer Hafen.

Dieses Gebilde aus Sand, Strandkörben, Liegestühlen und karibischem Feeling ist für ihn Kunst-Werk, besser: ein Stück Kunst. Und zwar im Sinne von Joseph Beuys: Der hat zu seinen Lebzeiten immer schon die soziale Plastik gefordert: offen, begreifbar, be-gehbar, nutzbar, gestaltet und geliebt von vielen Menschen.

Achenbach ist überzeugt, es geschaffen zu haben. Beuys hätte seine Freude daran. Da ist er sicher. Vermutlich hat er Recht – bei seinem Gespür für die Kunst.

 ■ Autor: Hans Onkelbach

KÜNSTLER DER GEGENWART : KLAUS STAECK

Lutz Aengevelt

Gesehen hat er sie noch nicht, aber davon gehört. Und spricht man ihn darauf an, kann er ein leichtes Schmunzeln nicht verbergen. Am Rathaus zu Langenfeld, der 60 000-Einwohner-Stadt im Süden Düsseldorfs, tickt seit dem Sommer 2004 eine Uhr. Mit jedem Sekundentakt verändert sich ein einstelliger Millionenbetrag nach unten – bis zur abseh- und errechenbaren absoluten Schuldenfreiheit. Die politische Führung der Kleinstadt reklamiert den Erfolg für sich, worüber Lutz Aengevelt kein böses Wort zu entlocken ist – obwohl er einer der Initiatoren der Grundlagen für den Schuldenabbau ist.

Im Stammhaus am Düsseldorfer Kennedydamm resümiert der promovierte Wirtschaftswissenschaftler und verheiratete Vater von zwei Kindern: „Das „Langenfelder Modell" war zu Beginn der 80er Jahre des vorigen Jahrhunderts bahnbrechend in der Entwicklung der heute populären Public-Private-Partnerships. Damals haben wir die immobilienwirtschaftlichen Instrumente entwickelt, die es ermöglichten, auf der Industriestraße und dem „Fuhrkamp"-Gelände direkt an der Stadtgrenze zu Düsseldorf ohne Inanspruchnahme öffentlicher Mittel auf fast einer Million Quadratmeter rund 3 000 Arbeitsplätze zu schaffen, und zusammen mit dem damaligen Stadtdirektor alles organisiert: Von der Flächenaufbereitung, dem Altlasten- und Abbruchmanagement bis hin zum Erschließungs- und Ansiedlungsmanagement."

Im ersten Bundesbaulandbericht 1983 wurde die private „Arbeitsbeschaffungsmaßnahme", die Langenfelds Gewerbesteuerquellen seit 20 Jahren allen Wirtschaftskrisen zum Trotz kräftig sprudeln lässt, als einziges privatwirtschaftliches Modell zur Erschließung privater und öffentlicher Flächen und deren erfolgreiche Besiedlung besonders gewürdigt. Wenige Jahre später, nach der Wiedervereinigung, dienten die gewonnenen Erfahrungen zur Entwicklung des „Berliner" bzw. „TLG-Modells", mit dem Aengevelt im Auftrag der Treuhand den nicht betriebsnotwendigen Immobilienbestand ehemaliger volkseigener Betriebe der DDR vermarktete. Dabei allerdings wurden Düsseldorfer Vorstadt-Dimensionen gesprengt: Bei einem vermittelten Gesamt-Investitionsvolumen von knapp zehn Milliarden Euro ging es um mehr als 78 000 Arbeitsplätze – in Berlin, Leipzig, Dresden, Chemnitz, Halle, Magdeburg, Rostock etc.

Lutz Aengevelt, der in dem zur Sicherung des Generationen-Wechsels mittlerweile als Immobilien-GmbH & Co. KG organisierten Unternehmen zusammen mit Vater Willi und Bruder Wulff als geschäftsführender Gesellschafter die Rolle des „Industrieministers" spielt und der auch im privaten Gespräch immer wieder kenntnis- und anekdotenreich auf das Thema „Immobilien" zurückkommt, ist ein echter Düsseldorfer „Jong", obwohl in seiner Geburtsurkunde „Offenbach" steht. Im schlimmen Bombensommer 1943 fand die Mutter Zuflucht im hessischen Elternhaus.

Aengevelt 2004 – das ist längst ein Düsseldorfer Markenzeichen wie „Henkel", „Alt" oder „Jan Wellem" geworden. Doch obwohl das Dehnungs-„e" hinter dem Anfangsbuchstaben des Namens es vermuten lässt, deuten die Ursprünge des Namens nicht auf den Niederrhein hin. Während der Kurfürst Johann Wilhelm ursprünglich aus der Pfalz und der erste Düsseldorfer Henkel aus der Eifel kam, wanderte der Stammvater der Düsseldorfer Aengevelts – der Urahn – als junger Handwerker im 19. Jahrhundert – wie viele andere – aus dem flämischen Maaseik ein und behielt zunächst die belgische Staatsangehörigkeit, wurde dann aber „Preuße", um heiraten und sein Baugewerbe betreiben zu können. Großvater Leo begründete 1910 die Immobilien-, Finanzierungs- und Versicherungsvermittlung.

1966, direkt nach dem Studium, trat Lutz Aengevelt in das väterliche Unternehmen ein. Vom gemütlichen Düsseldorfer Tonfall, den der international operierende Unternehmer ebenso pflegt wie seine sportlichen Hobbies Fußball, Eishockey, Skifahren und Tauchen, sollte sich niemand täuschen lassen: Aus dem kleinen Maklerbüro des Jahres 1910 ist in der dritten Generation längst ein internationaler „Player" geworden, der sein Research mit Datenerhebungen, Standort- und Objektanalysen zusammen mit renommierten nationalen und internationalen Partnern wissenschaftlich und objektiv betreibt. Zu den Leistungen von Lutz Aengevelt zählen traditionell zahlreiche Brancheninnovationen. Dies gilt für die ersten deutschen Marktindizes zu Beginn der 70er Jahre genauso wie für aktuelle Entwicklungen, z.B. das „Depotverfahren" und der „Komplettservice rund um die Immobilie".

Allerdings: Wenn Lutz Aengevelt von der „Wertschöpfungskette Immobilie" spricht, hört sich gnadenloser Wettbewerb fast wie ein Kinderspiel an – rheinischer Kapitalismus eben.

 Autor: Friedhelm Görgens

Susanne Anna

Als Kind wollte sie unbedingt Archäologin werden. Die griechischen Sagen und Bücher wie „Götter, Gräber und Gelehrte" beflügelten ihre Fantasie. Zusammen mit ihrem Vater besuchte sie die Ausgrabungen in Xanten. Doch letztendlich studierte sie Archäologie nur im Nebenfach und Kunstgeschichte im Hauptfach. Seit September 2003 leitet sie das Stadtmuseum Düsseldorf.

Wer Susanne Anna gegenüber sitzt, lässt sich leicht mitreißen. Ihre Augen blitzen, sie ist immer mit Begeisterung und vollem Einsatz für „ihr Haus" da. Ohne Umschweife bezeichnet sie ihren Job als Traumjob.

Susanne Anna ist ein Kind der Region. 1962 in Ratingen geboren, zog sie im Alter von zwei, drei Jahren mit ihren Eltern und ihrer Schwester nach Rosellen im Süden von Neuss. Doch erst als Susanne Anna das Gymnasium Marienberg, eine von Nonnen geführte Mädchenschule, besuchte, lernte sie Neuss näher kennen. Denn viel prägender waren stets die Besuche in Düsseldorf. Ihr Vater, ein Ingenieur mit Faible für die Klassische Moderne – er sammelte die Bilder des „Jungen Rheinland" – nahm seine Tochter gern ins Museum mit. „Durch meine Eltern bin ich zur Kunst gekommen", sagt Susanne Anna heute überaus dankbar. „Brücke" und „Blauer Reiter" waren für sie schon als Kind keine Fremdworte mehr. Und für den Vater, den die Tochter als eine „sehr dominante Persönlichkeit" charakterisiert, war klar, dass seine Susanne nur eins studieren soll: Kunstgeschichte.

Das hat sie dann auch getan. Zwar wollte sie nach dem Abitur erst einmal nach Athen, doch stattdessen ging es nach Mainz, wo sie an der Johannes-Gutenberg-Universität ihr Studium begann. Auch der Studienort war die Wahl des Vaters, eines gebürtigen Pfälzers, der stolz darauf war, im Dom zu Speyer getauft worden zu sein.

Die behütete Erziehung ist nur die eine Seite von Susanne Annas Werdegang. Sie legt großen Wert auf die Tatsache, ihr Studium selbst finanziert zu haben. Sie jobbte in der Galerie von Hete Hünermann, spielte Reiseleiterin bei Gauf-Reisen und Top-Tours, arbeitete bei Verlagen. Auch wenn ihr Studium dadurch vielleicht anfangs nicht so zielgerichtet gedacht war, schaute sie gern über den Rand der Hörsäle hinaus und bereitete sich damit ideal auf ein Museumsamt in modernem Sinne vor. Sie ging zum Beispiel als Praktikantin in die Münchner Werbeagentur Art Company, dann zur Denkmalbehörde der Stadt Leverkusen. Köln war von dort nicht weit, und was lag näher, als ein Volontariat am Museum Ludwig? 1990 promovierte sie in Mainz, ihre Dissertation schrieb sie über das Bühnenbild von Piscator bis Gründgens.

Doch schon vorher, 1989, begann sie ihre Museums-Laufbahn als Kustodin am Städtischen Museum Schloss Morsbroich in Leverkusen. Dort ermunterte man sie auch, sich auf eine frei gewordene Direktorenstelle der Städtischen Kunstsammlungen Chemnitz zu bewerben. Dass man diesen Job der jungen, frisch promovierten Kunsthistorikerin, gerade zwei Jahre am Museum tätig, zutraute, spricht eine deutliche Sprache.

Susanna Anna fuhr nach Chemnitz und stellte sich vor. Sie besichtigte das Museum – „es war eine Ruine" – und lernte den Oberbürgermeister kennen. Als sie am 6. Dezember ihren Anstellungsvertrag unterschrieb, war sie mit 29 Jahren die jüngste Museumschefin in ganz Deutschland. Sie erzählt mit viel Humor, welche Unbilden sie klaglos hinnahm. In ihrer Chemnitzer Wohnung gab es in der Küche nur kaltes Wasser und einen Emailofen. Wenn noch der Strom ausfiel, meisterte Susanne Anna in Mantel und Moonboots die Situation.

Vier Jahre lang war die junge Frau Chefin von 50 Angestellten und Herrin über eine gemischte Sammlung aus Romantikern, Expressionisten und Kunstgewerbe. Danach wechselte sie zurück nach Leverkusen, dieses Mal als Direktorin in Schloss Morsbroich. Auch dort bleibt Susanne Anna vier Jahre dabei – um wiederum für vier Jahre ans Museum für Angewandte Kunst nach Köln zu wechseln. Doch jetzt – so schwört sie – hat die Vierer-Serie aufgehört. Auf dem Direktorenposten des Düsseldorfer Stadtmuseums will sie 23 Jahre bleiben – bis zur Rente. Denn diese Aufgabe ist für sie „der aufregendste Job, den es gibt". Er sei nicht nur abwechslungsreich und habe mit Menschen zu tun, sondern biete die Möglichkeit, die Gesellschaft mitzugestalten. Als erstes erhielt das Stadtmuseum eine neue Konzeption. Klingt danach, dass man von Susanne Anna noch viel hören wird.

 ■ Autor: Heribert Brinkmann

Gottfried Arnold

Das Rentenalter hat er längst erreicht. Aber für den promovierten Juristen Gottfried Arnold ist die Vollendung des 65. Lebensjahres nie eine Grenze gewesen, jenseits derer man die Hände in den Schoß legt und den Lieben Gott, wie der Rheinländer sagt, einen guten Mann sein lässt. Arnold arbeitet ohne Unterlass weiter zum Wohle des großen Verlagshauses, das die bedeutendste Zeitung der Region herausgibt: die „Rheinische Post" mit einer Auflage von täglich mehr als 400 000 Exemplaren und über 1 300 Mitarbeitern.

Die Familie Arnold ist, neben den Familien Betz, Droste und Wenderoth, Gesellschafter des am Niederrhein hoch angesehenen, ja prägenden Blattes. Gottfried Arnold steht seit über einem Vierteljahrhundert dem Aufsichtsrat und der Gesellschafterversammlung des Zeitungshauses vor, das 1946 von seinem Vater Karl Arnold, dem ersten gewählten Ministerpräsidenten Nordrhein-Westfalens nach dem 2. Weltkrieg, sowie von Dr. Anton Betz und Dr. Erich Wenderoth gegründet wurde. Als der Generationenwechsel im Verlagshaus vollzogen wurde, war ihm deren an christlichen und demokratischen Grundwerten ausgerichtete Lebenseinstellung ein Vermächtnis, dem er sich in all seinem Tun stets verpflichtet fühlte.

Sein Lebensweg war praktisch vorgezeichnet. Gottfried Arnold ist Düsseldorfer mit Haut und Haaren. Die Landeshauptstadt ist der Mittelpunkt seines Daseins. Hier wurde er geboren, hier genoss er seine schulische Ausbildung bis zum Abitur 1953 am Görres-Gymnasium, hier ließ er sich nach dem Studium der Rechtswissenschaften zunächst als Anwalt nieder. Und hier begann natürlich auch seine politische Laufbahn, die ihn – als jeweils direkt gewählten Abgeordneten der CDU – von 1961 bis 1982 in den deutschen Bundestag führte. Dass Gottfried Arnold ein politischer Mensch war und ist, wurde ihm in die Wiege gelegt. Politik war im Hause Arnold immer ein Thema.

Karl Arnold, der Vater, stammte aus Württemberg. Er war gelernter Lederarbeiter und hatte sich in den frühen 20er Jahren in Düsseldorf niedergelassen, wo er alsbald auch seine Frau Liesel kennen lernte.

1956, zwei Jahre vor dem Tod des Vaters, wurde Gottfried Arnold Mitgesellschafter, 1962 dann Mitherausgeber der „Rheinischen Post". Seine Bestimmung war es, das Unternehmen in zweiter Generation auszubauen und auf eine breite Basis zu stellen. Um dieser Aufgabe in vollem Umfang gerecht zu werden, gab er seine aktiven politischen Ämter konsequent auf. Seinem unternehmerischen Weitblick ist es zu verdanken, dass das Verlagshaus heute auf einem ganz soliden Fundament steht.

„Es wurden gezielt neue Felder erschlossen", sagt Arnold, „wir haben eine Beteiligung am Aachener Zeitungshaus, besitzen in Tschechien zwei Zeitungen, darunter die größte des Landes, haben zwei regionale Zeitungen in Polen (in beiden Ländern 1 500 Beschäftigte), wir sind an Rundfunk- und Fernsehstationen beteiligt, bieten den Online-Service an und haben die Schadow Arkaden gebaut – ein gutes Stück im Herzen Düsseldorfs."

Das Feld ist also bestellt. Seit drei Jahren ist der älteste Sohn, Dr. Karl Hans Arnold, im Unternehmen tätig – als Geschäftsführer der Verlagsholding. Der studierte Betriebswirt war zuvor in angesehenen Verlagen, zuletzt in verantwortlicher Position im internationalen Unternehmensbereich von Gruner + Jahr in Paris.

Mit seiner Frau Irene, die aus dem Schwabenland stammt, hat Gottfried Arnold noch einen weiteren Sohn, Philipp, der als Anwalt in der renommierten Kanzlei Dr. Krömer, Steger und Partner tätig ist, und eine Tochter, Stephanie. Sie war bis zu ihrer Eheschließung bei der Düsseldorfer Messegesellschaft. Die drei Kinder haben ihn inzwischen zum siebenfachen Großvater gemacht – eine Rolle, die Gottfried Arnold außerordentlich genießt – in der Zeit, die ihm bleibt. Denn neben seiner Aufgabe in der Rheinischen Post bekleidet er unzählige Ehrenämter, und überdies ist sein Rat in den Aufsichtsräten anderer namhafter Unternehmen sehr gefragt. Aber irgendwie hat der Mann sein Leben so gut organisiert, dass er das alles unter einen Hut bekommt – wie der Rheinländer zu sagen pflegt.

RHEINISCHE POST
Nach „Hartz" – die SPD will netter werden
Brüssel erwägt Asyl für viele Notleidende

Josef Arnold

Die heile Welt liegt mitten in der Altstadt, am Stiftsplatz. An der Wand ein Ölbild von Friedhelm Riegel mit einer Kö-Ansicht, daneben eine alte Schützenurkunde von 1848, dazu jede Menge Zeichnungen, die Enkeltochter Julina für Josef Arnold gemalt hat.

Hektische Betriebsamkeit herrscht in dem Elektro-Meisterbetrieb. Wenn jemand nach der allerneusten Computer-gesteuerten Telefonanlage fragt, sagt der Chef lächelnd: „Ich bin nur das Auslaufmodell". Dabei blickt er ein bisschen stolz auf seinen Sohn Jörg, 38 Jahre alt, der am Schreibtisch gegenüber sitzt und mit der gleichen Leidenschaft am Familienunternehmen hängt wie sein Vater.

„Auch mein Vater war schon Elektromeister", erinnert sich Arnold, „der starb leider, als ich 13 Jahre alt war." Im gleichen Jahr begann Arnold eine Lehre bei Walter Laufs in Derendorf, der auch Schützenhauptmann beim St. Sebastianus Schützenverein war. Auch der Lehrjunge wurde Mitglied bei der Gesellschaft 6. Schützen und ist es noch heute.

Mit einer Sondergenehmigung konnte Arnold schon mit 21 Jahren seinen Meister machen, damit er den Familienbetrieb übernehmen konnte, der so lange von der Mutter zusammen mit zwei Gesellen geleitet wurde. Arnold: „Dafür gab es damals einen fünf Monate langen Lehrgang in Oldenburg."

Bereits 1969 wurde Arnold in den Vorstand des Schützenvereins gewählt, neun Jahre später war er zweiter Chef. Bereits seit 1981 steht er an der Spitze des Vereins. Eine Aufgabe, die Arnold zwölf Monate im Jahr in Anspruch nimmt. Denn der St. Sebastianus Schützenverein organisiert die größte Kirmes am Rhein, die alljährlich über vier Millionen Menschen auf die Oberkasseler Rheinwiesen lockt. „Damit gestalten wir das zweitgrößte Volksfest in Deutschland. Es ist das einzige dieser Größenordnung, das von einem Verein organisiert wird. Sonst machen das Städte oder Event-Agenturen", sagt Arnold. Dieser Tatsache ist es zu verdanken, dass die Kirmes trotz allem Kommerz immer noch den Charakter eines Familienfestes hat.

Die Auszeichnungen zu nennen, die Arnold erhalten hat, würden ein ganzes Buch füllen. Zu den wichtigsten zählen der Stadtorden der Landeshauptstadt, zahlreiche Ehrenmitgliedschaften bei den Gesellschaften, das Bundesverdienstkreuz am Bande, die Leo-Statz-Plakette, die goldene Nadel der Mundartfreunde, die Bronzemedaille der Handwerkskammer sowie der Jan-Wellem-Ring der Landeshauptstadt Düsseldorf. Außerdem gehört Arnold zu den Rittern des Ordens vom heiligen Sylvester, eine der höchsten Auszeichnungen, die der Vatikan zu vergeben hat. Den bekam er allerdings nicht für das Organisieren der Kirmes, sondern für seine langjährige Tätigkeit in der Pfarrgemeinde St. Lambertus.

30 Jahre lang war Arnold auch im Vorstand der Elektro-Innung aktiv, die ihn dafür mit der silbernen Ehrennadel des Fachverbandes belohnte. Er war Vorstandsmitglied des Verkehrsvereins und ist – für ein Kind der Altstadt selbstverständlich – Mitglied bei den „Düsseldorfer Jonges". Die Tradition pflegt er auch bei den Mundartfreunden und dem Heimatverein „Alde Düsseldorfer". Als Mitglied von „Fortuna Düsseldorf" hofft er außerdem, dass auch im Fußball bald wieder an die großen Zeiten angeknüpft werden kann. Wer sich engagiert, braucht manchmal auch einen Tapetenwechsel. Ruhe findet Josef Arnold seit 40 Jahren beim Urlaub in Oberstdorf.

Ein bisschen Sorgen macht ihm die Altstadt: „Es gibt leider immer weniger Gaststätten, in denen der Wirt hinter der Theke steht. Vor allem die Weinstuben sind verschwunden." Aber er gehört nicht zu denen, die alles ablehnen: „Es gibt auch positive Entwicklungen. Die Rheinuferpromenade ist wunderschön geworden. Wir leben eben heute in einer anderen Zeit."

Mit dem Kopf schüttelt er manchmal, wenn sich neue Lehrlinge bei ihm vorstellen: „Die jungen Leute werden heute in der Schule nicht mehr genug auf das Leben vorbereitet. Da muss etwas geschehen." Arnold gehört aber nicht zu denen, die den Wahlspruch der Schützen „Glaube, Sitte, Heimat" ständig auf den Lippen tragen. Er lebt ihn.

 ■ Autor: Dieter Sieckmeyer

Anna Badora

Eigentlich wollte sie am liebsten Astronautin werden. Oder vielmehr Kosmonautin wie Tatjana Tiereszkowa. Denn Anna Badora ist Polin, in Tschenstochau geboren, einem Marienwallfahrtsort, den das sozialistische Polen als tiefste Provinz abstempelte.

Während Anna Badora in der Schule zur Sozialistin erzogen wurde, sah sie gleichzeitig Pilger, die das letzte Stück Weg zum Kloster auf Knien bewältigten. Dennoch hatte es Anna Badora die „Schwarze Madonna" ebenso wenig angetan wie die Fahnen bei der Mai-Parade. Ihre Mutter ermutigte ihre drei Kinder zu einem kritischen Blick auf die herrschenden Verhältnisse. Ihr Vater schätzte Latein und Altgriechisch mehr als die Errungenschaften des Sozialismus. Und die mondäne Großmutter versuchte ihrer Enkelin beizubringen, welche Weine in welchen Gläsern zu welchen Speisen kredenzt werden. Ihr heiß geliebter Großvater erzählte von seiner großen Vergangenheit als Offizier und Sägewerkbesitzer.

Eine großbürgerliche Familie, ein intelligentes Kind – in der Schule glich sie ihre „Schande der Herkunft" mit sportlichen Leistungen aus. So gewann Anna Badora als 15-Jährige bei den Schlesischen Meisterschaften die Silbermedaille im 200-Meter-Lauf. Sport als Inhalt des Lebens? Das erschien ihr zu banal.

Anna Badora wuchs als Kind in verschiedenen Welten auf. Sie besuchte aus Trotz die Messe, weil es verboten war. Man ließ sie gewähren. Ihr Vater, eine geistige Kapazität, ging mit den alltäglichen Dingen des Lebens eher unbeholfen um. Für ihn war jedoch klar: Die älteste Tochter sollte Journalistin werden. Schließlich gab es in der Familie schon Journalisten und Schriftsteller. Ihre Tante, Krystyna Kolinska-Sachaczewska, gab sogar Bücher heraus. Doch dieser bequeme, von der Familie vorbestimmte Weg erschien Anna Badora zu langweilig.

Kurz vor dem Abitur wurde sie vom Theater-Bazillus angesteckt und wollte Regisseurin werden. Sie bewarb sich an der Staatlichen Hochschule für darstellende Künste in Krakau – und wurde zur Überraschung der Familie angenommen, als eine von zwölf Auserwählten bei 1 500 Bewerbern. Nach vier Jahren genügte ihr das auch nicht mehr. Ohne ein Wort Deutsch zu können, reiste sie nach Wien aus. Die Gründe waren ihr teilweise selbst nicht klar.

Deutsche hatte sie erstmalig 1972 bei einem Straßentheaterfestival in Amsterdam kennen gelernt – und überrascht festgestellt, dass sie so ganz anders waren als die Nazis aus der staatlichen Propaganda.

In Wien putzte die spätere Theaterleiterin Fenster und arbeitete in der Fabrik. Schließlich – „stur und mit Ausdauer" – schaffte Anna Badora es dann, als erste Frau im Fach Regie in die Geschichte des Max-Reinhardt-Seminars einzugehen. Aus Geldnot bewarb sie sich um ein Stipendium als Hochbegabte und erhielt den preisgekrönten Abschluss als beste Absolventin der Universität im Jahre 1976. Mit dem Geld bezahlte sie die Schulden bei ihren Freunden.

Die Türen standen ihr offen – oder doch nicht? Kühn sah sie für sich im deutschsprachigen Theater nur bei den großen Häusern Chancen, und machte bald Regieassistenz bei Zadek in Berlin. Die drei Jahre in Berlin, 1979 bis 1981, erschienen Anna Badora so intensiv wie 30 Jahre. Die Produktionen gerieten zu großen Provokationen, manchmal musste unter Polizeischutz geprobt werden. Zadek, ein Kind der 68er Jahre, hat Badora viel über Deutschland beigebracht.

1982 wechselte sie zu Jürgen Flimm nach Köln. Es folgten Wanderjahre von Essen bis Basel. 1991 wurde sie Oberspielleiterin und später Schauspieldirektorin am Staatstheater Mainz. Dort wurde sie für Düsseldorf ausgeguckt.

Seit 1996 ist sie Generalintendantin des Düsseldorfer Schauspielhauses. Frauen als Intendantinnen hatte es bisher nur an kleineren Häusern gegeben, nicht nur deshalb war Düsseldorf für Anna Badora eine riesige Herausforderung. In der ersten Zeit fühlte sie sich hier sehr alleine. Heute freut sie sich über eine enge Beziehung zum Publikum und zu einem engen Freundeskreis des Theaters. Anna Badora war 18 Jahre verheiratet, sie hat einen heute 15-jährigen Sohn. Er besucht die Internationale Schule Düsseldorf – wieder so eine Schnittstelle verschiedener Welten. Was sein wird, wenn ihr Vertrag nach zehn Jahren 2005 ausläuft? Anna Badora lässt es auf sich zukommen.

 ■ Autor: Heribert Brinkmann

Fritz Behrens

Er sei zwar vor kurzem in den Kreis Neuss gezogen, Düsseldorf stehe für ihn aber nach wie vor schon aus dienstlichen Gründen im Mittelpunkt, sagt Fritz Behrens. Kein Problem, Herr Innenminister. Mit Ihren Wurzeln in der Landeshauptstadt bleiben Sie ein Düsseldorfer Kopf.

„Regierungspräsident in Düsseldorf war eigentlich mein schönstes Amt", zieht der promovierte Jurist Zwischenbilanz: „Der mit Abstand bevölkerungsreichste Regierungsbezirk Deutschlands – eine Menge Chancen, Dinge zu beeinflussen – eine spannende Region!"

Im Dezember 1986, mit erst 38 Jahren, übernahm Behrens das Amt mit Sitz an der Cecilienallee. Ein weiterer Markstein bei einem steilen Aufstieg: Zuvor hatte der Sohn eines Bundesbahnbeamten in Göttingen studiert, war 1972 der SPD beigetreten und hatte dann sein Jura-Studium mit der Promotion, „summa cum laude", gekrönt.

1977 landete er in Düsseldorf und bekam als Referent in der Staatskanzlei den ersten Kontakt mit Politik, wie sie am Rhein gemacht wird. Ganz offensichtlich fühlte sich der junge Assessor im Dienste des Landes wohl und fand einen Mentor in Herbert Schnoor. Der damalige Chef der Staatskanzlei ernannte Behrens 1979 zu seinem persönlichen Referenten und nahm ihn nach seinem Amtswechsel in gleicher Funktion mit ins Innenministerium. Schnoors „Persönlicher" war inzwischen auch dem Landesvater aufgefallen: Johannes Rau holte sich Behrens 1983 als Büroleiter ins Haus. Von dort folgte dann die Berufung zum „RP".

Hier erwarb sich Behrens schnell einen Ruf als Reformer – das galt vor allem für seine schon früh veröffentlichten Gedanken über eine Umstrukturierung der Verwaltung hin zu effizientem, bürgernahem Handeln. Der Innenminister Behrens darf jetzt übrigens gelegentlich nachsehen, wie viel in den Amtsstuben von den Ideen des Regierungspräsidenten Behrens in die Tat umgesetzt worden ist…

Jedenfalls galt der Düsseldorfer „RP" bald als ministrabel, und im Sommer 1995 war es so weit: Fritz Behrens wurde NRW-Justizminister. Auch bei der Justiz herrschte Erneuerungsdruck, da war der richtige Mann am richtigen Ort. Dass nach dem Rücktritt von Ministerpräsident Rau sein neuer Chef Wolfgang Clement im Reformeifer Justiz- und Innenressort zusammenlegte und Behrens zu einer Art Super-Minister machte, war dann doch ein Tick zu viel: Anfang 1999 musste die alte Teilung wiederhergestellt werden, und damit war Behrens Innenminister.

In das Jahr 2000 falle die schwerste Periode seiner Amtszeit, sagt Behrens: „Da gab es erst die Morde an mehreren Polizisten in NRW. Dann den Anschlag auf die Synagoge in Düsseldorf und das Attentat am S-Bahnhof Wehrhahn." Das seien für ihn besonders tief greifende Erlebnisse gewesen. Problemlos verlaufene Großereignisse wie der G-7-Gipfel 1999 in Köln schlagen für den Mann, der für die Sicherheit im Lande mitverantwortlich ist, positiv zu Buche. Naturgemäß konzentrieren sich die Planungen nun auf die Vorbereitung der Fußball-WM 2006: „Wenn ich in der ‚Arena auf Schalke' ein Spiel sehe, gucke ich natürlich auch genau auf die polizeilichen Sicherheitsmaßnahmen", sagt Behrens. Für Sport hätte er gerne mehr Zeit – vor allem für eigene Aktivitäten: „Mein eigentlich wöchentliches Tennistraining ist mittlerweile nur noch unregelmäßig möglich. Und auch zum Golfen, mit dem ich angefangen habe, komme ich viel zu selten. Wenn es klappt, gehe ich einmal pro Woche zum Konditionstraining beim Behördensportverein". Bei schönem Wetter kann man den Innenminister samt Ehefrau schon mal inkognito am Rhein entlang radeln sehen.

Und wenn er bei einem Stopp von Bürgern erkannt wird, freut sich Fritz Behrens: Ein Politiker, der den Karneval liebt, der auch schon mal dem einen oder anderen Elfer-Rat angehört hat und der für seinen Humor mit der Klinzing-Plakette geadelt wurde, ist den Menschen im Lande immer nahe. Und denen in Düsseldorf seit 1988 als Träger der Ehrenmütze der Großen Karnevalsgesellschaft ganz besonders.

 ■ Autor: Ulrich Hermanski

Thomas Berthold

Sein Auftrag ist im Grunde ganz einfach. Er soll die seit Jahren am Boden liegende Fortuna nach oben bringen. Nicht mehr, nicht weniger. Selbst Herkules hätte dieses Himmelfahrtskommando vermutlich abgelehnt – Thomas Berthold nicht. Das Motto des Hessen, der spätestens seit dem Gewinn des Weltmeistertitels 1990 weiß, wie es auf dem Fußball-Gipfel aussieht, ließ ihn im Sommer 2003 den Job mit der nötigen Zuversicht angehen: „Erfolg ist planbar."

Der Titel, den Berthold bei dem seinerzeit bis in die viertklassige Oberliga gestürzten Traditionsklub annahm, schien das Vorurteil zu bestätigen, das er fast seit Beginn seiner Profikarriere mit sich herumschleppt: General Manager Fußball – ein nicht gerade bescheidenes Wortkonstrukt für einen Viertligisten. Und eben so passend für einen scheinbar so arroganten Typen, über den der „Spiegel" einst schrieb: „Kein anderer Profi hat Fußball-Deutschland systematischer gegen sich aufgebracht." Heute kann der Neu-Düsseldorfer über solche Formulierungen nur noch lächeln. „Mit diesen Klischees muss ich leben", sagt Berthold. „Als ich mit 21 Jahren nach Italien ging, habe ich meine aktive Arbeit mit den deutschen Boulevardmedien praktisch eingestellt. Und auch als ich Jahre später zurückkam, wollte ich nie Homestorys, habe mich immer in erster Linie als Sportler gesehen und mich nicht für eine gute Schlagzeile verkauft." Für die Rolle als Everybody's Darling eigne er sich eben nicht: „Ich kann Leute, die ich nicht mag, nicht einfach anlächeln."

Für seinen neuen Job eignet sich diese Geradeaus-Mentalität freilich bestens. Thomas Berthold hat sich auf die Fahne geschrieben, mit Fortuna wieder Glaubwürdigkeit zu vermitteln. Der Verein, der jahrelang Geld im großen Stil verbrannte, soll für die Wirtschaft wieder eine berechenbare Größe werden. Der Anfang ist gemacht, denn mit Trainer Massimo Morales, den Berthold aus Italien holte, gelang die Rückkehr in die Regionalliga. Spätestens in zwei Jahren soll es weitergehen in die 2. Bundesliga – mit immer mehr Spielen in der neuen Arena. Ihretwegen war der Weltmeister eigentlich nach Düsseldorf gekommen: Der federführende Konzern Walter Bau setzte auf sein Know-how, seine Ideen. „Die Arena braucht den Fußball." Für Thomas Berthold ist das eine klare Sache, und inzwischen ist es ihm auch gelungen, diese vermeintliche Selbstverständlichkeit auch anderen Entscheidungsträgern zu vermitteln. Seine Vision ist, rund um die Fortuna-Spiele ein Paket zu schnüren, das den Arena-Besuch zum Erlebnis macht. „Es geht darum, wie ich das Produkt Fußball verkaufe."

Bevor er nach Düsseldorf zog, kannte er von der Stadt nicht viel mehr als den Flughafen und ein paar Hotels. „Und ich hatte die Einschätzung, dass die Rheinländer fröhliche Menschen sind." Eine Einschätzung, die sich bestätigt hat. „Meine Familie und ich fühlen uns hier sauwohl, auch, weil mich hier vieles an Italien erinnert. Die Leute sind sehr kommunikativ, und Düsseldorf hat in den vergangenen Jahren sehr an Attraktivität gewonnen. Eine tolle, liebenswerte Stadt." Seine Familie – das sind Ehefrau Britta, die vierjährige Tochter Amelia und die 13-Jährige Julia, Tochter aus erster Ehe, die ebenfalls oft in Düsseldorf ist. Nicht zu vergessen Labrador Eddy, der vor allem das Schwimmen im Rhein liebt.

Die Familie war es auch, die Bertholds Liebe zum Sport prägte. So wurde Schwester Christine mit dem Hanauer HC und Eintracht Frankfurt Deutsche Hockey-Meisterin, sein Vater erlebte auf dem Sportinternat Chemnitz die intensive Förderung der damaligen DDR. Dennoch hätte er es lieber gesehen, wenn sein Sohn mit 18 Jahren das Stipendium für das Studium der Wirtschaftswissenschaft angenommen hätte, das ihm die Columbia University in den USA angeboten hatte. „Aber ich hatte schon seit meinem 13. Lebensjahr, als ich zu Eintracht Frankfurt gewechselt war, den Stallgeruch der Bundesliga in der Nase", berichtet Berthold. „Mit 17 hatte ich mein erstes Bundesligaspiel gemacht. Da kam ich vom Fußball nicht los." Im Nachhinein nicht die schlechteste Entscheidung – auch für Fortuna.

 ■ Autor: Bernd Jolitz

Jean-Claude Bourgueil

Mittags um zwei an einem Wochentag herrscht schon Trubel. In der Küche schnibbeln, schneiden und putzen zwölf Mitarbeiter in Weiß plus vier Auszubildende feinste Lebensmittel. Im Flur steht der Chef. Drumherum buhlen die Medien im Pulk: der Berichterstatter einer Tageszeitung, ein Nachrichtenagentur-Mann und ein Fernsehteam. „Ich komme nicht mehr zum Arbeiten", sagt Jean-Claude Bourgueil seufzend. Kurz zuvor hat die „Frankfurter Allgemeine Zeitung" angerufen und dem Maître die seit Jahren beliebte Frage nach seiner Lieblingsspeise gestellt. „Jean-Claude, Cusinier", so die in die gestärkte Kochkluft eingestickten Personalien, hat darauf wie immer geantwortet: lauwarmer Salat vom Kalbskopf. Fast exklusiv sei hier ergänzt: geschmorten Doradenkopf oder im Ofen gegarten Tunfisch-Nacken mag der Herr von drei Michelin-Sternen, einer der fünf besten Köche in Deutschland, ebenfalls.

Kaiserswerth: Zwischen dem bildschönen Markt und dem romantischen Rheinufer ragt die historische Backsteinfassade des (dreimal fast abgebrannten) Restaurants „Im Schiffchen" empor. Drinnen legt der charmante Service Speisekarten mit Top-Delikatessen auf. Jean-Claude Bourgueil bittet heißhungrige Gourmets und satten Geldadel zu Tisch: Millefeuille von Périgord-Trüffeln mit Drosselbeerschaum und Gänseleber, mit Kalbsbries und Waldpilzen gefüllte Cannelloni, auch bretonischer Hummer, in drei Gängen serviert. Hauptgerichte gibt es für 38 bis 66 Euro, Menus für 96 bis zu 115 Euro.

Derlei kulinarische Höhenflüge konnte sich der junge Bourgueil nicht erträumen, als er vom ländlich geprägten Elternhaus an der Loire aus durch die Küchen der französischen Provinzen pilgerte. Eher unspektakulär auch waren die Stippvisiten in Madrid oder in Berlin. Von der Spree folgte der Wechsel an den Rhein, ins Düsseldorf Hilton, in dessen legendärem Restaurant „San Francisco" Günter Scherrer den weltweit ersten Stern innerhalb des US-Konzerns erkochte. Jean-Claude schnupperte schnell Morgenluft in den „Walliser Stuben", die Anfang der 70er Jahre in Düsseldorf Inbegriff für Schlemmer-Mahle waren. Der junge Franzose führte Regie für den Aufstieg der „Stuben" in die Zwei-Sterne-Kategorie. 1981 leuchtete diese Auszeichnung über seinem eigenen Restaurant, dem „Schiffchen". 1988 stieg Bourgueil mit bis heute bewahrten drei Michelin-Sternen in den Gourmet-Olymp auf. Dort trifft er sich mit nur vier deutschen Kollegen.

Das Kochgenie mit dem markanten Akzent und der hohen, kahlen Stirn ist Düsseldorfer geworden, Bürger einer „sehr angenehmen Stadt, ziemlich mondän, aber mit Nähe zu den Menschen". Bourgueil wohnt mit seiner 23 Jahre jüngeren Partnerin in Angermund. Dort entspannt der Zugereiste in seinem mit einem Teehaus geschmückten japanischen Garten. „Nachts", sagt er, „sehe ich da nur Füchse, Eulen und Kaninchen." Tagsüber radelt er durch die Niederrhein-Landschaft, um 80 Kilo Gewicht bei 1,74 Meter Körpergröße zu halten. Vollends dem Herd entrückt ist der lukullische „Schiffchen"-Kapitän beim Segeln auf dem Mittelmeer. „Wasser ist gut für die Seele", beschreibt Bourgueil sein Glücksgefühl.

Bourgueil ist ein Warum-Mensch. Die kindliche, nervtötende Warum-Frage stellt er bis heute. Er will wissen, weshalb die Welt so ist, wie sie ist. Dazu blättert der Autor des aufwändig gestalteten Kochbuchs „Die Philosophie der großen Küche" mit Leidenschaft in Geschichtsbüchern, findet Bismarck und preußische Disziplin anerkennenswert.

Mitunter kämpfen zwei Neigungen um seine Gunst. Siegt die französische, düst der Franzose spontan zum Frühstück nach Paris. Gewinnt die deutsche, ärgert sich der Düsseldorfer über Parken in der zweiten Reihe und über fehlende Lebenskultur, beispielsweise schlabberige Kleidung beim Opernbesuch.

Was gart in der Zukunft? „Kochen ist eine unendliche Geschichte", erklärt der mit allen gastronomischen Ehren Ausgezeichnete, „man wird nie damit fertig, entdeckt immer wieder Neues." Was bedeutet das für Jean-Claude Bourgueil? Seine Vision: „Am liebsten würde ich im Stadtzentrum arbeiten, eine Kochschule gründen – aber mit Mittagstisch."

 ■ Autor: Carlheinz Tüllmann

Manfred Breuckmann

Ob er wirklich ein „Düsseldorfer Kopf" ist? Manfred Breuckmann muss kurz grübeln und antwortet dann doch mit Ja. Seit 1975 lebt der Mann, dessen Stimme im Radio eigentlich für das Revier pur steht, in der Landeshauptstadt am Rhein und fühlt sich hier, wie er glaubhaft versichert, rundum wohl. Obwohl er in seinem tiefsten Inneren noch immer „Ruhri" ist: „Das lässt einen nicht los, das bleibt man."

„Manni", wie er sich auch im Alter jenseits der 50 allenthalben unwidersprochen nennen lässt, ist für NRW-Verhältnisse ein echter Grenzgänger: Geboren und aufgewachsen ist er im westfälischen Datteln, wo sein Vater die Post ausgetragen hat. Und wo für Jungen, die den Fußball lieben, zuerst S04 oder Borus-si-aaa zählen. Vielleicht noch Grönemeyers VfL. Es sei denn, für einen geht dank mehrerer glücklicher Fügungen ein Jugendtraum in Erfüllung, und er darf schon mit 20 Jahren im Radio ein Fußballspiel kommentieren. „Das war im Mai 1972 die Partie Wattenscheid gegen Neuss in der Regionalliga West", erinnert sich Breuckmann viele Jahre, viele Welt- und Europameisterschaften später.

Die Rundfunkarbeit habe ihn fasziniert – Reporter, die über die Gabe verfügten, mit intensiver Schilderung und reichem Sprachschatz die Hörer zu fesseln. Wer ihm diese Gabe nachsagt, macht Manfred Breuckmann ein echtes Kompliment. Ein Kompliment ist in seinen Augen auch, dass häufig Schalker ihn für einen Borussen-Fan halten und umgekehrt. Keine öffentliche Parteinahme für einzelne Vereine, aber immer für die Sportart Fußball jenseits aller Show- und Event-Effekthascherei – das gehört zu den Prinzipien des Journalisten Breuckmann.

Da kommt zum Vorschein, was er unter „Ruhri" versteht: Der mag weniger Schein als Sein, ist bodenständig, kann mit Chichi nicht viel anfangen, verfügt über großes Beharrungsvermögen (Originalton Breuckmann) und begegnet mancher Leichtig- bis Leichtfertigkeit mit Skepsis.

Geprägt hat ihn zudem seine Berufsausbildung als Volljurist. Er wäre Verwaltungsrichter geworden, wenn ihm sein Dienstherr nicht die Nebenbeschäftigung Bundesliga-Reportagen untersagt hätte. Da obsiegte des Westfalen Beharrungsvermögen: Breuckmann verließ die juristische Laufbahn und wandte sich der journalistischen zu.

Ihn auf den Fußball-Kommentator zu reduzieren wäre jedoch, sagen wir es juristisch: grob fahrlässig. Der Fan klassischer Rock-Musik und Liebhaber von Altbier, das als leckeres Dröppken daherkommt, ist ein profilierter Redakteur. Er hat als landespolitischer Korrespondent ebenso gearbeitet wie in der Justiz-Berichterstattung.

Als Moderator von „Morgen"- und „Mittagsmagazin" auf WDR 2 konnte und kann er ein breit gefächertes Allgemeinwissen unter Beweis stellen. Quasi als Ergänzung zum vormittäglichen Boulevard, auf dem er in der „Westzeit" von Januar 1995 bis Dezember 1999 flanierte, nahm „Manni" die CD „I'm your radio" auf und schrieb den Ruhrpott-Krimi „Rote Karte für Pommes".

Um das Bild vom Grenzgänger aufzugreifen: Da bleibt Breuckmann konsequent. Arbeitet er doch für den tief-kölschen WDR. „Bei denen im Funkhaus muss ich mich immer als Düsseldorfer verteidigen", sagt er grinsend – wohl deshalb, weil er als nicht mehr wegzudenkender Fernseh-Moderator des Düsseldorfer Rosenmontagszuges die Konkurrenz aus den rheinauf gelegenen jecken Städten humoristisch in die Tasche zu stecken pflegt. Das hat ihm die Klinzing-Plakette, eine der höchsten karnevalistischen Ehren der Stadt, eingebracht.

Für Entspannung zwischen Studio und Spielfeld sorgen – neben dem Dröppken mit Freunden – ausgiebige Spaziergänge mit Ehefrau Susanne und Hund Camillo, einem Bearded Collie. Lieblings-Reviere sind Alt-Kaiserswerth und die Höhen rund um Gerresheim. „Ich will aus Düsseldorf nicht mehr weg", bekräftigt Breuckmann. „Von hier aus kann man die Bundesliga-Stadien im Westen prima erreichen, und" – Fortuna, aufgepasst – „bald muss man dafür nicht mal mehr die Stadtgrenzen verlassen!"

■ Autor: Ulrich Hermanski

WDR 2
Der Sender.

Oscar Bruch jun.

Immer dem Riesenrad nach. Mehr bräuchte Oscar Bruch junior als Adressangabe eigentlich nicht. Er gehört zu einer der traditionsreichsten Schaustellerdynastien Deutschlands. „Dabei bin ich der Einzige von uns, der nicht in Düsseldorf geboren wurde", lächelt er. Trotzdem: Düsseldorf ist für ihn Heimat. Ihm hat hier die größte Kirmes am Rhein ihr Wahrzeichen zu verdanken: das Riesenrad „Bellevue".

Als Bruch in den 80ern seine erste Achterbahn von den Eltern übernahm und eine eigene Firma gründete, wusste er genau, was auf ihn zukommen würde. Das Risiko als Selbstständiger und die harte Arbeit haben ihn nach dem Abitur im Internat und nach den ersten Berufserfahrungen im Familienunternehmen nicht abgehalten, der Schaustellerei nachzugehen. Zunächst wollte er zwar Maschinenbau studieren, denn um ein Riesenrad zu bauen, braucht es schließlich Ingenieure, aber die Pläne für neue Fahrgeschäfte kamen und kommen noch stets aus der Familie. Und so, wie schon Vater Oscar, der sich mit der Looping-Bahn „Eurostar" einen Traum erfüllte – der Stahlgigant muss auf 85 Sattelschleppern transportiert werden –, verzichtete auch der Sohn auf das Studium.

Auch der junge Bruch will Kirmesträume wahr werden lassen. Aber die Zeiten ändern sich. Wer als Schausteller überleben will, muss heute genau auf Logistik, Marketing und Zielgruppen achten. Anfang der 90er Jahre stand für die gesamte Familie Bruch eine wichtige Entscheidung an: das Aus der Riesenräder. „Weil mein Onkel Willi keine Kinder hat, haben wir tatsächlich überlegt, ob wir die Tradition der Riesenräder in unserer Familie einschlafen lassen." Das erste Riesenrad hat die Familie Bruch schon 1896 betrieben. Bruch-Spross Oscar fand einen Weg für die Riesenrad-Zukunft. Er ließ das Riesenrad „Bellevue" so konzipieren, dass Menschen von eins bis 100 Jahren in den verglasten Gondeln den Ausblick genießen können – ohne Zugluft und wildes Drehen der Kabinen, dafür mit liebevoller Dekoration. Auch Rollstuhlfahrer können mitfahren. „Man kann das Rad nicht neu erfinden, aber man kann es gut vermarkten", sagt er heute.

Richtig wütend machen Bruch jene Schausteller, die mit horrenden Fahrpreisen alle anderen in Verruf bringen. Trotz steigender Platzmieten und höherer Stromkosten seien die Preise in den vergangenen Jahren bei ihm stabil. „Ein Freund hat mal gesagt, Kirmes ist das ehrlichste Geschäft der Welt: Man kennt den Preis, man sieht was man dafür bekommt, kann die Wartezeit abschätzen und man kann entscheiden, ob es einem das Geld wert ist."

Statt Schausteller-Romantik kommt es heute auf Ehrgeiz und Durchsetzungsvermögen an. All das habe er vom Vater gelernt. Mit Erfolg. Der Junior ist ständig unterwegs, 60 Arbeitsstunden sind normal. Wo „Bellevue" ist, ist Bruch Sohn nicht fern. Trotzdem ist er sesshaft geworden. Beruflich in Oberhausen, wo er in der vierten Saison den CentroPark betreibt. Privat lebt er mit seiner Frau und seinen zwei Kindern zurzeit in Moers, der Heimatstadt seiner Frau. Er sei aber intensiv auf Wohnungssuche in Düsseldorf. „Denn meine Freunde habe ich alle hier", fügt er schnell hinzu.

Bruch junior ist rheinisch diplomatisch: „Das Oktoberfest in München hat die beste Kirmes, Düsseldorf die schönste." Einen Freizeitpark hätte er auch gerne in Düsseldorf gebaut – aber Oberhausen habe schließlich den Oscar bekommen. An seiner Liebe zur Landeshauptstadt ändert das nichts. Hier ist er sogar zum Karnevalisten geworden – obwohl der Schausteller das ganze Jahr über Halligalli hat.

Wenn ihm alles mal zu viel wird, hat der Geschäftsmann ein einfaches Rezept: „Das Riesenrad ist meine Chill-out-Zone. Wenn ich Stress habe, gebe ich mein Handy an der Kasse ab und fahre eine halbe Stunde." Die wechselnden Perspektiven helfen, einen klaren Kopf zu bekommen. Und zu entspannen.

 ■ Autorin: Andrea Militzer

Walter Brune

Sein Lebenstraum ist Lebensraum – so umsichtig durchdacht, geplant und schließlich gebaut, dass Menschen sich darin wohlfühlen. Dies vom Anfang bis hin zur Verwirklichung zu sehen, verschaffe ihm ein Gefühl tiefster Befriedigung. Wenn Walter Brune das voller spürbarer Leidenschaft sagt, glaubt man es ihm aufs Wort und ohne Zögern. Der Mann, 1926 geboren, hat in seinem Leben viel gebaut, und Millionen von Menschen kennen, begehen, genießen seine Bauwerke. Tagtäglich. Die meisten vermutlich ohne zu ahnen, wer hinter den Plänen steckt. Denn in der Regel taucht sein Name nicht auf in den Bezeichnungen und Namen der Bauwerke.

Walter Brune ist Architekt. Die Berufsbezeichnung allein wird dem Mann aber nicht gerecht. Nicht einmal annähernd. Er ist auch Städtegestalter, -planer, -entwickler. Das klingt anmaßend? Mag sein. Aber Brune hat bei all seinen Werken immer den großen Zusammenhang gesehen. Wenn er Verwaltungszentren (wie das für Karstadt), Bürokomplexe (wie den Prinzenpark in Düsseldorf-Oberkassel) oder Einkaufszentren (Kö-Galerie, Schadow Arkaden) baute, dann waren sie immer Teil des Ganzen, das er in seine Visionen mit einbezog. Hält er ein Projekt für einen Fremdkörper, der die Harmonie stört, lehnt er es ab. In Düsseldorf hat er daher zuletzt vor allem gegen die neue Bebauung des Bilker Bahnhofs gekämpft. Weil sie nach seiner Meinung schlecht ist fürs Gesamtgefüge innerhalb der Einkaufsstadt Düsseldorf.

Die hat er wohl mehr als alle anderen Städte geprägt: Schon in den 70er Jahren baute er das so genannte Münster-Center in Derendorf, das erstmals Läden, Büros, Wohnungen in dieser Kombination vereinte. Stadtentwicklungsgeschichte jedoch schrieb er mit seiner Kö-Galerie. Dieser Einkaufspalast an Düsseldorfs Prachtmeile erregte bereits Aufsehen, bevor der erste Spatenstich Mitte der 80er Jahre getan war. Eine solche Konzentration von Geschäften auf der Kö – da fürchteten viele eine zu starke Sogwirkung, das große Sterben anderer Läden wurde als drohendes Szenario an die Wand gemalt. Brune jedoch blieb dabei und pries die Galerie als Attraktion, die weitere Menschen auf die Kö ziehen würde. Genau so kam es: Durch Lage und Konzeption wurde die Galerie ein nicht mehr weg zu denkender Teil dieser weltweit berühmten Einkaufsstraße. Ähnlich war es Mitte der 90er mit den Schadow Arkaden. Zentral in der City, genau am Übergang von Königsallee zur Schadowstraße, zog auch sie Besucher an, setzte neue Maßstäbe im Herzen Düsseldorfs. Ohne Übertreibung kann man heute sagen, dass diese beiden Bauwerke wie keine anderen das Bild der Düsseldorfer City, die Kaufströme, damit die gesamt Innenstadt entscheidend geprägt haben.

Als Brune 1926 als fünftes von acht Kindern eines Architekten zur Welt kam, war das alles natürlich nicht absehbar. Höchstens vielleicht, dass er dem Vater folgen und Architekt werden würde. Was in den Jahren während des Krieges und danach nicht leicht war. Nach Düsseldorf kam er damals, weil hier seine Schwester lebte. Anfang der 50er Jahre baute er sich dort sein Haus im Wald des Stadtteils Rath. Viele andere folgten – Villen für Reiche und Mächtige (z.B. für Helmut Horten), Einkaufszentren, Bürogebäude, Verwaltungen. Er bekam viele Auszeichnungen, wurde vom Bau-Meister zum Bau-Herren (z. B. der Kö-Galerie). Bau-Stile änderten sich, gingen mit der Zeit. Schon vor vielen anderen entdeckte Brune den Reiz von natürlichem Material wie Stein und Holz wieder, immer war sein Respekt hoch vor handwerklicher Arbeit. Weil deren Wert bleibt.

Wie seine Liebe zu s e i n e m Haus. Dort lebt der Vater von sechs Kindern immer noch. Mit seiner (dritten) Frau und den beiden jüngsten Söhnen.

 ■ Autor: Hans Onkelbach

KÖ
GALERIE

Klaus Bungert

Viele Ehrenurkunden, die er in seinem Leben gesammelt hat, sind entrahmt und werden auf Papierstapeln verwahrt. Einige schmücken die Wände des kleinen Büros. Über eine prachtvoll holzgeschnitzte Schießscheibe von 1984 lacht Klaus Bungert: Das Loch, das ihn im Mittelpunkt als Meisterschützen ausweist, wurde mit der Bohrmaschine gemacht.

Die hochgekrempelten Hemdsärmel enthüllen kräftige sonnengebräunte Arme, aber der 78-Jährige hat gelernt, seine Reserven zu schonen. Fürs Segeln reichen sie nicht mehr. Beim Skat mit ehemaligen Karnevalsprinzen wird er abkassiert: „Ich reize aus Spaß zu hoch, ich spiele ja nicht, um Geld zu verdienen."

Der Düsseldorfer Oberbürgermeister mit den meisten Amtsjahren, an der Spitze des Stadtrates von 1974 bis 1979 und von 1984 bis 1994, dazwischen Stellvertreter des OB Josef Kürten, ist heute nicht weg vom Fenster. Er ist zwar aus seiner SPD ausgetreten, aber wach in Fragen der Sozialpolitik. Er arbeitet als Vorsitzender des Mietervereins (33 500 Mitglieder) täglich mehrere Stunden. Vor allem mag er es, wenn Menschen ihn ansprechen. Sein Credo: „Die Freude, mit Menschen zu tun zu haben – dafür arbeitet der Mensch mehr, als es gewöhnlich üblich ist."

Er folgte nur der eigenen inneren Stimme, regierte oft den Stadtrat mit nur einer Stimme Mehrheit und gab eine Stimme, die eigene, auch mal der anderen Seite. Immer ehrenamtlich. Bungert persönlich war öfters den Wählern sympathischer als die Partei, aber hauchdünn-knapp. Einmal wurde er im politischen Patt zum OB nur durch Losentscheid, eine Sensation. „Der Oberbürgermeister aus dem Hut ...", so ging er durch die deutsche Presse. Vorher hat er dem Rivalen und Freund Kürten „halbehalbe" angeboten. „Der wollte nicht. Dann wollte er – und ich nicht." Ein anderes Mal, 1990, als ein Orkan die Rosenmontagszugwagen zerfetzte, verlegte er das Karnevalspektakel kurzerhand in den Mai.

Im Rückblick werden kleine Geschichten wichtiger als große Geschichte. Schwerpunkt seiner Stadtgestaltung war Verkehrspolitik, dazu gehörten U-Bahn-Bau und Untertunnelung des Rheinufers. Hierzu musste er die eigenen Genossen überreden. Als OB hat Bungert jede Menge Verdienstkreuze im Auftrag des Bundespräsidenten überreicht. „Schwarz geärgert" hat er sich einmal dabei, als eine katholische Ordensschwester für 20-jährige Betreuung von Sterbenden nur die niedrigste Stufe des Ordens bekam, und ein Industrieller am selben Tag die höchste. Ärger auch über sich selbst. „Nachmittags war der Bundespräsident selbst im Rathaus zu Gast. Er hätte die Schwester persönlich ehren können. Ich habe leider versäumt, das zu organisieren."

Improvisation gehört zu seinen Stärken. Beim Hoppeditz-Erwachen fehlte ihm schon mal die vierte Seite des von ihm selbst in Reimen verfassten Textes. Aber: „Mit Lampenfieber war ich immer am besten." Ein anderes Beispiel: Ratssitzung, Rabbatz auf der Zuschauertribüne. Oberbürgermeister Klaus Bungert nahm das Hausrecht eigenhändig wahr und zog einen der Störer nach draußen. Denn die herbeigerufene Polizei tat verlegen und war voller Sorge um Eskalation. „Keiner hat mir geholfen." An der Spitze einer Stadt kann ein Mensch auch sehr einsam sein.

Auf dem Schreibtisch beim Mieterverein steht das Foto seiner schönen Karin. Nicht Ehefrau, aber Lebensgefährtin. Gemeinsam haben sie sich aus Klatsch und Skandal herausgehalten. Geboren am 18. Februar 1926 in Mülheim/Ruhr, hatte Bungert nach Soldatenzeit und Kriegsgefangenschaft keinen Beruf gelernt. Der Vater war als Offizier der Spionageabwehr interniert. Der Sohn musste Mutter, Bruder und Schwester ernähren. Die britische Siegermacht wollte ihn ins Bergwerk schicken, aber er hatte Klaustrophobie. Bungert ging lieber auf den Bau und als Maurer in die Gewerkschaft, hat als Hilfssachbearbeiter beim DGB-Vorstand in Düsseldorf angefangen und so eine viel beachtete Karriere begonnen.

■ Autor: Werner Schwerter

Jürgen Büssow

Seit er da ist, scheint der bronzene Adler oben auf dem Dach weniger furchterregend als einladend zu schauen: Der große, dunkelhaarige Mann mit der kessen Ponyfrisur kam vor bald zehn Jahren mit dem erklärten Plan, das ehrwürdige Haus des Regierungspräsidenten an der Cecilienallee zu öffnen. Es zu einer neutralen Plattform zu machen, die gerne angenommen wird. Von der Kultur, die etwa in Gestalt von Sängern des Aalto-Theaters und der Deutschen Oper am Rhein in die Bezirksregierung zum Zuhören lädt. Von neuen, jungen Firmen aus dem Biotech- oder IT-Bereich, die dort mit Finanziers aus Banken zusammenkommen. Von Vereinen oder Generalkonsulaten, die ihre Feste oder Nationalfeiertage feiern. Und natürlich von allen, die Jürgen Büssow oder einem seiner mehr als 1 300 Mitarbeiter virtuelle Fragen und Botschaften schicken wollen: Mitte der 90er Jahre hatte der Regierungspräsident dafür gesorgt, dass seine Behörde als erste in Nordrhein-Westfalen im Internet auftauchte. Heute kommen und gehen täglich tausend Mails, 8 000 kursieren im hausinternen Netz.

Erfreut schaut Büssow auf den Zettel, den ihm ein Mitarbeiter mit diesen Zahlen reicht: Sie entsprechen seiner Vorstellung von einer Bezirksregierung, die Trends setzt, er selbst möchte in diesem Bezirk „den Puls fühlen" können. „Er ist der kleinste in der Fläche, aber mit 5,3 Millionen Menschen hat er die größte Einwohnerzahl." In einer knappen Stunde kann der 58-Jährige dort an jedem Fleck sein, der ihn gerade interessiert. Alle 70 Bürgermeister und die Vorstandsvorsitzenden der großen Unternehmen kennt er mit Namen – und weil Büssow das schätzt, ist er dagegen, dass die Verwaltungsreform aus fünf irgendwann drei Bezirksregierungen macht. „Alles wird anonym."

Brav sein, auf Erlasse und Verordnungen zu warten, um dann zu reagieren – so etwas liegt dem Vater einer 21-jährigen Tochter nicht. Obwohl seine Behörde so angelegt ist. Das war schon etwas anderes, als der gelernte Orthopädie-Mechaniker noch in der Medienpolitik für die SPD im nordrhein-westfälischen Landtag Akzente setzte. Auf dem zweiten Bildungsweg hatte Jürgen Büssow Karriere gemacht: die Bildungsreife-Prüfung nachgeholt, Sozialarbeit und Pädagogik studiert, und nach ein paar Jahren in der Erwachsenenbildung die Vollzeitpolitik gewählt. Doch tauschen möchte er seinen Job nicht mehr: „Wenn ich etwas genehmige, läuft das Rad. Das passiert noch lange nicht, wenn ein Gesetz erlassen wird." Die praktische Seite, das Umsetzen gefällt ihm. Denn damit geht die Erfahrung einher, was eine Behörde tun kann, „wenn sie wach ist".

Um diese Geisteshaltung nicht zu verlieren, würde der gebürtige Godesberger einen Wettbewerb mit anderen Bezirksregierungen nicht scheuen. „Solange man sportlich bleibt, ohne die Ellbogen einzusetzen." Dennoch einen Dämpfer zu bekommen bedeutet für ihn, dass er weiß, woran er arbeiten muss. Und weil's ihm momentan niemand von außen nachweist, muss Büssow es selbst sagen: „Die Reform des Bildungswesens geht viel zu langsam." Schon entwirft er mit ein paar ausholenden Armbewegungen eine Schullandschaft nach seinem Gusto: Kinder werden ganztags in speziellen Klassen gefördert, musische Anteile im Unterricht verstärkt. Immerhin verstehe man in Deutschland inzwischen, dass Schule keine Halbtagsveranstaltung sei.

Im Schritttempo gehen, das erlaubt Büssow weder seiner Bezirksregierung noch sich selbst. Zack, zack hat er aufgezählt, was in seinen neun Dienstjahren passiert ist: Es gebe keine aufgebauschten Hierarchien mehr. Man verstehe sich als Dienstleistungsbetrieb, sei die schnellste Genehmigungsbehörde im großen Industrie- und Anlagenbau, habe die Verwaltungsreform sei 1997 so erfolgreich vorangebracht, dass der Bund der Steuerzahler die Kostentransparenz lobe. Seine Augen leuchten, wenn Jürgen Büssow von Plänen spricht: Die schnelle Stadtbahn „Circle Line" soll Bergisches Land und Niederrhein mit Messe und Flughafen verbinden, junge Künstler sollen sich auf bis zu 1 000 Quadratmetern Ausstellungsfläche darstellen können. Daran arbeitet er in seiner 70-Stunden-Woche, für die er sich mit einem simplen Rezept fit hält: Laufen. Nach zehn Marathons und 100 Kilometern beim Bieler Nachtlauf weiß Jürgen Büssow: „Ich habe etwas geschafft – unabhängig von Außenlob."

 ■ Autorin: Natascha Plankermann

Friedrich G. Conzen

Der Blick des Besuchers schweift über die Fülle der Gemälde, die die Wände zieren: Originale, alle kunstvoll gerahmt. Ein Museumsdirektor bekäme leuchtende Augen, sähe er diese Vielfalt in Dr. h. c. Friedrich Conzens Wohnung. Kunst und Wirtschaft – diese Kombination hat der Kunsthändler gemeistert wie kaum ein anderer. Wenn der 91-Jährige erzählt, dann sieht man ihn als engagierten Unternehmer und ehemaligen Inhaber der Kunsthandlung F. G. Conzen mit Fürsten, Künstlern und Wirtschaftspräsidenten verhandeln. Zum Beispiel mit Hermann Josef Abs, dem einstigen Sprecher der Deutschen Bank, mit dem früheren IHK-Präsidenten Ernst Schneider oder mit Alfred Freiherr von Oppenheim aus dem Bankhaus Sal. Oppenheim jr. Der Baron hat einen Namen als Präsident verschiedener Organisationen. Gerhard Hoehme, Professor an der Kunstakademie Düsseldorf, widmete dem Kunsthändler einmal ein Bild.

Als Geschäftsmann hatte er auch zu Politikern Kontakt, zum Beispiel zu den Düsseldorfern Fritz Vomfelde (Bürgermeister) und Oberbürgermeister Karl Arnold, dem späteren Ministerpräsidenten von Nordrhein-Westfalen. Viele prominente Menschen zählen seit jeher zu den Kunden des Hauses, unter ihnen war zum Beispiel Gustaf Gründgens. Der Schauspieler und Intendant sei „sehr eigenwillig" gewesen, erinnert sich Conzen: „Wenn der anrief, zitterten die Leute." Vom Schauspielhaus-Intendanten Gustav Lindemann hat Conzen sogar noch Briefe.

Der Kunsthändler selbst ist dabei sehr bodenständig geblieben. „Ich bin nie umgezogen." Düsseldorf strahlt für ihn den Reiz einer „modernen Stadt mit Tradition" aus. In vierter Generation hatte er die Leitung eines Unternehmens übernommen, das jetzt 150 Jahre besteht und vormals den Titel "Königlich Preussischer, Fürstlich Hohenzollernscher und Schaumburg Lippischer Hoflieferant" trug. Seit einigen Jahren ist er nicht mehr in den Firmen tätig. Die Rahmen- und Leistenfabrik, die Kunsthandlung sowie Conzen Glas leiten jetzt sein Sohn Friedrich Georg Conzen und sein Enkel, der ebenfalls Friedrich Georg Conzen heißt – und damit die fünfte und sechste Generation.

„Früher haben wir die Leisten noch selbst gekehlt", erinnert sich Conzen ans handwerkliche Bearbeiten der Rahmenprofile. Der 1933 begonnenen Lehre war eine kaufmännisch-technische Ausbildung und ein Studium der Betriebswirtschaftslehre und Kunstgeschichte vorangegangen. Zu der Zeit wurden Rahmen und Leisten noch mit zwei Pferdewagen transportiert. „Für uns wird es nie ein Auto geben", hatte sein Vater gesagt, „die sind zu schnell für uns." Kurz vor Kriegsbeginn schaffte er dann doch einen Ford an und einen Anhänger, um das Glas aus Elberfeld abzuholen.

1938 war ein geschäftlich interessantes Jahr. Das Kunst-Unternehmen sollte ein großes Bild im schlesischen Schloss Oels rahmen. Der Renaissance-Bau diente der Kronprinzessin Cecilie als Wohnsitz. Dann kam da noch der Auftrag von Bertha Krupp von Bohlen und Halbach, in der Essener Villa Hügel ein Familienportrait zu rahmen. „Einen solchen Auftrag bekommst du nicht noch mal", sagte sein Vater. „Das Bild war sechs Meter breit", weiß Conzen noch heute. Wie eine Fürstin sei die Auftraggeberin aufgetreten.

1941 übernahm er ein Unternehmen, das durch den Krieg gezeichnet war: Das Haus an der Kasernenstraße sei „total zerstört" gewesen, viele Mitarbeiter waren zum Militärdienst eingezogen worden. Conzen selbst sah einen Schutzengel am Werk, da er nicht an die Front musste. Als Flak-Helfer kam er schließlich in amerikanische und britische Kriegsgefangenschaft, aus der er aber bereits 1945 wieder entlassen wurde. Dann begann die Zeit des Wiederaufbaus und der Expansion des Unternehmens.

Der Kunsthändler engagierte sich darüber hinaus in vielen Gremien, wurde zum Beispiel IHK-Präsident (1974–1983), Präsident des Hauptverbandes des Deutschen Einzelhandels (1969–1984) und Präsident der Deutsch-Französischen Handelskammer, Paris. Für seine Verdienste um die Handelsforschung erteilte die wirtschafts- und sozialwissenschaftliche Fakultät der Universität Köln 1979 ihm die Ehrendoktorwürde. 1983 wurde Conzen mit dem Großen Bundesverdienstkreuz mit Stern ausgezeichnet.

 ■ Autor: Jürgen Grosche

Werner Matthias Dornscheidt

Es kann ein Mensch noch so sachlich sein: Wenn der Beruf für ihn auch Berufung und Herzenssache ist, sind Momente der Begeisterung programmiert. Werner Matthias Dornscheidt hat da doppelt Glück. Als waschechter Düsseldorfer ist er ohnehin kein trübseliger Mensch, lässt sich mitreißen und reißt gerne mit. Ein Typ, der auf Urlaubsansprüche verzichtet, weil Arbeit nicht nur Verpflichtung ist, sondern Spaß macht. Betritt er nun noch eine Messehalle, sieht er mehr als andere. „Das ist wie eine Droge. Beim Aufbau einer Messe greifen sehr viele Zahnräder ineinander, wir haben ja alleine hier 60 Berufe. Ein faszinierende Logistik." Kein Wunder, dass Dornscheidt die Zeit des Abbaus nicht so schätzt. „Es gibt Stände, die eher Paläste sind. Da werden Kunstwerke zerstört. Schrecklich."

Es ist schnell zu spüren: Der neue Mann an der Spitze der Messe Düsseldorf hat sich mit Haut und Haar seiner Aufgabe verschrieben. Erblich vorbelastet ist er, könnte man meinen. Schließlich war der Vater Stadtdirektor der Landeshauptstadt. „Nein", sagt Dornscheidt, seine berufliche Neigung habe sich erst später entwickelt. Messe oder Flughafen, dazwischen wollte sich der angehende Betriebswirt entscheiden.

Wer also nach dem tieferen Kern in der Persönlichkeit Werner Dornscheidts fragt, wird schnell ein Bekenntnis hören: „Ich war immer Dienstleister."

Diese Aufgabe nimmt der Manager sehr ernst. Hellwach ist er, wenn er wie ein Sensor Lücken im Service-Angebot aufspürt und Ideen entwickelt, wie man Menschen und Unternehmen so zufrieden macht, dass sie gerne ihr Geld in Düsseldorf ausgeben. Dornscheidt buchstabiert das kleine und große ABC dieser Kunst gerne. Das Wort Dienen nennt er dann, und der Hinweis auf das Grüßen und Danken im persönlichen Umgang führt geradewegs zur Philosophie, dem Kunden alle Leistungen rund um den Messebesuch aus einer Hand anzubieten.

Dornscheidt verbindet sein Credo mit zahlreichen Erinnerungen und Bildern. Die Idealvorstellung von Dienstleistung findet sich im Satz des Kunden, der vor ihm steht und staunend fragt: „Woher wussten Sie, dass ich jetzt komme?" Dazu passt das Erlebnis des Lehrlings Dornscheidt, der als Hotelkaufmann in spe auch im „Naschkörbchen", das sich im Wilhelm-Marx-Haus befand, arbeitete: „Da gab es einen Chef der alten Schule, der hatte vorn einen Karteikasten. Da stand drin, wer mit wem dagewesen war. Da konnte eine Dame anrufen und fragen, welches Kleid sie denn beim letzten Besuch getragen hatte." Für Beispiele dieser Art kann sich Dornscheidt begeistern. Ein Dienstleister weiß in seinen Augen viel, handelt schnell und zuvorkommend. „Der Hans-Otto Rues, früher Chef im Parkhotel, ist so einer. Der hat niemanden den Auftrag gegeben, einen Aschenbecher zu holen. Das hat er flott selbst gemacht."

Natürlich überträgt der Messe-Chef solche Einsichten in Systeme. So haben alle Beschäftigten – „vom Pförtner bis zur Putzfrau" – jetzt die wichtigsten Messe-Daten, Ansprechpartner und Telefonnummern im Kleinformat zur Hand. Diese Art der Höflichkeit lebt Dornscheidt nach innen und außen. An seiner Tür hing in den ersten Monaten ein Schild mit der Aufschrift „Stören erlaubt". „Wenn mich ein Mitarbeiter sprechen will und ich bin nicht verreist, dann hat er innerhalb von 48 Stunden einen Termin. Diese Maßgabe gilt auch für alle anderen Vorgesetzten. Wer sich nicht daran hält, bekommt es mit mir zu tun." Dornscheidt weicht Problemen nicht aus, er spricht sie offen an – ein Lied können davon die Düsseldorfer Taxi-Unternehmer und Hoteliers singen.

Der alte und neue Gerresheimer Dornscheidt hat alle Chancen, 15 Jahre Messe-Chef zu bleiben. Bis auf drei Jahre Leipzig war er dann immer bei dem städtischen Tochterunternehmen beschäftigt. Er steht für Innovation und Tradition gleichermaßen, verehrt seine Vorgänger Kurt Schoop und Willi Giese, mit dem er das erste große Handbuch zum Messe-Management verfasst hat. Der Mann, der fast 20 Jahre im Auslandsgeschäft der Messe Karriere machte, hat in Leipzig mit acht neuen Veranstaltungen gut vorgelegt. Düsseldorf darf gespannt sein, welche Zeichen er setzt.

 ■ Autor: Uwe-Jens Ruhnau

Shanghai

Albert Eickhoff

Schönes, glaubt Albert Eickhoff, sei Balsam für die Seele. Was also könnte ihn glücklicher machen, als sein Leben an einem Ort zu verbringen, der alle Sinne befriedigt? Mit dem selbst geschaffenen Mode-Mekka an der Kö war seine Sehnsucht nach Ästhetik gestillt. Doch erst das reizvolle Wechselspiel von Drinnen und Draußen vermag Eickhoffs ausgefüllte Tage mit der erwünschten Harmonie zu verzaubern. Wohlgefällig nimmt der Mann mit dem untrüglichen Gespür für die Trends von morgen die uralten Kastanien vor seinem Fenster ins Visier, erfreut sich an ihrer natürlichen Würde, preist die architektonische Eleganz des Pracht-Boulevards – um sich erst dann seinem eigenen Reich zuzuwenden, das mit schimmerndem Marmor und spiegelndem Glas einen perfekten Rahmen bildet für etwas, das es in ganz Deutschland kein zweites Mal gibt: 120 Designer-Kollektionen unter einem Dach.

Erklären lässt sich das Mysterium des Familien-Unternehmens, das weit über Düsseldorf hinaus Furore macht, damit jedoch nicht. Wenn Albert Eickhoff heute den Ehrentitel „Modeflüsterer von der Kö" trägt, muss man nach dem Ursprung dieser Erfolgsgeschichte fragen. Und gerät mitten hinein in die westfälische Provinz, wo Albert und Brigitte Eickhoff 1961 in Lippstadt ihren ersten Modesalon gründeten. Um alsbald dafür zu sorgen, dass die ganze Branche aus dem Staunen nicht mehr herauskam. Wer erregte als erster deutscher Kunde von Armani Aufsehen? Eickhoff. Und war es wirklich Gianni Versace, der 1978 persönlich in Lippstadt erschien, um im Theater eine grandiose Show mit 40 Models und 1500 Gästen aufzuziehen? „Ich hatte den damals noch recht unbekannten Designer in Florenz für uns entdeckt", bestätigt Albert Eickhoff lächelnd. „Wir haben Versace viel zu verdanken. Aber er uns auch."

So viel geballte Kreativität verlangte nach Aufbruch und Ausbruch. Logische Konsequenz, dass es den umtriebigen Trendsetter 1981 nach Düsseldorf zog. Dem ersten Geschäft folgte 1988 ein Designer-Haus am jetzigen Platz an der Königsallee 30, das später auf 930 Quadratmeter erweitert und zu einem viel beachteten Tempel für exklusive Mode und erlesene Accessoires umgestylt wurde – mit sagenhaften Umsätzen. „Für mich war es damals eine Herausforderung, im internationalen Wettbewerb einer Großstadt zu bestehen", erinnert sich Albert Eickhoff. „Es gab kein adäquates Haus in Düsseldorf. Natürlich sollte es unbedingt die Königsallee sein! Man empfing uns zunächst mit Zurückhaltung, doch unsere Ideen zündeten schnell."

Mehr noch – sie gerieten zum furiosen Feuerwerk. Den Eickhoffs gelang der Spagat, über Jahrzehnte hinweg eine herausragende Rolle in der Modewelt zu spielen und darüber hinaus auf gesellschaftlichem Parkett zu glänzen. Unvergessen die Gala in der Oper zum 40-jährigen Firmenjubiläum. Mit Weltstars wie John Neumeier, der ein Ballett choreographierte und seine Tänzer in Kostümen von Armani auftreten ließ. Mit dem amerikanischen Star-Bariton Thomas Hampson, der stilsicheren Laudatorin Prof. Gertrud Höhler. Sie alle haben etwas gemeinsam: Als enge persönliche Freunde der Familie kommen sie mit Medienfrauen wie Sabine Christiansen, Friede Springer, Patricia Riekel, mit Größen aus Wirtschaft und Politik, mit Schauspielern und Entertainern wie Iris Berben oder Udo Jürgens, mehrmals im Jahr in den Genuss einer Einladung in das Meerbuscher Privathaus der Eickhoffs. Intime Runden, geschickt gemixt von Brigitte Eickhoff. „Hier ist ein Glanz, der aus der Wärme, nicht aus der Kälte der Könner kommt", beschreibt Gertrud Höhler ihre Gastgeber, schwärmt von „Freundesliebe" und „Abenden ohne Aufgeregtheiten, ohne Profilneurosen, ohne schrille und eitle Töne."

Mag Albert Eickhoff auch mit dem Gedanken kokettieren, „ab 70 nur noch halbtags zu arbeiten", mag er mehr und mehr die Geschicke der Firma in die Hände von Tochter Susanne und Schwiegersohn Stefan Asbrand-Eickhoff legen, mit denen er bereits seit Jahren ein Erfolgs-Trio bildet und alle Einkaufsreisen gemeinsam unternimmt – eines wird sich ganz gewiss niemals ändern: sein exzellenter Geschmack und seine sprichwörtliche Großzügigkeit.

■ Autorin: Regina Goldlücke

Joachim Erwin

Ein CDU-Politiker, der nach Wildbad Kreuth zur kleinen Schwester mit dem „C" gebeten wird, erregt Aufmerksamkeit. Und wer, wie Joachim Erwin (CDU) in Toronto über Düsseldorfs gute Finanzen Vorträge hält, stellt sich sogar einer internationalen Fragerunde: „Herr Oberbürgermeister, was machen Sie eigentlich anders?"

Anders als das Korps der deutschen Oberbürgermeister-Kollegen. Sie können im Sog konjunktureller Schwäche und einer Berliner Steuerpolitik zu Gunsten der Konzerne, aber gleichzeitig zu Lasten der Kommunen, kaum noch ihre Köpfe über Wasser halten. Da zeigt Erwin Stärke. Das tut er stets gern. Die Robe des Kurfürsten Johann Wilhelm, zu Karneval aus dem Fundus einer Kulturstätte geholt, scheint auf den Leib des Prädikatsjuristen maßgeschneidert zu sein. Dass in dieser Robe nicht nur Glanz und Glorie stecken, wissen Historiker.

Als sich der Landtag von Nordrhein-Westfalen in den 90er Jahren die Ämter eines Verwaltungschefs (Oberstadtdirektor) sowie des ehrenamtlichen Oberbürgermeisters zu einem Hauptamt vereinte, war sich der damalige Innenminister Herbert Schnoor (SPD) sicher: „Die Bürger werden schon den Richtigen wählen." 1999 wählten die Bürger Erwin. Er setzte sich knapp gegen die Favoritin Marlies Smeets (SPD) durch und zeigte den Genossen schnell, wer der neue Herr im Hause ist. Erwin lebt den Spielraum der neuen Verfassung aus – als ein De-facto-Regierungschef, der sich auf eine Mehrheit des Stadtrates stützen kann.

Die irritierte Düsseldorfer SPD spricht vom Erwinismus, wenn sie diesen Regierungschef angreift. So, als habe der neue „OB" eine Epoche begründet. Dem 1949 in Stadtroda/Thüringen geborenen Rechtsanwalt ist Kritik nicht fremd. Er gehört nicht zu den empfindsamen Naturen und weiß in fast jeder Währung und auch an jedem Platz in der Welt zu wechseln. Letzteres ist der Erwähnung deshalb wert, weil der umtriebige Jurist das Flugzeug über alle Maßen liebt. Nur die engsten Mitarbeiter wissen: Wenn der Chef Montag um sieben am Schreibtisch sitzt, ist er gerade von einem Kurztrip in die Staaten zurück. Solche Montage gibt es viele. Nie ist ein Oberbürgermeister einer deutschen Stadt öfter in der Welt unterwegs gewesen.

Erwin on the road. Angesichts eines Pensums, das manchen Kerngesunden überfordern würde, gerät aus dem Blickfeld, dass der Rathaus-Chef an Darmkrebs leidet. Er weiß es seit einem Jahr und hat es selbst öffentlich gemacht. Die Krankheit hat im Stadtleben aber so gut wie keinen Stellenwert. Es ist das Geheimnis dieses Mannes, wie er sein Tagewerk mit den Wirkungen einer als aggressiv geltenden Chemotherapie verbindet. Dass der Marathon-Mann und Golf-Enthusiast im Sport kürzer tritt und abends früher ins Bett fällt als früher, weiß nur die Familie.

Die Familie, Frau und zwei Kinder, hat er im Wahlkampf 1999 buchstäblich ins Bild gesetzt und plakatieren lassen: Wenn Ihr mich wählt, seid Ihr meine Familie, lautete das Versprechen. Ein Familienvater im traditionellen Sinn ist der Scharfdenker jedoch nie geworden. Die Rolle würde auch nicht passen.

Sie ist auch nicht die Elle, an der Alleingänger Erwin gemessen werden will. Er setzt ganz auf „meine Leistungsbilanz", von der Bürger profitieren sollen. Auf die Leistung, eine Stadt zu internationalisieren, sie unter schwierigen Rahmenbedingungen finanziell zu stabilisieren und durch den Verkauf von Stadtwerke-Anteilen weitgehend zu entschulden. Diesen neu gewonnenen finanziellen Spielraum hat er für Bau- und Sanierungsinvestitionen ebenso genutzt wie für eine Erhöhung von freiwilligen Leistungen im Kultur-, Sport- und Sozialbereich.

Kann man international auf sich aufmerksam machen, wenn man Handwerker in Schulen schickt, Kunstrasen-Plätze anlegt, eine Arena aus dem Boden wachsen lässt oder einen Fußballverein nach oben treibt? Das gelingt nicht. Der Ruf nach Toronto hat eine andere Bedeutung: Erwin hat die NRW-Landeshauptstadt zu einer Marke mit Perspektive gemacht, zu der Investoren mit zukunftsweisenden Arbeitsplätzen Vertrauen haben oder entwickeln. Köln spürt das sehr wohl.

 ■ Autor: Ludolf Schulte

Peter Foerster

Dreierlei beherrscht Peter Foersters Leben. Die drei großen F – Familie, Fleisch, Fortuna. Ein weiteres steht für seinen Werdegang – Fleiß. Mit Beharrlichkeit und viel Engagement hat sich der Metzgermeister sein kleines Reich aufgebaut.

Da ist zum einen die schmucke Wurst- und Käsetheke in der Kö-Galerie. An den Stehtischen gleich nebenan pflegen tagtäglich Handwerker und Bankdirektoren, Sportler, Künstler und Geschäftsleute in genussvoller Eintracht zu speisen. Wenn rustikale Leckereien wie Kassler und dicke Bohnen, Erbsensuppe oder Schweinebraten mit Püree locken, gibt es keine Standesunterschiede, sondern nur noch eins: guten Appetit.

In Ratingen betreibt Foerster eine weitere Metzgerei mit „heißer Theke" und Partyservice. An der Multifunktionsarena in Stockum ist er ebenfalls im Einsatz. Sechs Mitarbeiter sorgen hier für die Verpflegung der rund 500 Baustellen-Beschäftigten. Wäre schließlich noch seine fleischverarbeitende Firma in Kleinenbroich zu nennen. Von hier kommen die Produkte, hier sitzt die Schaltzentrale des Unternehmens.

Vor zwei Jahren zerstörte ein Feuer den Betrieb, sorgte für einen herben Rückschlag bei den Geschäftsabläufen. Doch Foerster ließ sich nicht unterkriegen. Gemeinsam mit der Familie und seinen Mitarbeitern verarbeitete er den Schock schnell und baute die Firma wieder auf. Heute ist sie größer und leistungsstärker denn je.

Apropos Familie: „Ohne sie hätte ich es nie geschafft", sagt Peter Foerster und meint damit jedes Mitglied seines „Clans". Ehefrau Sigrid, die ihm lange Zeit im Geschäft zur Seite stand, die Töchter Judith und Christine sowie die Schwiegersöhne Yo und Marcus. Alle sind fest in den elterlichen Betrieb eingespannt. Christine ist für die Kö, Marcus für die Arena-Baustelle zuständig. Judith und Yo zeichnen für die Ratinger Filiale verantwortlich. „Die Mutter haben wir inzwischen in Rente geschickt", sagt Foerster lächelnd. „Sie kümmert sich jetzt um unsere drei Enkel Sammy, Ramy und Tristan. "

Ein weiteres Erfolgsrezept des 58-Jährigen gebürtigen Korschenbroichers: Er kann auf hervorragende Mitarbeiter bauen, die ihm schon seit vielen Jahren die Treue halten. Und: Foerster war schon immer ein ausgeschlafener Bursche. Wenn andere Leute ruhen, ist er hellwach. „Früher war ich zwischen 2 und 3 Uhr nachts in der Firma, heute schließe ich kurz nach 5 den Baustellenbetrieb an der Arena auf."

Foerster, die Führungspersönlichkeit. Von 1984 bis 1992 prägte er die Geschicke der Fortuna. Zunächst im Notvorstand um Josef Schmitz-Weiß, ab 1985 dann als Präsident. Als sein Lieblingsverein nach Bruno Rechts Weggang ohne Führung dastand und der Gang zum Amtsgericht drohte, sprang er in die Bresche, übernahm Verantwortung. Mit 38 war er der jüngste Fortuna-Chef aller Zeiten. Er durchlebte gemeinsam mit seinen Mitstreitern Heinz Hessling, Norbert Hengstermann und Frank Weickert wechselvolle Zeiten, die Mannschaft durchlief etliche Täler und machte ihrem Namen als launische Diva alle Ehre. Foerster setzte mit Dieter Brei, Pepi Hickersberger und Rolf Schafstall drei Trainer an die Luft. Aleksandar Ristic, den er einst zum Flinger Broich geholt hatte, wechselte zwischenzeitlich nach Schalke. Durch Foerster wurde auch ein Mann bekannt, der später als „Sonnenkönig vom Parkstadion" vorübergehende Berühmtheit erlangte: der Düsseldorfer Günther Eichberg, mittlerweile Bürgermeister des Kurorts Bad Bertrich, in dem Fortuna einst ein Trainingslager aufschlug.

Foerster war ein volkstümlicher Präsident. Bierzelt statt Ballsaal. Nicht immer mit glücklicher Hand operierend, aber ehrlich, mutig, gewissenhaft. Fortuna war ihm stets eine Herzensangelegenheit. Als er 1992 von seinem Posten zurücktrat, waren viele bekümmert. Und es gibt nicht wenige, die ihm noch heute nachtrauern. Zwischenzeitlich stand er tatsächlich wieder auf dem Sprung, als Fortuna mal wieder händeringend einen „Boss" brauchte. „Aber da hat mir meine Sigrid mit der Roten Karte gedroht", sagt er augenzwinkernd. „So blieb mir keine Wahl."

 Autor: Michael Grixa

Hermann Franzen

Die Kugelspielerin hat es ihm angetan. Hermann Franzen liebt die Bronzefigur im Blumengarten der Königsallee, die graziös zum Wurf der Boule-Kugel ansetzt. Eine liebevoll dem Original nachgebildete Miniatur-Spielerin aus der Meissener Porzellan-Manufaktur schwingt auch auf dem Fenstersims im Büro den Ball. Franzen schätzt „ihren Schwung und den Faltenwurf".

„Mich zieht alles Schöne an", offenbart der Geschäftsmann einen wesentlichen Grundsatz seines Lebens. Und er gibt es gerne weiter. Glas, Porzellan und andere „schöne Dinge des Lebens" bietet das Haus Franzen seinen Kunden an. Das Geschäft liegt an der Königsallee – „der schönsten städtebaulichen Anlage Deutschlands", findet Franzen. Die edle Allee hat von Kindestagen an sein ästhetisches Empfinden geprägt, ebenso das Manufakturporzellan, dessen Faszination er „mit der Muttermilch aufgesogen" hat. In dritter Generation führt Hermann Franzen zusammen mit seinem 16 Jahre jüngeren Bruder Claus das Familienunternehmen.

Dem Kunstgenuss kann Franzen nur wenig Zeit widmen. Als Präsident des Hauptverbandes des Deutschen Einzelhandels setzt er sich für seine Branche ein. Ihm wurde die Ehre zuteil, der erste auch von ostdeutschen Händlern gewählte Präsident zu sein. Die regionale Wirtschaft schätzt darüber hinaus sein Engagement im Amte des Präsidenten der Industrie- und Handelskammer zu Düsseldorf. Erst kürzlich wurde er mit dem Bundesverdienstkreuz Erster Klasse ausgezeichnet.

Das erfüllt ihn weniger mit Stolz, eher mit Dankbarkeit „denen gegenüber, die mir zur Seite standen und stehen", sagt Franzen, dem es unangenehm ist, mit „Herr Präsident" angesprochen zu werden. „Ich bin nicht mehr und nicht weniger als alle, die mitarbeiten", sagt der Geschäftsmann. Im Unternehmen übernimmt die Familie viele Dinge; „ein Franzen ist immer im Laden" – seine Frau, seine Tochter und auch die 91-jährige Mutter kümmern sich ums Alltägliche.

Die beiden Söhne sind außer Haus. Der ältere lebt als Arzt in Frankfurt, der jüngere wird gerade Reserveoffizier – „zu meiner Freude", betont Franzen, der es während seiner zweijährigen („sehr lehrreichen") Bundeswehr-Zeit zu Beginn der 60er Jahre auch dazu brachte. Die jungen Soldaten seien oft „an die körperliche und geistige Leistungsgrenze geführt worden". Erfolgreich war, wer Willenskraft zeigte. Diese Erfahrung trägt ihn noch heute durch alle Belastungen. Sicher, schon der Vater und der Großvater haben Ehrenämter angenommen, daher habe auch er „irgendwie die Gene gehabt". Aber manchmal müsse er sich doch „durch drei teilen".

Dafür wird Franzen von Unternehmern und Politikern als Gesprächspartner geschätzt. Manches kann man dabei auch bewegen. So setzte Franzen sich dafür ein, dass die Meissener Porzellan-Manufaktur, mit der das Geschäft seit jeher gute Beziehungen pflegt, nach der Wende nicht privatisiert wurde, sondern ins Eigentum des Freistaates Sachsen überging. Nur so habe die Manufaktur ihr Wesen als Kulturinstitut wahren können, davon ist der Porzellanhändler überzeugt.

Bei aller Weltläufigkeit – die spätestens seit seiner Praktikantenzeit in der Schweiz und im kalifornischen Beverly Hills sein Wesen mitprägt – ist Hermann Franzen ein Düsseldorfer geblieben, ein „Rheinländer mit vielleicht etwas ernsterer Ausprägung". Dazu mögen auch ernste Erinnerungen beigetragen haben. Ans Haus etwa, das der Vierjährige nach einem Bombenangriff in Flammen stehen sah. Den Wiederaufbau der Stadt erlebte er wie viele Düsseldorfer: Im Garten hinterm Haus baute man Obst und Gemüse an und hielt Hühner.

Bei den ersten Fahrten mit dem neuen Opel-Blitz zu den Manufakturen durfte er seinen Vater begleiten. Er besuchte die Maxschule, dann das Humboldt-Gymnasium, wo er den „Faust" schätzen lernte. Den alten Goethe liest er noch heute gerne – wenn es denn die knapp bemessene Zeit zulässt. Dann fällt der Blick wieder auf die Kugelspielerin, und Hermann Franzen bewundert die Ästhetik der Figur, die die Meissener Porzellan-Manufaktur im Detail eingefangen hat.

 ■ Autor: Jürgen Grosche

Hanns Friedrichs

Märchenhaft war der Mann schon immer: Mit fünf Jahren stand er zum ersten Mal auf der Bühne, als Zwerg in „Schneewittchen", selbiges spielte er dann auch noch. Hanns Friedrichs, 1928 in Dresden geboren, wollte Schauspieler werden. In Krieg und Frieden. Zwischen 1939 und 1945 posierte er in Kinderfilmen und machte fleißig Fronttheater. Dann war der Krieg zu Ende, die Theater noch zu, und ohne Arbeitsnachweis gab es keine (Über-)Lebensmittelkarte.

So wurde aus dem talentierten Nachwuchsmimen ein tapferes Schneiderlein. Dessen erste Stücke aus Berlin sind längst museumsreif: Kleider aus Kartoffelsäcken, Röcke aus Billardtuch, Roben mit Rüschen aus Mull und Windeln. Er stickte Blümchen auf Uniformen – eine Modeaussage, auf die seine Kollegen erst Jahrzehnte später kamen.

1948 zog Friedrichs von der Spree an den Rhein. Er gründete seinen sagenhaften Salon, die Kundinnen lagen ihm zu Füßen, die Medien feierten ihn als „Dior von Düsseldorf". Und immer wieder zog's ihn zum Theater. Schon Ende der 50er Jahre stattete er „Gigi" aus, später 35 Jahre lang die Inszenierungen der „Komödie" an Düsseldorfs Berliner Allee: In Friedrichs' Kreationen sah auch eine zweite Besetzung wie erste Sahne aus: „Boulevard braucht einen Schwung Optik."

Und dann all die Prinzessinnenkleider für die Düsseldorfer Venetien. Bis vor einigen Jahren eine von ihnen über den alten Mode-Zar das Näschen rümpfte und lieber Label-Luxus von der Königsallee wollte. Das hat Friedrichs schon getroffen. Zum Jubiläum des Düsseldorfer Prachtboulevards war es dann doch wieder er, der vom WDR interviewt wurde. „Ich bin nicht von der Kö, ich bin die Kö", schnaubt er.

Nie kann man ganz sicher sein, ob und wann der herzliche Hauptdarsteller seines eigenen Imperiums Theater spielt – mit Mitte Siebzig noch so gekonnt wie in seinen unvergessenen Mode-Galas im vergangenen Jahrhundert im Düsseldorfer Interconti. Da war schon das Publikum eine Schau. Es drängelte in drei Vorstellungen an einem Tag und bis Nachts um vier an der Bar: „Und am nächsten Morgen um 8 Uhr war die erste Kundin da." Und die Medien sowieso. Für die schlüpft er dann schon mal in einen weißen Damensmoking: „Jetzt zeig ich dir mal, wie das Ding wirkt". Das wirkt, und wie. Der Spiegel ist geduldig. Und wartet auf die Enthüllungen, die Friedrichs schon seit Jahrzehnten ankündigt: „Mein Spiegel erzählt, so heißt mein Buch."

Das Wort Krise kennt der Kerl nicht. Wenn er Probleme hätte, die würde er auch noch einkleiden – in elegante Worte. „Ich hatte nie einen Pfennig Schulden, alles was über den Steg lief, gehörte mir." Wer kann das heute noch sagen von seinen jungen Kollegen? „Die heutige Mode kokettiert mit der Armut, das ist doch eine Ungezogenheit", ätzt der alte Modemeister und durchschaut Pariser Schauen: „Bei mir kauften die Kundinnen, die in der ersten Reihe saßen und waren nicht gekauft, damit sie da saßen."

„Meine Kreationen sind wie meine Kundinnen – alterslos", betont der Mann mit den silbernem Haar, den silbernen Ringen, dem silbernen Nagellack. Nein, er mache keine Mode, er ziehe Frauen an. Das waren Damen und Diven wie Lil Dagover, Carola Höhn, Joan Collins, Eartha Kitt, Nadja Tiller, Karin Dor, Gynäkologen-Gattinnen und Manager-Mätressen. Und die treuen Kundinnen – „alles meine Freundinnen" – kommen immer noch – auch jetzt noch, wo er eigentlich nichts mehr macht, was ihn nur noch exklusiver macht.

Mögen sich andere Modemacher scheu verbeugen, Hännschen Friedrichs ließ und lässt sich seinen Auftritt nicht nehmen, schwenkt das Stöckchen und zieht den Zylinder wie die rheinische Antwort auf Johannes Heesters.

Seine Galas, das sind heute die des Förderkreises A.I.D.S (alle im Dienste solidarisch), dessen Vorsitzender er seit über zehn Jahren ist. Dort sammelt er nicht nur Applaus, sondern auch Spenden. Und immer wieder Anekdoten – die uns dann hoffentlich irgendwann sein Spiegel erzählt. An dem Buch arbeitet er gerade …

 Autorin: Inge Hufschlag

Bert Gerresheim

Für die meisten Düsseldorfer ist Bert Gerresheim immer noch der Künstler des „kaputten Heine". 1981 entstand dieses Monument als eine begehbare Skulptur, ohne Sockel, direkt auf die Erde gelegt. Vergessen haben die meisten den langen Streit um die Entstehung dieses Denkmals. Gegenspieler war ausgerechnet Arno Breker, ein Vorzeigekünstler des Dritten Reiches. Für seine Jünglingsfigur von 1928 als Heine-Denkmal machten sich einflussreiche Düsseldorfer stark.

Der „Nepomuk" auf der Oberkasseler Brücke, das „Stadtmonument" am Burgplatz, der „Corpus Christi" am Turm der Rochuskirche – Gerresheim ist mit seinem Werk in Düsseldorf überaus präsent. Seine Heimatstadt hat ihn nicht links liegen gelassen wie viele andere berühmte Söhne der Stadt. Bert Gerresheim, 1935 in Düsseldorf geboren, wuchs in Oberkassel auf. In der Brendamourstraße wohnten ein paar Häuser weiter Hulda und Otto Pankok. Man kam ins Gespräch, und so erhielt Bert Gerresheim bereits als Schüler ersten Zeichenunterricht bei Otto Pankok. Der galt im Dritten Reich als Vertreter „entarteter Kunst", in Oberkassel bezeichnete man ihn als „den roten Pankok", weil er Kontakt zu Otto Dix hatte. Für Gerresheim war Pankok ein faszinierender Mann, der eine Form von Urchristentum zu leben versuchte und in seiner Kunst die Zukurzgekommenen in den Mittelpunkt stellte.

Pankok wurde dann auch sein Lehrer an der Kunstakademie. Noch heute redet Gerresheim voller Hochachtung von dem Mann, der nie viel gesagt hat und seinen Schülern viel Raum gelassen hat. Wie Gerresheim waren auch Uecker und Günther Grass seine Schüler. Bei Pankok wurde immer politisiert. Das war Gerresheim vom Elternhaus gewohnt. Sein Onkel kam für seine kommunistische Einstellung im Dritten Reich ins KZ, aus dem er erst von den Amerikanern befreit wurde. Als Knabe erlebte der Künstler, wie Mitarbeiter der Gestapo die Wohnungstür eintraten und auf der Suche nach geheimen Verstecken im Winter das Ofenrohr aus der Wand zogen. Sein Vater, ein Transportunternehmer, kam erst in den Prügelkeller an der Oststraße, wurde später eingezogen.

Als Willy Brandt die neue Ostpolitik schuf, trat Bert Gerresheim in die SPD ein – was für ihn nicht ausschließt, sich als religiös zu bekennen. Bert Gerresheim gehört dem dritten Orden der Franziskaner an. Dieser 1213 in Assisi gegründete Orden ermöglicht es auch Laien, sich den Idealen der Franziskaner anzuschließen. Für Menschen von heute bedeutet dies, kein Hab und Gut anzuhäufen, keine Waffen zu besitzen und keine politische Macht anzustreben.

Bert Gerresheim studierte nach der Kunstakademie an der Kölner Universität Kunstgeschichte, Archäologie und Germanistik. Ein wichtiger Schritt war für ihn das Stipendium für ein Jahr in der Villa Massimo in Rom. Die Fresken und Plastiken Roms lehrten Gerresheim all das, was er an der Akademie nicht gelernt hatte.

Eines der größten Werke Gerresheims ist die „Apokalypse" von 2002 über dem Pilgerportal der Marienbasilika zu Kevelaer. Unter den 260 Figuren sind auch die Figuren von Hitler, Stalin und Bin Laden zu finden. Schon 1985 arbeitete der Künstler in den Brückenheiligen Nepomuk das Gesicht des Priesters Jerzy Popieluszko ein, ein Jahr nach dessen Ermordung. Bis heute kommen Polen jedes Jahr am Todestag des Priesters nach Düsseldorf, um einen Kranz auf der Oberkasseler Brücke nieder zu legen.

In seinem Atelier findet sich ein vom Kerzenruß geschwärztes Kruzifix, ein norddeutsches Pestkreuz, das Gerresheim von einer Tenne gerettet hat. Und eine böhmische Muttergottes von 1400, die er gegen eine seiner Plastiken tauschte. Ebenso wichtig ist für ihn der kleine Zerrspiegel von 1600, der von festgefahrenen Sichtweisen befreien soll. Und der kleine Akt-Torso von Rodin, in dem der Daumendruck der Meisters noch heute sichtbar ist. Auf dieses Stück legt Bert Gerresheim besonderen Wert. Ein Schlüsselerlebnis seines Lebens war der Besuch des Rodin-Museums in Paris 1950 zusammen mit seinem Vater. Das „Höllentor" von Rodin führte den 15-Jährigen auf den Weg zur Kunst.

Autor: Heribert Brinkmann

Olaf Göttgens

Wer am kräftigsten aufs Gaspedal tritt, kommt nicht unbedingt am weitesten. Kaum jemand weiß das besser als Dr. Olaf Göttgens. Denn sein erstes Auto war eine Ente. Mit der fuhr er sieben Jahre lang kreuz und quer durch Europa. Angekommen ist der 38-Jährige auf einem der begehrtesten Chef-Sessel, die Düsseldorf zu bieten hat. Seit dem 1. April 2004 ist Göttgens Chief Executive Officer der deutschen BBDO-Gruppe. Mit 3 600 Mitarbeitern und einem Jahresumsatz von 2,1 Milliarden Euro eine der Großen in Europa.

Wenn der gebürtige Südbadener das Wort „Werbeagentur" hört, merkt man, dass er keineswegs immer so gemütlich ist, wie es der erste Eindruck erscheinen lässt. „Werbung ist nur ein Teilbereich. Wir machen alles, was mit Kommunikation zu tun hat, von Marketing über Sponsoring, Public Relations bis zum Internet."

Was für viele ein Traumberuf ist. Dr. Olaf Göttgens aber hatte sich eigentlich ganz andere Ziele gesteckt: „Ich wäre gern Profi-Sportler geworden." Mit seinen Tenniskünsten brachte er es immerhin bis zur Teilnahme an den Badischen Meisterschaften. „Aber es mangelte offenbar am Talent", gesteht der Offenburger freimütig. Inzwischen bleibt der Tennisschläger im Schrank, Laufen und Skifahren sind das Fitness-Programm. Göttgens studierte Betriebswissenschaften mit dem Schwerpunkt Marketing, Handel und Wirtschaftsinformatik an der Universität Saarbrücken, wo er mit ‚summa cum laude' promovierte. Seine Dissertation trägt den Titel „Kritsche Erfolgsfaktoren in stagnierenden und schrumpfenden Märkten", und dafür erhielt er ein Hochbegabtenstipendium des Deutschen Staates.

Trotz der vielen Arbeit fand er immer noch Zeit, sich seiner großen Leidenschaft zu widmen – dem Reisen. Noch während er an seiner Promotion arbeitete, startete Göttgens zu einer fünf Monate langen Asientour: „Ich war ein begeisterter Rucksack-Tourist. Auf den Philippinen bin ich mal drei Tage im Dschungel verloren gegangen. Ich landete in einem Dorf, in dem niemand ein Wort Englisch sprach. Ein britischer Missionar hat mich dann gefunden. Ich habe nie mehr als fünf Mark für die Übernachtung bezahlt. Und wenn mir das Geld ausging, habe ich gearbeitet."

Nach dem Studium begann Göttgens 1991 seine Berufslaufbahn bei der Deutschen Gesellschaft für Mittelstandsberatung in München. 1994 wechselte er zu Andersen Consulting, von dort aus stieg er 1999 in die BBDO Group Germany ein. Bei der Gründung der Management Beratung BBDO Consulting im Jahr 2000 war er als Mitgesellschafter und Geschäftsführer dabei. Heute ist Dr. Olaf Göttgens Chief Executive Officer (CEO) der BBDO Germany und CEO der BBDO Consulting Europe – dass er die Top-Position als Gesamtverantwortlicher der deutschen BBDO-Gruppe eroberte, kam für viele Kenner der Szene überraschend.

„Ich bin kein Kreativer", macht der Vater einer knapp zweijährigen Tochter deutlich, „aber das ist kein Nachteil. Ein bisschen mehr Bodenhaftung tut der Branche sicher gut." Zielstrebig, ruhig und durchsetzungsfähig will er die BBDO-Gruppe durch die schwierigen Zeiten führen, die in der Kommunikations-Branche schon manchen Traum zerplatzen ließen. Als kommenden Markt sieht er vor allem das Internet: „Aber die Leute wollen dafür nichts bezahlen, das muss ein kostenloses Angebot sein. Sonst funktioniert es nicht."

Auch nach fünf Jahren ist aus dem Südbadener noch kein Rheinländer geworden. „Das Wetter ist da unten besser, der Wein und auch das Essen", bringt er es klipp und klar auf den Punkt. Trotzdem fühlt er sich in der Landeshauptstadt sehr wohl. Als Bekenntnis zum Standort Düsseldorf unterstützt BBDO ab sofort die Düsseldorfer Fortuna als Sponsor: „Der Verein war in der vierten Liga. Da sind viele Strukturen zerbrochen. Wir helfen dem Verein in vielen Bereichen, vom Merchandising übers Ticketing bis zum Organisieren von besonderen Veranstaltungen. Die Fortuna gehört wieder in die erste Liga – und wir werden ihr auf diesem Weg helfen."

 ■ Autor: Dieter Sieckmeyer

Werner Greb

Regelmäßig fährt Werner Greb ins Rheinturm-Restaurant und lässt den Blick über seine Heimatstadt streifen. „Dann mache ich mir Notizen, welche Firmen und Objekte noch nicht zu unseren Kunden gehören", schmunzelt er. Der 56-Jährige ist Geschäftsführer der Clemens Kleine Dienstleistungen, die im Jahr 2006 ihr 100-jähriges Jubiläum hat.

Der Kundenstamm liest sich wie das Branchenbuch unserer Stadt und ist nicht zuletzt ein Verdienst von Greb. Der kam 1988 zum Unternehmen an der Grupellostraße – als echter Dienstleistungsprofi. Schließlich hatte er sein Können schon 20 Jahre beim Düsseldorfer Mitbewerber Klüh unter Beweis gestellt.

Um sein Taschengeld aufzubessern und seinen ersten VW Käfer zu finanzieren, heuerte der junge Greb Ende der 60er Jahre, parallel zur Bundeswehrzeit, als Reinigungskraft bei Klüh an. Da habe ich mit einem Trupp Kollegen abends in den Böhlerwerken geputzt – für 2,05 Mark die Stunde.

Schnell stieg der ehrgeizige, lebenslustige Greb, der eine kaufmännische Ausbildung bei Rhein-Metall absolviert hatte, beim Gebäudereiniger Klüh auf. Über die Objekt- und Kaufmännische Leitung bis in die Geschäftsführung, immer mit Schwerpunkt Akquise und Kundenbetreuung.

1988, die Branche war inzwischen förmlich explodiert, wechselte er als Geschäftsführer zu Clemens Kleine und baute das Unternehmen weiter aus. Heute führt er rund 10 000 Mitarbeiter deutschlandweit (5000 davon in und um Düsseldorf). Der Schwerpunkt liegt nach wie vor auf dem Gebiet der Unterhaltsreinigung (60 Prozent des Firmenumsatzes), aber zahlreiche Dienstleistungen sind hinzugekommen. Vom Sicherheitspersonal über Botendienste bis hin zum Einkaufswagenschieber-Service. Wenn Firmen bestimmte Bereiche ausgliedern beziehungsweise privatisieren wollten, waren wir zur Stelle. Ob Universitätsklinik oder Flughafen, WDR, LVA, Landtag, Vodafone, Carschhaus, Deutsche Bank oder Stadttor, ob Schulen oder Altenheime – überall schwingt die Clemens Kleine-Gruppe Schrubber und Sauger.

Eine Vokabel bestimmt dabei Grebs Wortschatz: Beständigkeit. „Wir betreuen unsere Kunden zum Teil schon seit 50 Jahren." Und sie gilt auch für sein Privatleben: Jeden Samstag trifft er sich mit seinem alten Freundeskreis zum Frühstück in der „Zicke". „Anfang der 70er Jahre gingen wir regelmäßig in die „Pille" oder „Pinte". Jetzt sind wir alle gestandene Unternehmer, aber unsere Treffen sind uns nach wie vor heilig. Gute und zuverlässige Freunde zu haben, ist das allerwichtigste."

Greb kennt Düsseldorf wie seine Westentasche, ist Mitglied der Düsseldorfer Jonges, des Heine-Kreises, im Förderkreis der Komödie, im Tennisverein Blau Weiß Lohausen, Ehrensenator der Prinzengarde Blau-Weiss und natürlich auch beim Rosenmontagszug mit auf dem Wagen. Eigentlich ist damit sein Terminkalender wirklich ausreichend bedient. Aber es geht noch mehr: Regelmäßige Bergwander- und Motorradtouren mit seinen Freunden, Oldtimer-Fahrten, Skifahren, Kegeln, Golfen, Segeln – der Hobbylust sind keine Grenzen gesetzt. Mit einer Ausnahme: Paragliding in den Alpen hat Greb vor Jahren wieder aufgegeben. „Als ich dort so runtersegelte, dachte ich plötzlich, es könnte schnell vorbei sein."

Für Ehefrau Inka, eine echte Berlinerin, die er während der Igedo 1977 kennen lernte, bleibt da nicht viel Zeit. Immerhin verbringen die beiden – wenn nicht gerade ein Termin dazwischenkommt – viele Wochenenden in ihrem Feriendomizil auf Mallorca. Doch Düsseldorf irgendwann mal den Rücken zuzukehren, ist für Greb unvorstellbar. „Diese Stadt ist wirklich ein Erlebnis", schwärmt er. „Ich liebe es, am Rheinufer entlang oder durch den Hofgarten und die kleinen Gässchen der Altstadt zu gehen." Und so verwundert es nicht, dass Greb selbst auf Mallorca immer bestens informiert ist. „Als erstes schalte ich im Ferienhaus den Videotext ein, um zu sehen, wie das Wetter in Düsseldorf ist."

 Autorin: Jutta Laege

Clemens Kleine
Clemens Kleine

Hans-Heinrich Grosse-Brockhoff

Eine entscheidende Wendemarke im Lebenslauf von Hans-Heinrich Grosse-Brockhoff war das Jahr 1992. Da wurde er zum Kulturdezernenten der Stadt Düsseldorf gewählt. Nach sieben Jahren als Stadtdirektor von Neuss wechselte er damit auf die andere Rheinseite. Wie sein Vater Franz ist er ein Zweistädtemann, groß geworden in beiden Städten.

Franz Grosse-Brockhoff war das Vorbild für seine Familie mit vier Kindern. Der bekannte Kardiologe war Anfang der 60er Jahre Rektor der Medizinischen Akademie. Mit Paul Mikat unternahm er die ersten Schritte, damit eine richtige Universität gegründet werden konnte. Hans-Heinrich Grosse-Brockhoff kennt seinen Vater als sehr streng. Er vermittelte ihm Ehrgeiz, Disziplin und Bescheidenheit.

In einem Orientierungssemester besuchte Hans-Heinrich Grosse-Brockhoff Vorlesungen in Philosophie, Jura und Theologie. Er entschied sich für Jura, im Nebenfach Geschichte und katholische Theologie. Am ersten Tag seines Studiums in Bonn lernte er seine spätere Frau Annelen kennen, im Proseminar Mittelalterliche Geschichte. Er heiratete sie 1974 nach dem ersten Staatsexamen. Mit ihr bekam er zwei Söhne. Die promovierte Germanistin unterrichtet heute Deutsch und Geschichte am Görres-Gymnasium.

Als Student hegte Grosse-Brockhoff noch den Traum, Verleger zu werden, einer wie Samuel Fischer. Die große Bibliothek seines Vaters beeindruckte ihn sehr früh. Literatur interessierte ihn „schon immer". Er liest immer noch „verhältnismäßig viel". So verschlingt er heute noch jedes neue Buch von Donna Leon. Damals 1977, direkt nach dem zweiten Staatsexamen, wurde er sogar für anderthalb Jahre stiller Gesellschafter einer Neusser Buchhandlung. Dort sollte ein Verlag mit Kunstgalerie entstehen. Es blieb ein kurzes Intermezzo.

Im Jahre 1979 begann seine Verwaltungslaufbahn. Er fing als Referent bei der Stadtverwaltung Düsseldorf an.

Hans-Heinrich Grosse-Brockhoff wurde zwar in Bonn geboren, aber die entscheidenden Jahre der Kindheit verbrachte er in Düsseldorf. In die Wohnung der Familie Grosse-Brockhoff am Golzheimer Platz zog später Kunsthallen-Direktor Jürgen Harten ein. Als die Familie nach einem Baugrundstück suchte, blieb sie nicht in Düsseldorf, sondern baute in Neuss, weil es dort wesentlich günstiger war. Dort prägte das altehrwürdige Quirinus-Gymnasium den Sohn, der dort nicht nur Latein, sondern auch Griechisch und Hebräisch lernte.

Kulturell hat ihn Düsseldorf geformt. Früh besuchte er Oper, Schauspielhaus und die Konzerte von Heinersdorff. Karriere machte Grosse-Brockhoff aber zuerst in Neuss. Mit einem „42-Seiten-Papier" sorgte er zusammen mit den „jungen Wilden" für Furore in der Neusser CDU. 1981, gerade mal 32 Jahre alt, übernahm er die Leitung des Kulturamtes in Neuss. Drei Jahre später wurde er Kulturdezernent, mit 36 Jahren dann Stadtdirektor für sieben Jahre.

Heute ist Grosse-Brockhoff seit über zwölf Jahren Kulturdezernent in Düsseldorf, das Schuldezernat kam 1994 dazu. Im November 2001 wählte ihn der Rat zum Stadtdirektor. Kulturdezernent ist für Grosse-Brockhoff der ideale Beruf. Als er 1992 nach Düsseldorf kam, war der Neubau des Kunstpalastes fast „gestorben". Doch „GB" begann mit seiner nach vorne gewandten Politik. Inzwischen entstanden in Düsseldorf – selbst in finanzschwachen Jahren – sechs neue Museen.

Sein Büro liegt mitten im Medienhafen, im „neuen, anderen Düsseldorf". Dort liegt das Machtzentrum der Düsseldorfer Kulturszene. Doch Macht ist für ihn nichts Negatives, sie gebe ihm die Möglichkeit zu gestalten, sagt er. Wie etwa das Modell einer public-private-partnership mit Eon bei der Stiftung Museum Kunst Palast. Als seine größten Fehler nennt Grosse-Brockhoff Ungeduld und ein aufbrausendes Gemüt. Aber das lege sich mit dem Alter – lässt er seine Mitarbeiter hoffen.

 ■ Autor: Heribert Brinkmann

Frankfurter Allgemeine

Claus Groth

Das Understatement seiner hanseatischen Heimat hat sich Claus Groth bewahrt. Die Leitung einer Messe sei „ein vielfacher Spagat, obwohl ich doch nicht mal den einfachen beherrsche." Ein Satz voll Selbstironie von dem Mann, der als Vorsitzender der Geschäftsführung bei der Messegesellschaft NOWEA die Ausstellungsstadt Düsseldorf geprägt hat wie kaum ein zweiter. Sieben Jahre nach dem Abschied vom Chefsessel ist Groth präsenter denn je – in diversen Aufsichtsräten oder in ehrenamtlichen Positionen. Seit 2003 engagiert er sich im Vorstand von Fortuna Düsseldorf, um den angeschlagenen Verein aus der Krise zu führen.

Angefangen hat der gebürtige Hamburger als Marktforscher. Nach einer Lehre zum Außenhandelskaufmann und dem Studium der Betriebswirtschaft leistete er in den 60er Jahren Pionierarbeit. Mit seiner gebrauchten Vespa fuhr Groth zu den ersten Interviews. Zehn Jahre später war er bereits Direktor der Hamburger Gesellschaft für Marktforschung (GFM).

Als die Düsseldorfer Messe 1970 ihre Geschäftsführung verstärkte, holte sie den Hanseaten an Bord. Fast ein Jahrzehnt blieb der passionierte Macher bei der NOWEA, zuletzt als Vizechef unter Kurt Schoop. 1979 lockte ihn die Deutsche Messe- und Ausstellungs-AG als Vorstandschef nach Hannover, wo Groth die Computermesse CEBIT mit aufbaute. Doch vier Jahre später kehrte er zurück – diesmal an die NOWEA-Spitze. Ärger über den Verband, der seine Konzepte abgeblockt hatte, spielte wohl eine Rolle bei seinem Abschied aus Hannover. Düsseldorf habe aber auch „bessere Perspektiven geboten".

Glück für die Rheinländer: 18 Messen hat Groth hier geschaffen oder akquiriert. Der Hobbysegler steuerte nicht nur die Wassersportmesse „boot" an die internationale Spitze. Er hatte entscheidenden Anteil daran, dass Düsseldorf heute in mehr als 20 Sparten die weltweite Nummer eins ist.

Gradlinig, offen im Umgang mit der eigenen Person, interessiert am Gegenüber – so kennt man Claus Groth. Mitarbeiter will er „fördern und fordern", vermeidet Konflikte am liebsten im Vorfeld durch zielorientierte Führung. „Messemachen ist Mannschaftssport", sagt er. Trotzdem müsse die Crew „top down" funktionieren – sprich: vor allem auf die Führungsriege komme es an. Groth, der den einstigen WestLB-Chef Ludwig Poullain als Vorbild nennt, pflegt höchste Ansprüche. Sein Credo: „Das Bessere ist der Feind des Guten." Nur wer auch gute Lösungen in Frage stelle, könne Top-Ergebnisse erzielen.

1997 gab Groth das Zepter bei der Messe ab. Er wollte Raum an der Spitze schaffen, Neuerungen ermöglichen. Dass sein Nachfolger nur gut ein Jahr im Amt blieb, tat ihm weh. Es sei seine „schmerzlichste berufliche Erfahrung".

Nach dem Abschied leitete Groth auf der Expo 2000 den Deutschen Pavillon, erzielte einen Millionenüberschuss. Heute verdingt sich der Pensionär als Unternehmensberater, sitzt im Aufsichtsrat der Messe Leipzig. Ehrenamtlich lehrt er seit 20 Jahren an der FH Düsseldorf Marketing und Ausstellungswesen. 1992 verlieh ihm die Hochschule die Honorarprofessur.

Besonders setzt sich Claus Groth für arbeitslose Jugendliche ein. Er sammelte rund 450 000 Euro für Projekte, formulierte mit Segelfreund Wolfgang Maennig die „Düsseldorfer Thesen". Darin forderten beide bessere Angebote für junge Arbeitssuchende – bisher ohne greifbare Resultate. „Wir sind in Deutschland zu langsam, zu bürokratisch, nicht offen genug für Neues", findet Groth.

Der Tatendrang des mittlerweile 68-Jährigen bleibt ungebrochen. „Man kann nicht sein Leben lang Verantwortung übernehmen und dann auf Null gehen." Als Jugendlicher stand der begeisterte Fußballer einmal gegen Uwe Seeler im Tor – und kassierte zehn Treffer. Manager beim Hamburger Sportverein wäre er damals gern geworden. Stattdessen übernahm Groth vor einem Jahr das Marketing für Fortuna Düsseldorf, will den Traditionsklub wieder stark machen. „Wer mal in der Champions League gespielt hat", sagt er mit Blick auf die eigene Karriere, „spürt immer den Reiz, viel herauszuholen."

 ■ Autor: Lars Björn Gutheil

ALLZEIT RECHTEN KURS
JOHN HASTIE & Co Ld
GREENOCK

Vera van Hazebrouck

„Ich bin straight", sagt Vera van Hazebrouck, Intendantin der Tonhalle Düsseldorf und Generalmusikdirektorin der Düsseldorfer Symphoniker, auf die Frage, wie sie sich selbst sieht, spontan. Ihre bisweilen unbequeme Gradlinigkeit und Kalkulierbarkeit sind in der Musikbranche nicht eben häufig anzutreffen, wird doch nicht umsonst der Konzert- und Veranstaltungsbetrieb gern als Schlangengrube bezeichnet. Sie also ist in ihrer herben Bodenständigkeit eher eine Exotin in der nervösen Branche, auch wenn ihr Lebensweg bislang durchaus reich an Abwechslungen war.

Immer auf Achse war sie in Wien, Schleswig-Holstein, Berlin und Bremen tätig, und wenn 2007 ihre Intendanz in Düsseldorf endet, werden die zehn Jahre im Rheinland die bislang längste Phase in ihrem Berufsleben gewesen sein, die sie an einem Ort verlebte.

Ihr beruflicher Einstieg sah allerdings gar nicht nach einer Management-Laufbahn in der Kulturszene aus. Aufgewachsen in einem musikalischen Haus lernte sie Klavierspielen, studierte in Wien aber zunächst etwas ganz Amusisches: Agrarwissenschaften, später kamen die Theaterwissenschaften hinzu. Eine kuriose Kombination. Nach dem Studium ging's zum Konzern Eli Lilly, wo strammes amerikanisches Management und penible Erfolgskontrollen eine harte Schule waren. Dort habe sie das Handwerkszeug fürs Management gelernt, sagt sie, Worte wie „performance appraisal" kommen ihr so flüssig über die Lippen wie einem McKinsey-Berater.

Doch zog es sie dann mächtig zur Kunst: ein Post Graduate Studium Kulturmanagement brachte sie nochmal zurück in den Hörsaal, es folgten Praktika u. a. beim Schleswig-Holstein-Musikfestival unter Justus Frantz, dem Erfinder des modernen Festivals und Ziehvater einer ganzen Generation von Kulturmanagern. Dort arbeitete sie in der Künstlerbetreuung, in der Presseabteilung und in der Dramaturgie, bevor sie für drei Jahre nach München zur Agentur Winderstein ging. Hier lernte sie, mit Künstlermimosen wie Ivo Pogorelich umzugehen, machte Abowerbung und lernte im engen Kontakt mit Künstlern ihre eigentliche Bestimmung kennen. Von da aus ging es als Leiterin der Konzertplanung zurück zu Justus Frantz' Festival, dann rief Daniel Barenboim aus Berlin an und bestellte sie zu seiner persönlichen Referentin und Konzertplanerin. Das war in der Saison 94/95, aber schnell merkte sie, dass die Welt der Oper nicht die ihre ist. Die Lösung war schnell in Sicht: die Deutsche Kammerphilharmonie Bremen lockte in den Norden, drei anregende Jahre verbrachte sie als Geschäftsführerin des basisdemokratisch geführten Orchesters in der Hansestadt. Auch das war anstrengend, von dem toleranten und offenherzigen Klima der Stadt, in der Kulturarbeit ausgesprochen Spaß mache, schwärmt sie aber heute noch.

In Düsseldorf, wohin sie von Bremen aus ging, sei es viel schwieriger, etwas Neues zu machen, ohnehin spiele die Musik in der Rheinmetropole keine große Rolle: „Düsseldorf ist eine Kunststadt, die Musik hat es hier schwer, wahrgenommen zu werden". Sie muss es wissen, schließlich versucht sie seit 1998, das Image der Tonhalle und des Orchesters stärker ins Bewusstsein der Stadt zu bringen und wird nicht müde, über Publikumsbefragungen und Imagekampagnen den Nerv der Düsseldorfer zu treffen und den Staub aus den Ecken zu fegen. Die Aufgabe sei hoch interessant, aber oft stoße sie auf Widerstände, habe Kontroversen zu schlichten und ums Geld zu kämpfen.

Ob sie mit ihrem großen Interesse an der Nähe zu Künstlern selbst eine verhinderte Künstlerin sei, verneint sie energisch. Sie sieht sich als Managerin mit einem guten Draht zur Kunst und einem Hang zur freien Natur. Als einen idealen Tag bezeichnet sie einen, an dem sie vormittags auf dem Bauernhof Ställe ausmistet und mit dem Hund durch den Wald läuft, um dann abends in der Oper einen „Rosenkavalier" zu sehen. Für den Rest ihrer Düsseldorfer Zeit wünscht sie sich mehr Feedback aus der Stadt, eine noch größere Wertschätzung von Orchester und Musikkultur und mehr allgemeine Bereitschaft, ausgetretene Pfade kultureller Gewohnheiten auch mal zu verlassen.

 ■ Autorin: Regine Müller

Heinz-Richard Heinemann

Chocolatier Heinz-Richard Heinemann nach seinem Lieblings-Dichter zu fragen, ist durchaus angebracht. Er liebt seinen Eugen Roth, den Erich Kästner. Und er lebt für seinen Beruf. Am 12. Januar 1948 wurde er in Mönchengladbach hinein geboren in das Reich der immer frischen Torten, Pralinen und Trüffel. „Wenn ich als Kind etwas von meiner Mutter wollte, musste ich zu ihr in die Kaffee-Küche und Tassen spülen", erinnert er sich. Die Mutter Hanni – immer die Starke. „Sie hat meinem Vater den Rücken freigehalten. Er war der Patriarch – alterslos, großzügig, weltoffen." Und ein Mann mit Grundsätzen: „Verwendet nur die besten Zutaten: frische Butter, erste Sahne und feinste Kakaobohnen. Bloß keine Konservierungsstoffe. Sonst gibt's Ärger", predigte er stets.

Das beherzigt der Sohn Heinz-Richard bis heute. 1976 stieg er ins väterliche Geschäft ein. Da hatte er schon seine Meisterprüfung in Bern zum eidgenössisch diplomierten Konditor- und Confiseurmeister abgelegt. Nach der Volksschule in Mönchengladbach, acht Jahren im katholischen Internat „Albertinum" in Gerolstein und dem Abitur begann er gleich seine Berufsausbildung. „Bei Mojonnier in Lausanne war ich der einzige Lehrling, stand dienstags bis sonntags bis zu 14 Stunden in der Backstube – die ich am Ende des Arbeitstages genau so noch zu putzen hatte wie auch das Klo. Da habe ich alles gelernt: zu dienen, aber auch mein Organisations-Talent zu entwickeln, Nägel in die Wände zu schlagen oder Maschinen zu reparieren. Da macht mir keiner was vor."

Bei Le Nôtre in Paris und Sprüngli am Paradeplatz in Zürich war er Geselle. Heinz-Richard Heinemann: „Als ich schließlich mit in unser Geschäft einstieg, hatten mein Vater und mein Bruder Bernd Aufgaben und Arbeit schon unter sich aufgeteilt – und ich hatte ein Problem. Aber ich hatte ja gelernt zu kämpfen, übernahm dann die Schokoladen-Produktion, Bernd die Konditorei." Der Bruder starb 1992 bei einem Jagdunfall, Vater Hermann mit 94 acht Jahre später. Um ein Jahr hatte er seine Frau überlebt. Nun leitet Heinz-Richard Heinemann das Familien-Unternehmen. Zwei Lehrlinge beschäftigte der Vater, als er 1932 in Mönchengladbach die Backstube eröffnete. 300 Mitarbeiter – darunter 35 Lehrlinge – sind es jetzt in den Konditoreien und Café-Restaurants in Düsseldorf, Mönchengladbach, Duisburg, Krefeld und Neuss. Die Urzelle „Backstube" ist sein Arbeitsplatz. „Ich wohne in Düsseldorf, stehe um 5 Uhr auf, bin um 6.30 Uhr am Arbeitsplatz. Und dann renne ich eigentlich nur noch", beschreibt Heinz-Richard Heinemann seinen Arbeitstag. Von der Entwicklung neuer Produkte bis zur Endkontrolle – er ist für alles verantwortlich. Und ab 13 Uhr kümmert er sich dann um den Verkauf ...

Mit 60 in Pension? Für ihn undenkbar! Beim Sport dreimal die Woche im Fitness-Center holt er sich seine Kondition, leistet sich sogar einen „Personal-Trainer": „Aber das ist ein Sportstudent, der sich damit etwas dazu verdient. Sonst würde ich das nie machen", relativiert er den „Luxus". Und so kann sich der Herr der Torten und Trüffel auch kleine Sünden erlauben: „Unsere Bitter-Schokolade und das Käsegebäck – da werde ich laufend schwach ..." Doch seine 80 Kilo bei 1,84 Meter Größe hält er.

Der Privat-Mann Heinemann geht gerne mal ins Ballett oder Theater, hat viel zu wenig Zeit für sein Natur-Refugium in der Eifel und teilt sich das Jahr nach einem ganz persönlichen Kalender ein: Weihnachten, Karneval, Hoppeditz-Beerdigung, Karfreitag, Ostern, Muttertag, Fronleichnam, Große Schützenkirmes, St. Martin und Nikolaus. „Ich stehe zu allen Festen, bin bekennender Christ, bodenständig und heimatverbunden."

Rezepturen für die Heinemann-Produkte trägt er nicht auf den Markt – die Inhaltsstoffe schon. „Das schreiben neue EU-Richtlinien auf den Verpackungen vor – zum Ärger mancher Kollegen. Ich schreibe das Kleingedruckte gerne groß", sagt der Heinz-Richard Heinemann. Er ist eben Qualitäts-Fanatiker. Und hat noch schnell einen Vierzeiler von Wilhelm Busch parat:

„Die Welt,
obgleich Dir wunderlich,
ist gut genug
für Dich und mich."

Autorin: Brigitte Röbel

H·R.H.
Heinz-Richard
HEINEMANN

René Heinersdorff jun.

Er dreht. Und dreht. „Jetzt gerade die 100. Folge", sagt René Heinersdorff. Seit sieben Jahren ist er im RTL-Dauerbrenner „Die Camper" der Schnäppchen-Händler Lothar Fuchs – in Shorts, Hawaii-Hemd und mit farblich abgestimmter Brille. Nach „Eichbergers besondere Fälle" und „Drei in einem Bett" schon die dritte TV-Serie des Düsseldorfers. „Die Camper" – Ende offen. „Davon lebe ich", bekennt er. „Das ist meine wirtschaftliche Basis. Die Zeiten, in denen man als Theater-Chef Geld machte, sind längst vorbei." Das weiß er aus Erfahrung. Seit zehn Jahren leitet René Heinersdorff das „Theater an der Kö" (400 Plätze) in den Schadow-Arkaden. Auch das ist ein Dauer-Erfolg. 45 Mitarbeiter beschäftigt er. Jede Produktion kostet im Schnitt 50 000 Euro. Subventionen hat er nie beantragt und auch nie bekommen.

Ob als Schauspieler, Regisseur oder Autor – seine Gage lässt er im Theater. Dafür holt er Stars – nicht nur des Boulevards – an sein Haus: Thomas Fritsch, Gudrun Landgrebe, Judy Winter, Karsten Speck, Jenny Jürgens, Jenny Elvers, die an der Kö ihr Bühnen-Debüt hatte. Oder Freigänger Martin Semmelrogge, der wegen notorischen Fahrens ohne Führerschein eigentlich hätte im Knast sitzen müssen. Ihm schrieb René Heinersdorff die Rolle des Workaholics in „Kleine Süchte" auf den Leib. Sein drittes Theater-Stück nach „Wenn es Herbst wird" und „Alles Liebe".

Schauspieler wollte René Heinersdorff werden, seit er denken kann. Urgroßvater Constans Heinersdorff hatte eine Musikalien-Handlung, gründete 1910 den „Ibachsaal", veranstaltete dort Konzerte mit Musik-Größen wie Max Reger, hatte Richard Strauss als Hausgast. Der Zweite Weltkrieg machte alles zunichte. Großvater René Heinersdorff begann neu mit dem Klavierhandel – speziell mit Steinways. In seinem „Studio II" debütierte Justus Frantz. Vater René Heinersdorff baute ab den 70er Jahren seine Konzert-Agentur auf. Bei seinen Heinersdorff-Konzerten begeisterten Weltstars wie Anne Sophie Mutter oder Pianist Alfred Brendel das Publikum in der Tonhalle.

Auch Mutter Barbara Heinersdorff hat eine künstlerische Ader. Ihr Großvater Rudolph Barthelmess war Meisterschüler von Paul Klee am Bauhaus in Dessau. Mitte der 70er Jahre stieg sie in die Intendanz vom „Theater am Dom" in Köln ein. Sohn René: „Die Schauspielerei fasziniert mich, weil man auf der Bühne Dinge behaupten kann, die in Wirklichkeit nicht stimmen. Und sei es nur: Es regnet, wenn draußen die Sonne scheint – einfach großartig! Leider war ich zeitweise ein ziemlich schlechter Schüler und durfte deswegen viel zu wenig ins Theater." 1983 machte er sein Abi am „Pädagogium" in Bad Godesberg, jobbte da schon als Beleuchter, Inspizient oder Regie-Assistent im Kölner Theater, studierte Philosophie und Germanistik an der Düsseldorfer Uni und nahm privat Schauspielunterricht bei Harald Leipnitz.

„1985 hatte ich dann mein erstes und einziges Vorsprechen – bei Wolfgang Spier. Er hatte ein ganzes Konvolut an Regisseuren dabei und ich gleich drei, vier Engagements." So kam es, dass er erst fünf Jahre später zum ersten Mal im familieneigenen Theater in Köln auftrat. Wo er seine Frau Jeannine Burch kennen gelernt hat? „1987 bei den Dreharbeiten zu der ‚Derrick'-Folge ‚Das Objekt der Begierde'. Ich vergewaltigte sie, brachte sie um …" Geheiratet wurde im Jahr 2000. Soll Söhnchen Joël-René – im Mai 2004 geboren – auch ans Theater? „Ich hoffe nicht. Wenn du nicht eine Leidenschaft hast, die dir als Befriedigung ausreicht, ist dieser Beruf voll von Ungerechtigkeiten und Frustrationen – unberechenbar! Du stehst zwei Jahre ganz an der Spitze und hast dann drei Jahre nichts zu tun. Das auszuhalten, setzt eine starke Persönlichkeit voraus. Ich kenne Kollegen, die von 300 Euro leben. Die sich wirklich überlegen, ob sie 3,50 oder 3,70 Euro für ein Essen ausgeben können. Und die doch Tag und Nacht noch für die Hälfte der Gage auf der Bühne arbeiten würden." Und wie hält es René Heinersdorff damit? „Selbst wenn es in einer Kneipe wäre – ich würde immer in einer Ecke einen Tisch aufstellen und – spielen!"

 ■ Autorin: Brigitte Röbel

THEATER AN DER KÖ
IN DEN SCHADOW ARKADEN
REGIE
R.Heinersdorff

Gabriele Henkel

Wie sich dieser Frau nähern? Sie gilt als Deutschlands Gastgeberin Nr. 1. In der Bonner Republik galt sie bereits als heimliche First Lady des Landes.

Die Witwe des Biochemikers und weltbekannten Industriellen Konrad Henkel kennt weltweit Künstler, Wirtschaftsbosse, Autoren, Bundespräsidenten, Kanzler (quer durch alle demokratischen Parteien), Drahtzieher, graue Eminenzen, bunte Vögel.

Beuys kann helfen: Im Geiste ist Gabriele Henkel ein Stück weit wie seine Schwester. Wie für ihn ist auch für sie die Welt voller Kunst, voller Wunder, und wie Beuys weiß sie, dass es Menschen gibt, die am eigenen Leben zum Künstler werden. Auch sie nutzt Materialien aller Art, arrangiert, kombiniert, erarbeitet. Zum Beispiel Bühnenmodelle in ihrem Atelier. Sie inszeniert sich, was sie nicht gern zugibt. Vor allem aber ihre Umwelt, ihr Haus, Speis und Trank, für Gäste, Freunde. Dekoration wird zur Hommage an den Ehrengast oder gilt einem besonderen Anlass. Der Wein, das Essen, Tischtücher, Servietten (oder auch keine, je nachdem) – alles bildet eine in sich harmonische und dennoch kontrastreiche Einheit.

Die Verteilung der Rollen ist eindeutig: Sie ist Komponistin, Dirigentin, Künstlerin, Hauptdarstellerin sowieso. Von ihr unbeabsichtigt, würde sie sagen. Lieber stünde sie hinter als vor der Kamera, hat sie einmal gesagt. Und: „Meine künstlerische Arbeit hat ein Verfallsdatum."

Wer das Vergnügen hat, das Stück, ihr Stück, zu sehen, kommt zum Fazit: perfekt. Live-Premieren sind üblich. Aufzeichnungen, Wiederholungen, Zugaben ergeben sich nicht, Weiterentwicklungen sind denkbar – Erarbeitung eines Gesamtkunstwerks, sozusagen. Revolutionäres ist oft dabei. Manchmal sogar im politischen Sinne. Den Luxus, quer zu denken, kann sie sich allemal leisten.

Mit Recht nennt man sie Mäzenin. Aber ihre Domäne ist die Kunst mit eigenen Bühnenbildern und Installationen in Museen. Sie schreibt Essays und Rezensionen, ist Honorarprofessorin der Bergischen Universität in Wuppertal, Fachbereich Kommunikationsdesign. Vor allem jedoch ist sie Regisseurin, als Metapher verstanden. Man könnte das Stück „Gabriele und ihr Zugang zur Welt" nennen.

Wann sich der Vorhang zum ersten Akt hob, ist nicht ganz klar. Denn selbst hervorragende Quellen kennen kein Geburtsdatum. Gehen wir also davon aus, dass der 65. Geburtstag der Tochter des berühmten Düsseldorfer HNO-Professors Theodor Hünermann vorbei ist. Was aber keine Rolle spielt. Jedenfalls ist das Stück nicht zu Ende, noch lange nicht. Auf jeden Fall ist Gabriele Henkel Zentrum der jeweiligen Inszenierung – ein zurückhaltendes, würde sie ergänzen. Besetzung, Kulisse wechseln ständig, dem Anlass entsprechend.

Natürlich ist sie umstritten, aber unstrittig ist: Sie hat die renommierte Kunstsammlung der Henkel KGaA aufgebaut, ist ihre Kuratorin und eine diskrete, begeisterte und kreative Botschafterin des Konzerns. Zweifellos hat sie der einst biederen Firma Henkel ein über die Jahre ungewöhnliches Erscheinungsbild gegeben. Ihre Abende im Haus der Familie in Hösel sind Legende. Niemand sonst würde es schaffen, in einer Deko aus Mega-Perls (Persil in Kügelchen) und anderen Anspielungen auf die Produkte des Unternehmens Gäste wie Helmut Kohl, Henry Kissinger, Markus Lüpertz, Richard von Weizsäcker, Klaus Kinkel, Josef Ackermann oder Angela Merkel zu faszinieren. Durchaus möglich, dass alle die gerade aufgezählten Namen gleichzeitig auf der Gästeliste stehen und die Betreffenden auch kommen. Fast scheint es, dass keiner absagen möchte, wenn sie einlädt.

An Tischen im Pavillon verblüfft ihre Gäste das bis ins letzte Detail durchdachte Konzept, das nichts, aber auch gar nichts dem Zufall überlässt. Das unterstreicht ihren Ruf der Perfektionistin, was sie nicht gerne hört. Doch auch darin ist sie jenen Künstlern ähnlich, die ihr Werk erst los lassen, wenn es ihren Vorstellungen von Vollendung entspricht.

 ■ Autor: Hans Onkelbach

Axel Herberg

Der erste Blick in die Vitrinen am Empfang der Gerresheimer Glas AG ist fast enttäuschend: keine großen Flaschen, Trinkgläser oder Schalen, die dem Besucher sofort ins Auge springen. Auf den zweiten Blick aber erschließt sich im Kleinen, im Detail die enorme Faszination von Glas: in glamourösen Parfümflakons für Chanel, Cartier, Armani zum Beispiel oder in edlen Döschen für feine Cremes. Aber auch in hochpräzisen und innovativen Verpackungen für Pharmaprodukte.

In den vergangenen Jahren hat sich die Gerresheimer Gruppe zu einem der weltweit führenden Hersteller von Spezialgläsern und -verpackungen für Pharmazeutika und Kosmetika entwickelt. „In dieser Nische sind wir ein Riese, ein Global Player", konstatiert trocken der Mann, der diesen Weg von Beginn an mitgegangen ist und ihn wesentlich mitgestaltet hat – Vorstandsvorsitzender Dr. Axel Herberg.

Er ist der geborene Unternehmer. Schon während seines Maschinenbaustudiums an der Universität Aachen leitete er die Sparte „Sonderstahlbau" im Familienunternehmen, der Gebrüder Herberg KG im Sauerland, nachdem sein Vater unerwartet verstorben war. Schließlich stand er mit Mitte 20 vor der Entscheidung, den Familienbetrieb zu übernehmen. Doch es trieb ihn in die weite Welt. Er überließ die Firma seinem Onkel und wechselte selbst als Leiter für strategische Planung – später Thema seiner Promotion – zunächst zur Krupp Industrietechnik GmbH, Duisburg, wobei er jedoch seinen Wohnsitz erstmals in Düsseldorf nahm, dann als Consultant zur internationalen Unternehmensberatung McKinsey & Co., wo er vier Jahre lang blieb. Doch damit nicht genug: Nebenher absolvierte Herberg an der Universität Hamburg auch noch ein betriebswirtschaftliches Studium, das ihm neben dem Titel des Diplom-Ingenieurs auch noch den des Diplom-Kaufmanns brachte, vom Doktortitel, den er schließlich 1993 erwarb, ganz zu schweigen.

Von außergewöhnlicher Zielstrebigkeit zu sprechen, scheint vor diesem Hintergrund fast untertrieben. Vom gestressten Manager aber ist Herberg nichts anzumerken. Ruhig und konzentriert schildert er seine ungewöhnliche Laufbahn, die sein Leben in weiten Teilen ausmacht.

Als Chef-Controller der Unternehmensgruppe stieg er 1992 bei Gerresheimer ein, übernahm bald die Leitung eines Geschäftsbereichs, ging 1994 für zwei Jahre als Präsident und CEO des Konzernunternehmens Kimble USA Inc. mit Frau und Kindern nach Philadelphia, um nur einige Stationen zu nennen. Den USA ist Herberg innerlich noch immer eng verbunden. Paul Auster, John Updike, Philip Roth zählen zu seinen Lieblingsautoren. „Ich mag den American Way of Life, schätze die persönlichen Freiheiten, die die Menschen dort haben, liebe ihren unerschütterlichen Optimismus. Ein wenig davon wünsche ich mir oft hier in Deutschland."

Dabei bezeichnet sich Herberg als überzeugten deutschen Europäer. Sein Herz hängt zweifellos an Düsseldorf, nicht nur, weil seine Frau hier geboren ist. „Die Stadt ist attraktiv und überschaubar, dabei durch den Flughafen international gut angebunden. Vor allem aber vermittelt sie mir das Gefühl, dass meine Kinder hier in Sicherheit aufwachsen können", sagt der Vater von drei Töchtern. Nur, dass Düsseldorf zwar ein schönes Fußballstadion, aber keine Bundesligamannschaft habe, ärgert den aktiven Sportler, der jeden Morgen joggt und so oft es geht Tennis spielt, immer wieder. Dafür schätzt er die eleganten Shopping-Meilen und vor allem das kulturelle Angebot der Stadt um so mehr, engagiert sich seit Jahren im Kuratorium der „Deutschen Oper am Rhein".

1996 wurde Herberg in den Vorstand von Gerresheimer berufen, 2000 zum Vorsitzenden des Vorstands bestellt, verantwortlich für das gesamte operative Geschäft der Gruppe weltweit. Was will er mehr erreichen? „Das Unternehmen vergrößern, weiter internationalisieren", lautet prompt die Ansage, die bald weitere Aktivitäten nach sich ziehen dürfte.

Ob er je über einen anderen Beruf für sich nachgedacht hat? „Der Bereich Kunst und Design hat mich immer interessiert, aber ich fürchte, meine Talente reichen nicht aus, um hier erfolgreich zu sein", lacht Herberg.

■ Autorin: Tigo Zeyen

Heinz Hessling

In Kitzbühel hat das Handy des Lichtgestalters schon mal Pause. Aber sonst? Sonst steht Heinz Hessling mitten im pulsierenden Leben, immer unter Strom.

1967 startete der Lichtingenieur sein eigenes Unternehmen. In Lohhausen, in einer umgebauten Garage. Knapp zehn Jahre später konnte der erste Millionen-Auftrag verbucht werden: Mannesmann ließ sich in seinem Mülheimer Werk die gesamte Beleuchtung und Elektrotechnik der Rohrstraße von Lichttechnik Hessling installieren.

„Ich wollte immer ein Unternehmen schaffen, das Akzente setzt. Meine Visionen waren immer groß", bekennt der Firmenchef freimütig. „Schon in der ersten Klasse hat mein Grundschullehrer meinem Vater gesagt, dass aus mir entweder eine große Niete oder ein großer Könner würde."

Inzwischen ist klar, welche Richtung Heinz Hessling eingeschlagen hat: Seine Firma sorgt dafür, dass in den Bundesliga-Stadien die Fußballgötter in hellen Flutlichterglanz getaucht werden – und gelegentlich auch er selbst, wie man auf unserem Foto in der Düsseldorfer Arena sehen kann. Heinz Hessling ist international groß im Geschäft, hat Olympia-Aufträge aus Peking im Visier.

Die nötige Bodenhaftung, um bei unternehmerischen Höhenflügen sicher zu landen, verdankt Hessling seinem Elternhaus. Sein Vater war in Bocholt Bürgermeister und außerdem Mitbegründer der Zentrumspartei. Später wechselte er zu den Christdemokraten. So wuchsen Hessling und sein älterer Bruder in einem von politischen Diskussionen geprägten Umfeld auf. Und mit der Sicherheit des Glaubens, den bekennende Christen haben.

Auch heute ist Hessling praktizierender Katholik, handelt nach den Werten dieser Glaubensgemeinschaft. Dazu gehört für ihn selbstverständlich auch karitatives Engagement, doch wer in diesem Punkt bei ihm nachhakt, landet unweigerlich in der Abseitsfalle. Gutes tun und darüber reden, das sei nicht sein Ding. Lieber spricht er über seine große Liebe, seine große Leidenschaft. Die gehören einer launischen Diva: der Fortuna.

Schon als junger Mann zog es ihn immer wieder ins Düsseldorfer Stadion, wenn die Kicker unterwegs waren, um den Ball ins gegnerische Tor zu spielen. Hessling, noch nie ein Mann der zweiten Reihe – oder gar der Reservebank –, nutzte seine Verbindungen, den Fußballverein auf Vordermann zu bringen. Mitte der 80er Jahre nahm er die Imagepflege der Flingeraner in Angriff. Er interessierte Traditionsunternehmen wie Zamek, Henkel und die Lindner-Gruppe für den Verein und erzielte den Siegtreffer, als er mit Diebels den ersten großen Hauptsponsor gewann.

2000 hängte er seinen Funktionärsposten an den Nagel, geht jetzt mit Mattes Mauritz und Ben Zamek Golf spielen. Dabei entwickelt er neue Geschäftsideen für diesen Bereich. Sein Handicap sei nicht weiter erwähnenswert, meint er. Natürlich würde es sich verbessern, wenn er dem kleinen, harten Ball mehr Aufmerksamkeit und Zeit widme, sagt er und stellt klar: „Ehrgeiz gehört schon zu jeder Sportart dazu, sonst kann man es lassen."

Hat Hesslings Tag also dreißig Stunden? Wie schafft er es, Firmenleitung plus zeitaufwändiges Engagement in Sachen Sport unter einen Hut zu bekommen? „Ich brauche nur wenig Schlaf, stehe so gegen 5.30 Uhr auf", verrät der agile Manager sein Geheimnis.

So sei sein Leben eine runde Sache, wie ein Ball. Und den schlenzt er noch mal zu seiner Favoritin, zur Fortuna 95. „So ein bisschen helfe ich ja noch mit", bekennt er. „Aber nur im Hintergrund." Und wenn ihm jemand eine Steilvorlage gibt, weil der Verein wieder mehr von seinen Fähigkeiten profitieren möchte? „Dann wird man sehen", sagt Heinz Hessling.

 ■ Autorin: Pamela Broszat

Udo Hinsche

Viele meinen, man müsse in die große weite Welt hinausziehen, wenn man in seinem Leben Karriere machen möchte. Udo Hinsche hat gezeigt, dass es auch anders geht. Der gebürtige Remscheider, der 1978 bei Siemens startete, hat seine gesamte berufliche Laufbahn in dem Münchener Weltkonzern im heimischen Nordrhein-Westfalen erlebt.

Hinsche ist trotzdem ein wichtiger Mann für seinen Brötchengeber geworden: Seit Anfang Oktober leitet er die Region Nordrhein mit der Niederlassung Rhein (Standorte Düsseldorf, Köln und Bonn) sowie den Niederlassungen Aachen und Siegen. Hinsche ist der Mann, der letztlich verantwortlich ist für Vertrieb und Service in der Region. Damit nicht genug: Er arbeitet als oberster Repräsentant des Siemens-Konzerns in der Landeshauptstadt und ist Verbindungsstelle zwischen dem Zentralvorstand in München und der Landesregierung in NRW. In Nordrhein-Westfalen hat Siemens enormes Gewicht: Mit 27 000 Mitarbeitern ist das Unternehmen hier nach eigener Einschätzung einer der fünf größten Arbeitgeber.

Hinsche hängt indes nicht allein wegen der Heimatliebe so an der Gegend. Für ihn hat Düsseldorf enormes Potenzial. Ein „hochattraktiver Standort", sagt der Manager. Weil die Stadt große internationale Unternehmen beherbergt, die zum Kundenkreis von Siemens gehören, weil der Flughafen so stadtnah liegt, weil die Region durch die Rheinisch-Westfälische Technische Hochschule in Aachen und andere Universitäten im Lande hervorragendes Personal liefert – und weil die Nähe zur Politik auch für Siemens von enormer Bedeutung ist.

Aber Hinsche erkennt auch Verbesserungsfähiges: „Düsseldorf ist besser als sein Image. Dieses Bild muss man verbessern und das Profil schärfen." Was wohl auch heißen mag (ohne dass Hinsche es sagt): Wer die Region zum großen Player machen will, der muss auch über den Tellerrand schauen und Bündnisse mit Partnern im näheren Umfeld schmieden können.

Seine derzeitige Position ist vorläufiger Höhepunkt in der Laufbahn des Mannes, der in den 90er Jahren maßgeblich an der Entwicklung des IT-Dienstleistungsgeschäfts bei Siemens beteiligt war. Der 52-jährige Manager, im Grunde ein Eigengewächs des bayerischen Konzerns, erlebt damit die Neuausrichtung des Vertrieb- und Servicegeschäfts mit der Veränderung vom reinen Produktlieferanten zum Dienstleistungsunternehmen an vorderster Front. Vermutlich ist es auch der unaufgeregten Art des Chefs zu verdanken, dass der Umbau geräuschlos vonstatten ging.

Für die Zukunft hat der Siemens-Mann in NRW große Ziele: Im Firmenkundengeschäft, in dem Siemens in Nordrhein-Westfalen Milliardenumsätze macht, will er noch mal richtig Gas geben. Rund zehn Prozent Wachstum pro Jahr lautet die Zielsetzung Hinsches für die nächsten Jahre im Bereich Vertrieb und Service.

Mitarbeiter, die ihren Chef standfest und zielstrebig nennen, haben keinen Zweifel daran, dass ihm dieses Vorhaben gelingen wird – auch weil Hinsche die Region aus dem Eff-Eff kennt. Intern heißt es, er sei ein Mann der schnellen Entscheidungen und der offenen Kommunikation, das Bildnis eines modernen Managers, der sich andererseits selbst „mit dem Hang zum Perfektionismus" kritisch sieht.

Seine großen Ziele dürfte der Siemens-Manager nicht aus den Augen verlieren. Auf dem Weg dahin bleibt ihm vermutlich noch weniger Zeit fürs Wandern und den Wein, der ihn so fasziniert. Der Ehemann und Vater von zwei erwachsenen Söhnen findet an den Winzern eines besonders spannend: „Die ernten die Früchte ihrer Arbeit sehr konkret, Jahr für Jahr – Manager tun dies oftmals virtuell oder abstrakt, in Bilanzzahlen."

 ■ Autor: Georg Winters

Burkhard Hirsch

Politische Mehrheiten pflegen über Minderheiten gern hinweg zu gehen. Nicht selten mit Arroganz und Missachtung.

Der in Magdeburg geborene Jurist Burkhard Hirsch, bis 1998 Vizepräsident des Deutschen Bundestages, wüsste die Eingangsbehauptung wohl zu belegen. Er kennt sich in den Positionen der Minderheiten deshalb aus, weil er in vielen schwierigen Fragen dazu gehörte – in der Gesellschaft, im Parlament, in der eigenen Partei, der FDP.

Stets ging und geht es ihm um die elementaren Rechte von Menschen, denen er sich nahe fühlt. Vor seinem Aufstieg bis zum Mannesmann-Dirktor hatte er sich als Hausmeister, Krankenpfleger, Versicherungsagent und Stahlarbeiter durchschlagen müssen.

Ein Kämpfer und Mahner wie er, der bittere Erfahrungen in der durchspitzelten LPD in Halle sammeln musste, stößt auf Abschüttelungsversuche von Widersachern. „Wer ist schon Hirsch?" Solche Einschätzungen freilich sind entlarvt. Das Bundesverfassungsgericht hat im März 2004 wichtige Teile des „Großen Lauschangriffs" für verfassungswidrig erklärt. Zusammen mit den Ex-Ministern Gerhard Baum und Sabine Leutheusser-Schnarrenberger war Hirsch vor Gericht gezogen. Erfolgreich.

Der promovierte Jurist, der über die LPD in Halle 1949 zur FDP fand und dort eine steile Karriere begann, ist erkennbar geblieben als „Ikone liberaler Innenpolitik", wie er in einigen Medien genannt wird. Schon als Vorsitzender der Düsseldorfer Liberalen, als Mitglied des Stadtrates und später als nordrhein-westfälischer Innenminister war er „erkennbar" als einer, der die Befürworter von Rechtsverschärfungen erst einmal auf die tatsächliche, oft gar nicht genutzte Dimension des Gesetz-Gefüges hinweist. Hirsch mischt sich ein, wenn er glaubt, dass die Verschärfung eines Gesetzes die Freiheit aller Bürger bedroht.

Hirsch weicht nie aus, ihm ist politisches Rumeiern zutiefst zuwider. Dass er, wie manche Beobachter meinen, die Wende der FDP von der Rechtsstaatspartei zur rechten Staatspartei – markiert durch die Abwendung von der sozialliberalen Koalition hin zur CDU 1982 – selbst nie akzeptiert habe, ist Behauptung.

Die Neigung des Staates, tatsächliche oder vermeintliche Bedrohungen durch Verschärfung von Gesetzen zu beantworten, ist Hirsch unheimlich. So misstraut er Versuchen, die Polizei vor dem Hintergrund einer islamischen Bedrohung stark zu machen und dabei die Grenze zwischen einzelnen Diensten einzureißen. „Wenn wir Polizei und politische Beobachtung vermischen, und dafür gibt es leider schon Ansätze, landen wir in einem reaktionären Obrigkeitsstaat des 19. Jahrhunderts."

Hirsch ist ein Widerstandskämpfer, wenn es um Belange der Freiheit geht oder um die Entlarvung der törichten Formel, dass Unbescholtene die Überwachung des Staates nicht zu fürchten brauchten. Dabei geht es ihm ebenso um die Unversehrtheit der Wohnung gegen Lauschangriffe wie um die Einengung der mobilen Freiheit unter Beobachtungskameras in öffentlichen Räumen. In ihm sitzt ein tiefes Misstrauen gegenüber einem Staatsapparat, der unter Berufung auf immer neue Gesetze ein Gewaltmonopol exzessiv auslebt.

Der Düsseldorfer Hirsch hat vielfach Grenzen der Staatsgewalt benannt. Etwa als er sich 1998 in der Frage des Kirchenasyls positionierte. Dass die Gewährung eines Asyls als Schutz vor der Abschiebung nicht legal ist, bestreitet Hirsch keineswegs. Er hat aber Zweifel an der Formel „Legal ist auch legitim." Den Gewährern von Kirchenasyl billigt er zivilen Ungehorsam zu. Ebenso wie die Minderheit verpflichtet sei, eine Mehrheitsentscheidung als geltendes Recht zu akzeptieren, sei die Mehrheit in einer funktionierenden Demokratie verpflichtet, genau zu prüfen, ob sie vitale Interessen der Minderheit oder ethische Grundsätze der Gesamtheit verletze. Folgen müssten alle ihrer humanitären Verantwortung und dabei ihrem Gewissen.

Nicht mehr und nichts weniger nimmt Hirsch auch für sich selbst in Anspruch.

 Autor: Ludolf Schulte

Marcellino Hudalla

Zwei Dinge waren im Elternhaus von Marcellino Hudalla Gesetz. Erstens: Es wird Abitur gemacht. Zweitens: Es wird gegessen, was auf den Teller kommt. „An beides habe ich mich nicht gehalten", resümiert Marcellino und hat dabei gut lachen: Denn auch ohne Hochschulreife, dafür aber mit dem richtigen Riecher und Geschmack, hat er es zum erfolgreichen Herausgeber des meistverkauften gleichnamigen Restaurant-Reports gebracht.

1976 kam der gebürtige Oppelner nach Düsseldorf. Da hatte er sich als Konzert- und Theaterveranstalter schon einen Namen gemacht, präsentierte kleine und große Bühnenstars in NRW. Dieter Hallervorden und Jürgen von der Lippe waren darunter, ebenso The Police, Joe Cocker, Bob Dylan und AC/DC. Doch Marcellino, gelernter Schriftsetzer und Typograph, später auch Fotograf (zum Beispiel für ein bestens verkauftes Jimi-Hendrix-Poster), erkannte schließlich: An großen Künstler-Acts kannst du nur arm werden. Und schwenkte um auf Genuss, der nicht auf die Ohren, sondern durch den Magen geht.

Heute sitzt Marcellino Hudalla mit seinem „Headquarter", wie er es nennt, auf der Kaistraße im angesagten Düsseldorfer Medienhafen. Hier laufen die Fäden für die 17 Restaurant-Führer von Hamburg bis Mallorca zusammen, die er jährlich verlegt. Das Rezept für den Report kam quasi über Nacht und „nach mehreren Flaschen Rotwein …", erzählt er. „In einem kleinen Büchlein hatte ich mir immer Anmerkungen zu Restaurants notiert, in denen ich gegessen hatte. Schnell war ich im Bekanntenkreis gefragter Gastro-Tippgeber." Frei nach dem Motto „Nichts ist umsonst" forderte er schließlich für jede seiner Empfehlungen fünf kritische Tipps von seinen Freunden ein.

„Marcellino's Restaurant Report – Gäste sagen, wie es wirklich ist" war geboren. Der erste Restaurant Report für Düsseldorf wurde 1988 mit 5 000 Exemplaren im Eigenverlag herausgebracht. Der Appetit war geweckt, Schritt für Schritt nahm „Marcellino's" alle großen deutschen Städte gastronomisch unter die Lupe. Heute umfasst er eine jährliche Auflage von 160 000 Exemplaren. Und der Kreis der Tippnehmer ist längst nicht mehr nur auf Bücher-Fans beschränkt. Marcellino: „25 Prozent unseres Umsatzes erwirtschaften wir inzwischen mit elektronischen Medien." Da gibt es den Gastro-Tipp im Internet, auf dem Handy oder auf dem PDA-Organizer. Die Zahl der Gastro-Tester hat sich verfünfzigfacht: 32 000 Gästetests lagen den jüngsten Ausgaben zu Grunde. Die Inhalte haben sich im Laufe der Zeit natürlich verändert. „Die Leute sind viel exotischer geworden, das Angebot ist heute raffinierter. Umso wichtiger ist es, dass wir mit unserem Produkt knackig und begehrenswert rüberkommen."

Marcellino riecht den Trend, preist sein Team, das „eine gute Realisierungskultur für besondere Ideen entwickelt hat." So wundert es nicht, dass eine neue Rubrik Einzug in allen „Marcellino's" gehalten hat: Unter „Sexy Food" versteht er die „Küche des Erlebens" – köstlich und mundgerecht. Gerade deshalb sieht er sich nicht als Feinschmecker im klassischen Sinne: „Es muss nicht abgehoben sein. Zunächst müssen die Grundprodukte top sein. Mindestens so wichtig wie die Raffinesse der Küche sind aber auch die Gastgeber-Qualitäten des Inhabers und des Service. Die entscheiden, ob sich ein Gast wohl fühlt oder nicht."

Was isst schließlich einer, der mit Kritiken übers Essen sein Geld verdient? „Ganz viel Obst", strahlt Marcellino, „und mittags sowieso nur dann etwas, wenn ich eine stressfreie halbe Stunde habe." Ein Lieblingsgericht hat es Zeit seines Lebens gegeben: Als kleiner Junge puhlte er Rosinen aus den Milchbrötchen. Heute liebt er außerdem gerösteten grünen Spargel mit Rosmarin, Sardellen und Panchetta in Zitronensauce. Auch das passt in sein Erfolgskonzept: Die Geschmäcker ändern sich, deshalb kann „Marcellino's" auch immer neue Ratgeber auftischen. Und weil ihm gutes Essen am Herzen liegt, will er auch denen helfen, die das Wort „Genuss" gar nicht, stattdessen nur Hunger kennen. 1999 gründete Marcellino mit seiner Frau Brigitte den Hilfsfonds „Pane e vino e.V." Gemeinsam luden sie Gäste ein, die statt Geschenken Spenden mitbrachten. Marcellino: „Den meisten von uns geht es gut, sehr gut sogar. Wir sammeln, weil es Freude macht, Hunger in Hoffnung zu verwandeln."

■ Autorin: Jutta Laege

STATT BLUMEN!
Restaurant
Report 2005

Joachim Hunold

Wenn es eine deutsche Variante zum amerikanischen Tellerwäscher gibt, der es zum Millionär gebracht hat, dann ist es die Geschichte von Joachim Hunold.

Ein Aufstieg wie im Flug. Vor mehr als 30 Jahren finanzierte sich der „gebürtige und praktizierende Düsseldorfer" (so seine Selbstbeschreibung) das Jurastudium im Altstadtlokal „Knoten" mit dem Schleppen randvoller Altbier-Tabletts, später tingelte er als Road-Manager von Marius Müller-Westernhagen durch die Republik. Erste Berührung mit dem Fluggeschäft hatte er 1978 als stellvertretender Stationsleiter einer Transportgesellschaft am Düsseldorfer Flughafen. Vier Jahre später stieg er zum Vertriebs- und Marketingchef der LTU auf. Nach acht Jahren schied Hunold aus – im Streit mit dem damaligen WestLB-Chef Friedel Neuber, dessen Unternehmen gerade Hauptaktionär des Ferienfliegers geworden war. Was für viele den Sturz in die Bedeutungslosigkeit bedeutet hätte, wurde für Kämpfernatur Hunold zum Start eines Höhenfluges, wie er steiler und eindrucksvoller kaum sein kann.

Der Mann liebt die Arbeit und den Spaß. Deshalb steht bei Air Berlin das Vergnügen nicht an letzter Stelle. Bei den schon legendären Betriebsfesten gibt sich der ohnehin joviale Firmenboss noch hemdsärmeliger. Dann hält er launige Reden, zapft auch schon mal Bier und bedient seine Mitarbeiter. Zehn Jahre Altstadt-Erfahrung als Köbes zahlen sich aus. Der Mann kann schuften. 1991 hat er mit zwei Jets bei Air Berlin angefangen und die Linie in den folgenden 13 Jahren zur mit Preisen für Service und Freundlichkeit überhäuften zweitgrößten deutschen Fluggesellschaft befördert.

Die Abfindung von LTU, die er in das seinerzeit marode Unternehmen steckte, hat üppige Früchte hervorgebracht. Mit einer Hand voll Mitgesellschafter (er selbst besitzt als Geschäftsführer neun Prozent der Anteile) führte er die Firma Flug um Flug zum großen Erfolg. Sein ursprüngliches Geheimnis: Er ging „aufs Land". Nicht die Großflughäfen waren zunächst Ziele seiner Strategie, sondern kleine Airports wie Münster, Paderborn oder Nürnberg. Von dort aus bediente er ein ständig wachsendes Publikum vor allem mit Destinationen im Mittelmeerraum, insbesondere mit seinem Mallorca-Shuttle. Heute hat er sich längst auch in den Metropolen etabliert. Selfmademan Hunold – ein kantiger, herzlicher Typ, vierfacher Vater, brillanter Verkäufer, Chef zum Anfassen, rastloser Ideenproduzent, Karnevals-Freund und knallharter Verhandler.

Einer, der wenig Worte macht, stattdessen schnell zum Punkt kommt. Umschweife sind ihm ein Gräuel, gleiches gilt für diplomatische Manöver. So formuliert er seine Abneigung gegenüber Gewerkschaften gewitterartig in fast jedem Kommentar seines preisgekrönten Bordmagazins, und eine Politikerin bezeichnete er einst als „grüne Tussi", weil sie sich gegen Nachtflüge am Dortmunder Flughafen ausgesprochen hatte.

Klartext beherrscht seine Sprache. Und eine gehörige Portion Witz. Als Air Berlin in Düsseldorf zur Fluggesellschaft des Jahres gekürt wurde, bemerkte er kess: „Eigentlich wären wir ja schon letztes Jahr dran gewesen. Aber da wollte man wohl LTU moralisch aufbauen." 2003 steigerte Air Berlin das Passagieraufkommen um sagenhafte 43 Prozent auf 9,6 Millionen Fluggäste, in 2004 peilt Hunold mit seinen 2 200 Mitarbeitern und den zum Teil geleasten 46 Jets rund eine Milliarde Euro Umsatz an. Zu noch mehr soll ihm die Kooperation mit dem ehemaligen Formel-1-Weltmeister Niki Lauda, den er im Ski-Urlaub in Lech kennen lernte, verhelfen. Dessen fünf Airbusse umfassende „NIKI"-Flotte eröffnet dem Düssel-Berliner, der nach wie vor in Düsseldorf wohnt und ständig zwischen Bundes- und Landeshauptstadt pendelt, den lukrativen Einstieg ins osteuropäische Geschäft.

Seine Liebe zum Sport hat er auf den Job übertragen. Der ehemalige Handballer (Turu) und Eishockeyspieler (DEG) engagiert sich mit Air Berlin u.a. als Sponsor im Rochusclub und beim Handball-Bundesliga-Aufsteiger HSG. Er selbst spielt leidenschaftlich gern Tennis und Golf. Letzteres am liebsten in mediterranen Gefilden. Kein Thema, wenn man Airline-Chef ist.

 Autor: Michael Grixa

AIR-BERLIN

Jörg Immendorff

Irgendwo ganz am Schluss in einem der zahlreichen Interviews, die Immendorff immer wieder gibt, sagt er diesen Satz: „Ich möchte bis zum Schluss malen, und wenn man mich mit dem Rollstuhl bis zur Leinwand fahren müsste." Er hat diesen Satz nicht leichtfertig ausgesprochen. Das hat er nie getan. Seine Sprache war immer klar, ohne Schwulst, von anspruchsvollem Aufbau und dem Zuhörer viel Konzentration abverlangend.

Als er das sagte, Mitte der 90er Jahre, stand er in der Blüte seiner Jahre und seiner Schaffenskraft, international anerkannt, inzwischen auch in Deutschland hochgelobt, arriviert, wie man bei Künstlern wohl sagt. 1998 musste er dann erfahren, dass er an ALS litt (Amyotrophe Lateralsklerose, ein am Ende immer tödliches Nervenleiden) – was diesen eben zitierten Satz in einem fast seherischen Licht erscheinen lässt. Am Ende wird der große Maler in der Tat nicht mehr Herr über seine Arme und Beine sein ...

Immendorff ist der Welt, den Menschen, immer schon ein Rätsel gewesen. Schon der 16-Jährige, der durch die Scheidung seiner Eltern (Vater Offizier, Mutter Sekretärin) dem vom Vater gewünschten Medizin-Studium entging, stellt in Bonn erste Werke aus. Das Gymnasium bricht er nach der Untersekunda mit der Mittleren Reife ab, bewirbt sich an der Düsseldorfer Kunstakademie und wird von Teo Otto genommen. Später wechselt er in die Klasse von Joseph Beuys, den er über alles verehrt, und zu dem er – davon ist Immendorff fest überzeugt – auch noch nach dessen Tod 1986 dauernden Kontakt hat. Auf einer anderen, einer gedanklichen Ebene, die ihm aber trotz der virtuellen Realität Kraft gibt.

Die Bilder des Jörg Immendorff sind von einer überbordenden Sprache der Farben und Motive. In seinem „Café Deutschland" beschäftigt er sich mit dem geteilten Vaterland, den Fall der Mauer malt er einige Jahre, bevor in Leipzig die Menschen mit dem Ruf „Wir sind das Volk" Honeckers Truppe wegfegten.

Sich selbst inszeniert Immendorff stets gern als jungen Wilden (auch im vorgerückten Alter), Renitenten, Revoluzzer. Treu in der Tradition des aufmüpfigen Studenten der Kunstakademie, der sich als Maoist und zeitweise auch das Ende der Bildenden Kunst sah, und der einst in einem Happening sämtliche Professoren der Akademie „entließ". Und dafür selbst eine Menge Ärger bekam. Jahrelang arbeitete er in mehreren Düsseldorfer Schulen als „Zeichen- und Werklehrer", später, ab 1996, war er dort selbst Professor, und seine Studenten lieben den Malerfürsten mit den dicken Ringen an den Fingern.

Vielleicht hängen sie auch so an ihm, weil er möglicherweise gar nicht so ist, wie er auf den Fotos mit Muskel-Shirt, Tattoos an den Oberarmen, schwarzer Lederhose und Zigarette im Mundwinkel aussieht. Im Gespräch erlebt man einen Immendorff, dessen Optik wenig zu dem passt, was er sagt. Kurz: Der Mann ist anders, als er aussieht. Viele Menschen mag das irritieren, Kunststudenten vermutlich nicht. Als er wegen eines Strafverfahrens zeitweise suspendiert wird, kommt von ihnen der lauteste Protest. Sie wollen ihren Lehrer behalten. Einer fasst es in einem bemerkenswerten Werk zuammen: Er bestreut eine Glasplatte mit feinem, weißen Pulver (wie Kokain) und schreibt unter die makellose, weiße Fläche „Immendorf ist unschuldig".

Der vermeintliche Revoluzzer der 70er traf irgendwann einmal einen anderen Revoluzzer der 70er, der einen ganz anderen Weg gegangen war – Gerhard Schröder. Die beiden verstanden sich auf Anhieb. Und zwar so gut, dass der SPD-Kanzler entschied, Immendorff solle sein Bild für die Ahnengalerie des Kanzleramtes machen.

Seine Tochter Ida, 2002 geboren, wird das Bild als Erwachsene irgendwann einmal sehen und sich einmal mehr fragen, wieso ihr Vater das Bild so und nicht anders malte. Sollte sie den Vater nicht verstehen, kann vielleicht die Mutter helfen: Ida ist die Tochter von Oda Jaune. Immendorff heiratete die über 30 Jahre jüngere Frau im Jahr 2000. Sie war seine Meisterschülerin, und in der Kunstszene gilt auch sie als großes Talent.

 ■ Autor: Hans Onkelbach

Christoph Ingenhoven

Schon das Büro verrät viel über den Architekten Christoph Ingenhoven. Der Blick geht durch die Fensterfront der Plange Mühle ungehindert ins Weite auf den Medienhafen und die Silhouette von Düsseldorf. Die rund 70 Mitarbeiter sitzen nicht in abgeschlossenen kleinen Raumzellen, sondern gemeinsam im großzügigen Großraum. Das Büro gleicht einem Studio, in dem im Team, im Dialog kooperativ Ideen (weiter-)entwickelt werden. Denn die „wesentliche Qualität eines Entwurf ist es, die richtige Idee zu haben", so sieht Ingenhoven das Prinzip seiner Arbeit.

Die richtige Idee ist oft nicht das auf den ersten Blick Selbstverständliche. Ingenhoven geht die Aufgaben, denen er sich bei vielen nationalen und internationalen Wettbewerben stellt, gern wie ein Quereinsteiger an, um unvoreingenommen den Kern des Problems zu erfassen. Da geht er schon mal so weit, Entwürfe zu präsentieren, die den vorgegebenen Rahmen sprengen. Zum Beispiel beim Wettbewerb zur ARAG-Verwaltung am Mörsenbroicher Ei. Das brachte ihm besondere Aufmerksamkeit und einen Sonderpreis der Jury. Gebaut wurde seine Idee aber nicht.

Solche extrem abweichenden Entwürfe entspringen nicht dem Anspruch, ein Künstler schlechthin zu sein, der seine Ideen unbedingt durchboxen will. Sie sind ein kalkuliertes Risiko eines selbstbewussten Architekten, der auf seine Kreativität baut. Die sieht Ingenhoven nicht als überbordende Fantasie, sondern als die Fähigkeit, „sich etwa beim Gang durch eine Stadt nicht zufrieden zu geben mit dem, was ist, sondern stets nach besseren Lösungen zu suchen". Deshalb hat er zum Beispiel auch die Diskussion über den Kö-Bogen losgetreten, weil der öde Jan-Wellem-Platz und die Trennung zwischen nördlicher Königsallee und Hofgarten abstoßend und deprimierend wirken. So empfindet er jedenfalls die Stadtlandschaft an dieser Stelle und nimmt sich die Freiheit, etwas Besseres, Schöneres vorzuschlagen.

Und das – wie bei anderen Projekten auch – mit spürbarem inneren Engagement. Jungenhaft unbekümmert, frei von der Leber weg, erläutert er seine Ideen in einer Mischung von Begeisterung, genauer Analyse, bedachtsamer Abwägung der Fakten, auf denen seine Vorschläge beruhen. Denn bei aller Begeisterung „ist Kreativität nur mit Distanz zum Projekt möglich, damit man sich keine Lösungen verstellt", glaubt Ingenhoven. Deshalb sei er auch bereit, „eigene Ideen in Frage zu stellen und sich mit anderen Meinungen auseinander zu setzen". Darin trainiert ihn ganz privat schon seine Familie. Denn seine fünf Kinder „fordern mich permanent heraus, haben ihren eigenen Kopf". Ihre kindliche Spontaneität scheint Ingenhoven selbst jung und offen für Neues zu halten.

Auch dies eine Voraussetzung für Kreativität, die Ingenhoven bei seinen Projekten immer wieder beweist. Der runde Büroturm der RWE-Hauptverwaltung in Essen ermöglicht beispielsweise durch seine doppelte Glashülle, dass jedes Büro Frischluft bekommt. Die unterirdischen Bahnsteige des neuen Stuttgarter Hauptbahnhofs bekommen Tageslicht durch übergroße Oberlichter, die oberirdisch auf der Fußgängerzone wie Skulpturen wirken. Das moderne Wohn- und Geschäftshaus auf dem historischen Markt Lübecks hat Fassadenproportionen wie alte Bürgerhäuser. Bei der Sanierung der Stadtsparkasse Düsseldorf verpasste er den einzelnen, unterschiedlich alten Baukörpern eine einheitliche Glasfront, die hinter dem Neuen das Alte erahnen lassen. Die Hauptverwaltung der Düsseldorfer Stadtwerke bezieht denkmalgeschützte Teile des ehemaligen Kraftwerks samt Turbinenhalle in den transparenten Bürobau mit Innenhöfen ein.

Jedes Projekt belegt auf seine Weise den Ideenreichtum, mit dem Ingenhoven seine Auffassung von Architektur verwirklicht: Stadtviertel sollen zum Bleiben einladen, Menschen sich in Häusern wohlfühlen. Kurz: Das Lebensgefühl soll nicht beeinträchtigt werden, damit Städte als gebaute Landschaft nicht abstoßen und die Welt der Arbeit nicht deprimiert, sondern Kreativität fördert – wie in Ingenhovens Architekturstudio Plange Mühle am Medienhafen.

 Autor: Michael Brockerhoff

Ingenhoven und Partner

Edgar Jannott

„Das müssen Sie sich anschauen. Hier haben Sie Weitblick – im doppelten Sinne", scherzt Dr. Edgar Jannott beim Blick aus seinem Büro in der 25. Etage des Victoria-Turms auf die Stadt, die seit 40 Jahren seine Heimat ist. Hier engagiert er sich, hier kam er auch beruflich ganz nach oben. Heimat – dabei denkt er aber auch immer noch mit ein wenig Sehnsucht an seine thüringische Geburtsstadt Gotha. Nach dem Krieg, in dem das Elternhaus zerbombt worden war, ging die Familie nach Göttingen.

Als promovierter Jurist begann er 1964 seinen Berufsweg bei der Victoria-Versicherung in Düsseldorf. Bereits nach sechs Jahren wurde er in den Vorstand berufen und mit der Verantwortung für den Vertrieb betraut. Im Alter von 48 Jahren wurde er Vorstandsvorsitzender. Seinen Grundsätzen aus der Vertriebszeit blieb er treu: „Schenken Sie den anderen das, was Sie sich selber wünschen: Ein gutes Wort, eine freundliche Geste, vor allem aber Vertrauen, und Sie bekommen mehr zurück als Sie verschenkt haben."

Es waren ereignisreiche Jahre, die Jannott erlebte. „Ich hatte das Glück, ein Unternehmen 30 Jahre mit zu führen und zu prägen, und noch dazu mit dem Neubau in Düsseldorf auch das äußere Erscheinungsbild des Unternehmens und unserer Stadt mitzugestalten." Der runde Victoria-Turm zählt heute zu den Wahrzeichen Düsseldorfs. „Die Wiedervereinigung war das schönste historische Ereignis meines Berufslebens", schwärmt Jannott. „Ich bekam die Chance, mit meinen Mitarbeitern die Victoria wieder dort aufzubauen, wo sie ihren Ursprung hatte – in Berlin und Mitteldeutschland." Jannotts Victoria-Vorväter hatten den Firmensitz Berlin über alle Nachkriegswirren hinweg beibehalten. Trotzdem entschied sich Jannott noch in seinem letzten Dienstjahr gegen Berlin und für eine Sitzverlegung nach Düsseldorf. Damit wurde nach 147 Jahren aus der Berliner Versicherung eine Düsseldorfer Gesellschaft.

Den erfolgreichen Wiederaufbau des Geschäfts in den neuen Bundesländern begleiteten Jannotts Mitarbeiter mit einem Engagement, das für andere Unternehmen hätte Beispiel sein können. Die Mitarbeiter gründeten den Verein „Victorianer helfen" und spendeten monatlich die Pfennigbeträge ihrer Gehaltsüberweisung, und das Unternehmen legte den gleichen Betrag noch einmal dazu. Mit diesen Spenden unterstützten sie viele Jahre den Wiederaufbau eines großen Dorfs in Thüringen. Jannott ist dort heute gern gesehener Ehrenbürger.

Als diese Herausforderung nicht mehr bestand, zogen von Westen her dunkle Wolken auf. Im Zuge der einsetzenden Globalisierung war die Victoria plötzlich für ausländische Konzerne ein lukrativer Happen geworden. Um nicht geschluckt zu werden, machte sich Jannott für eine Lösung gemeinsam mit anderen Versicherern stark. So wurde 1997 die Ergo Versicherungsgruppe AG, Deutschlands zweitgrößte Versicherungsgruppe, in Düsseldorf geboren, an der die Münchener Rückversicherungs-Gesellschaft die Mehrheit hält. Jannott wurde der erste Vorstandsvorsitzende.

Die Übernahmegefahr ist zwar abgewendet, aber eine ganz andere und größere Gefahr bedroht nach Ansicht des früheren Konzernlenkers die deutsche Wirtschaft: Die Klimaveränderung, die mit dem Shareholder-Value-Denken und der ausschließlichen Orientierung am Gewinn keinen Platz mehr lässt für das „Soziale in unserer Marktwirtschaft". Aber der Optimist Jannott hofft, dass dieses Pendel eines Tages wieder zurückschlägt.

Da er sich dafür nach seiner Pensionierung nicht mehr direkt engagieren kann, hat er ehrenamtliche Aufgaben übernommen: den Vorsitz der Freundeskreise des Hetjens-Museums und der Düsseldorfer Tonhalle. Daneben engagiert er sich in seiner Vaterstadt Gotha als Stiftungsratsvorsitzender der Landesstiftung „Schloss Friedenstein Gotha" und der „Gothaer Kulturstiftung". Seiner Victoria ist Jannott weiterhin als Ehrenvorsitzender des Aufsichtsrats und der von ihm mitgegründeten Ergo als Aufsichtsratsmitglied verbunden. Trotz der vielen neuen Aufgaben bleibt Jannott heute mehr Zeit für seine Familie. Seine „neue Freiheit", wie sie Jannott nennt, genießt er nicht allein, sondern mit ihm seine Tanzstundenfreundin, die seit 44 Jahren seine Ehefrau ist, seine drei erwachsenen Söhne, seine Schwiegertöchter und Enkelkinder.

 ■ Autor: Jürgen Grosche

Jenny Jürgens

Eine Stadt, auf die man im Zustand heftigster Verliebtheit trifft, hat schon halb gewonnen. Nicht anders erging es Jenny Jürgens mit Düsseldorf. Kennen gelernt hat sie ihren Mann Dr. Thomas Druyen bei einem Theater-Engagement in Köln. Schon eine Woche später, beseelt von dem untrüglichen Gefühl, die Liebe ihres Lebens gefunden zu haben, zog sie bei ihm in Düsseldorf ein. Vergessen der peinliche Moment, als die Neu-Bürgerin im „Uerige" ein Kölsch bestellte. Weit mehr zählt, dass die Zuneigung zu Düsseldorf mit der Hochzeit im ehrwürdigen „Malkasten" besiegelt wurde. Und erst recht, dass Jenny in dem Stück „Ausgerechnet Hamlet" vor zehn Jahren das „Theater an der Kö" mit dem ersten Satz auf der nagelneuen Bühne eröffnen durfte: „Können Sie mir sagen, wie spät es ist?"

Mittlerweile spielte Jenny Jürgens bei Freund René Heinersdorff vier Hauptrollen, zuletzt in „Alles Liebe". Mag der verklärte Blick durch die rosarote Düsseldorf-Brille auch einer realistischeren Sicht gewichen sein – die Stadt bedeutet für sie „eine emotionale Heimat, wie ich sie zuvor nie hatte. Wenn ich mit dem Flugzeug lande, spüre ich ganz stark, nach Hause zu kommen. Und das ist wunderbar."

Besonders nach einer so wechselhaften Kindheit, wie Jenny sie erlebte. Als Tochter von Udo Jürgens privilegiert geboren, aber auch geprägt durch einen stürmischen bis unsteten Künstler-Haushalt. Von München nach Kitzbühel. Weiter nach Zürich, von dort ins anthroposophische Internat in Neuchâtel. Dem versuchte der Teenager bald wieder zu entfliehen, trotz paradiesischer Umgebung und umfassender Erziehung inklusive Töpfern, Weben, Perlensticken, Felder bestellen, Kühe melken. „Ein Dickkopf war ich halt", urteilt sie rückblickend, „ich wollte so schnell es ging etwas Eigenes leisten, unabhängig vom Geld meines Vaters sein." Mit gerade mal 15 Jahren ergriff sie die Chance, in Südafrika ihren Debüt-Film zu drehen: „Im Dschungel ist der Teufel los". Nach der Mittleren Reife wurden die Schulfesseln endgültig abgestreift. Schauspielerin wollte sie werden! Auf der Bühne stehen! Träume, die sich erfüllten. Nach ihrer Ausbildung in München reiste die blutjunge Jenny acht Stücke lang mit dem „Alpenländischen Volkstheater" über Land. Unauslöschlich ihre erste Premiere im bezaubernden Meraner Theater. Wie sie im Dirndl und mit Zöpfen ein komisches Bayerisch sprach und sich vorkam wie am Broadway: „Eine einfache, ehrliche Zeit, für die ich unendlich dankbar bin." Dem berühmten Vater imponierte die Zähigkeit, mit der sich seine Jenny ihren Weg bahnte. „Beide Eltern haben mich liebevoll begleitet", betont sie. „Nur konnten sie mich nicht davor schützen, dass ich extrem kritisch beäugt wurde. Der Name Jürgens vermochte Türen zu öffnen, durchgehen musste ich alleine. Aber manche Türen hat er auch verschlossen."

Heute meistert Jenny Jürgens eine ihr genehme Balance zwischen Fernsehen und Bühne. Vier Sommer lang drehte sie am Wörther See die Serie „Schlosshotel Orth", lebte im Winter ihre Theaterleidenschaft aus. Fürs Rollenstudium pflegte sie, laut vor sich hinmurmelnd, durch den Benrather Schlosspark zu spazieren. Inzwischen zog das Ehepaar Druyen ins ländliche Knittkuhl. „Erstaunlich, wie viel Neues mir die Stadt nach neun Jahren noch zu bieten hat", wundert sich Jenny. Ihr Vater besuche sie ebenso gern wie ihre Mutter Panja, die sich als anerkannte Fotografin zwischen New York und Paris bewegt.

Obwohl Jenny ihren Beruf liebt, hat sie ihre Visionen nicht verloren, wie dem Leben noch mehr erfüllende Seiten abzugewinnen wären. Ein wichtiger Schritt ist die Zusammenarbeit mit ihrem Mann. Dr. Thomas Druyen, Soziologe, Honorar-Professor, Buchautor und Direktor der Privatbank der Fürstenfamilie von Liechtenstein in Deutschland, gründete die Stiftung „Dialog der Generationen", die sich für ein verändertes Altersbild einsetzt. Hier schließt sich der Kreis mit Vater Udo, dessen Ohrwurm-Hymne „Mit 66 Jahren" dazu ermutigt, nie aufzuhören, sondern immer wieder neu anzufangen. Jennys Motto passt fabelhaft dazu: „Ich bin bereit!"

 Autorin: Regina Goldlücke

Gert Kaiser

Gert Kaiser ist kein gebürtiger Düsseldorfer. Er hat Düsseldorf gewählt. Das war 1977. Um hier als Altgermanist zu lehren und zu forschen. Um dann jahrzehntelang die Universität zu gestalten als ihr Rektor. Um Allianzen zu stiften zwischen Wirtschaft und Wissenschaft. Um sich einzulassen auf das gesellschaftliche Leben in der Stadt, auf die Menschen, die hier entscheiden, manche etwas lauter, manche lieber diskret. Erst hat er Düsseldorf gewählt.

Aber längst hat die Stadt auch ihn gewählt. Als ihren ersten Gelehrten. Als einen, der Ironie in die Rituale bringt, der mitmacht und doch immer einen Rest Distanz wahrt. Der die noblere Hälfte der Society mit überraschenden Gedanken versorgt, mit kultureller Erinnerung, mit feinen Reden. Der sie mit einer – sagen wir es frei heraus – recht ortsfremden Eigenschaft bezaubert: Intellektualität. Gert Kaiser, Professor Doktor phil., Doktor ehrenhalber, ist einer, der sich von vielen einspannen lässt, der sich aber niemandem verschreibt.

Er berät als Präsident des Wissenschaftszentrums Nordrhein-Westfalen. Er waltet in Stiftungen. Er gehört Freundeskreisen an. Als Freund des Schauspielhauses geht er in Premieren, die ihn interessieren – also bei weitem nicht in alle. Drum will er als neuer Vorsitzender der Schauspielfreunde auch mithelfen, dass dieses Theater noch stärker als bisher ein Ort der Debatte wird, der intensiven Begegnung, gesteigertes Kino sozusagen, am liebsten Generationen übergreifend und verbindend. Und es wird ihm, wie so vieles zuvor, wohl gelingen.

Gert Kaiser ist aus Düsseldorf nicht wegzudenken. Man trifft ihn in der Oper. Man sieht ihn auf der Kö einkaufen und regelmäßig mittags im Industrie-Club speisen. Man muss sich bei dem Porschefahrer und Golfspieler keine Sorgen um falsche Klischeevermeidung machen. Sein Leiden am häufigen Auftauchen in den Klatschkolumnen der Zeitungen hat er ganz ordentlich in den Griff bekommen. Von Herzen und ohne Scheu ist er sogar Ehrenmitglied des größten Heimatvereins, der Jonges, geworden. Vor deren zu Tränen gerührter Vollversammlung formulierte er einmal folgenden Satz: „Alle Orte, die ich wirklich liebe, sind in Düsseldorf." Der Satz stimmt wahrscheinlich nicht. Aber er ist wunderschön. Und er passte einfach zum Anlass: der Ehrung Kaisers mit der Großen Goldenen Jan-Wellem-Medaille. Später dann ist Kaiser mit seiner Frau Dietlinde nach Hause gefahren. Nach Metzkausen.

Medaillen, Ringe, Nadeln, Urkunden und Orden wurden dem Gelehrten in den vergangenen Jahren zahlreich zuteil: darunter der Jan-Wellem-Ring der Stadt, aber auch ehrenvolle internationale Auszeichnungen wie der japanische „Orden der Aufgehenden Sonne mit Sternen, goldene und silberne Strahlen" oder der italienische Ehrentitel „Commendatore dell'Ordine al Merito della Repubblica Italiana".

Diese hohen Dekorationen zeigen, wie sehr sich der Hochschulmanager international engagiert. Zusammen mit Avi Primor arbeitet er am Aufbau einer israelischen Privatuniversität, die den deutsch-israelischen Wissenschaftsaustausch weiter beleben soll. Im Auftrag der Hochschulrektorenkonferenz setzt er sich für ein deutsch-italienisches Hochschulzentrum mit binationalen Studiengängen ein, mit gemeinsamen Kollegs und Konferenzen (und frischt dabei sein Italienisch auf).

Das alles sind Facetten des öffentlichen Düsseldorfers. Von dem Privatmann weiß die Stadt nur soviel, wie Kaiser sie im Laufe der vielen gemeinsamen Jahre wissen lassen wollte. Daran sollen auch kleine Porträts nichts ändern. Vermutlich ist das ein Geheimnis seiner Ausstrahlung: das souveräne Spiel zwischen Tuchfühlung und Distanznahme. Der Mann lebt hier mitten in der Stadt. Gleichwohl bewahrt er sich die Freiheit, gelegentlich weit weg von ihr zu sein.

Vielleicht haben wir Glück, und Gert Kaiser erfüllt den dringenden Wunsch seines Freundes Wolf Biermann, er möge doch selbst noch einmal eintauchen in sein faszinierendes Fach. Vielleicht schreibt er ja das bestellte Buch über die mittelalterliche Ritterlichkeit. Auch gegen Biermanns Titelvorschlag sei nichts einzuwenden: „Talent und Charakter".

 ■ Autor: Torsten Casimir

Heiner Kamps

Der König ist tot, es lebe der König. Ein Spruch, der zu Heiner Kamps passt: Er ist Vollblutunternehmer. Wer denkt, die Übernahme der Kamps AG durch Barilla hat den Wahl-Düsseldorfer umgeworfen, der irrt. Der ehemals größte Bäcker Europas steht in Wartestellung. Bis 2006 bindet ihn ein Beratervertrag. Dann kann es wieder losgehen, auch in seiner angestammten Branche. „Ich bin ja nicht 87", sagt Kamps selbstbewusst wie eh und je, „und ich werde immer unternehmerisch tätig sein".

Die Firma sei sein Lebenswerk, hieß es in den Jahren des rasanten Wachstums. 16 000 Beschäftigte, 1,7 Milliarden Euro Umsatz – das waren schließlich die beeindruckenden Daten seines Konzerns. „Ich hätte gern die Geschichte selbst zu Ende gebracht, weil ich eine Vorstellung davon hatte, wie es weitergeht", sagt Kamps. Die feindliche Übernahme hat diese Pläne vereitelt. Den Showdown vom April 2002 hat er mit allen Details vor Augen. „Dieser Deal war von Beratern und Bankern getrieben", resümiert der Betriebswirt. Er selbst habe den Fehler gemacht, den Kapitalmarkt zu unterschätzen. Außerdem habe er die Aktionärsstruktur nicht früh genug geändert. Für eine Antwort auf die Frage, wie denn das Lebenswerk von gestern in fünf Jahren aussehe, muss der Westfale nicht lange überlegen: „Das Unternehmen wird zerschlagen. Diese Story ist vorbei."

Aber Kamps ist ein Arbeitstier und kreativ, deswegen sind neue Storys sicher. Der zweifache Vater hat einen großen Erfolg erzielt mit einem 6 000 Jahre alten Produkt, „indem ich es anders dargeboten und die Backstube in den Laden gebracht habe". Und wer hat schon nach der Eröffnung des gerade mal zweiten Geschäfts eine Straßenbahn für die Werbung gebucht? Solche Ideen sind typisch für den Mann, dessen innere Uhr ihn täglich zwischen 5 und 5.30 Uhr weckt, der gerne in den Teig greift und „sicher auch wieder in der Backstube stehen" wird. Gerade tüftelt er „mit alten Kamps-Gefährten" an einem neuen Konzept, „der sinnlichsten Bäckerei, die es gibt". Das großstädtische Publikum haben die Partner im Blick, Frische und Qualität sind einmal mehr die Zutaten. „Es geht back to the roots", sagt Kamps und strahlt. Der Bäcker hat eine klare Vorstellung davon, wie individuelle Konzepte funktionieren und dennoch in Serie gehen können. „Da können Sie morgens um 6 Uhr frühstücken, es gibt frisch gebackenes Brot aus einem Ofen, der mitten im Raum steht. Dazu gibt's sechs verschiedene Dips und selbstgemachte Marmelade", schwärmt Kamps, „und abends natürlich auch ein Glas Wein."

Nur ein Beispiel. Kamps unterhält Büros in Düsseldorf, London und Zürich, arbeitet meist von 9 bis 22 Uhr. Er hält 13 Beteiligungen und kann zur Arbeit auch mit der eigenen Airline fliegen. Kamps ist als Partner begehrt. „Ich bekomme 15 bis 20 Beteiligungsangebote monatlich." Diese Aussage verbindet der Selfmademan mit Kritik. „Es fehlt heute an Unternehmergeist." Die gute Idee werde oft mit der Forderung verbunden, ein paar Millionen zuzuschießen, dann laufe die Sache schon. Die frisch gebackenen Unternehmer möchten von Anfang an den vollen Komfort und auf nichts verzichten.

Gesellschaftlich spielt Heiner Kamps heute eine Rolle mit seiner Stiftung „Brot gegen Not", die er vor vier Jahren gegründet hat. An verschiedenen Standorten in der Dritten Welt bringt er Jugendlichen das Backen bei und versucht, ihnen über den Beruf eine Lebensperspektive zu geben. Die parallele Wahrnehmung von Glamour und Armut führt zu klaren Aussagen. „Wer hier lebt, sollte vor Dankbarkeit jeden Tag zehn Kerzen anzünden", sagt Kamps. Er verurteilt die Besitzstands- und Jammermentalität im Lande, die auch die Vorstände betrifft. „Bei Fehlern ist der Abbau von Arbeitsplätzen das einzige, was denen einfällt."

 Autor: Uwe-Jens Ruhnau

Horst Klosterkemper

Manchmal vergeht sogar Horst Klosterkemper das Lächeln. Selten, sicher, aber es kommt vor. Und weil es zumindest in der Öffentlichkeit so selten vorkommt, erinnert er sich auch minutiös an Augenblicke, in denen ihm die Gesichtszüge einfroren. Wie 1975 in Stockholm. Klosterkemper, manchen als Bereichsdirektor bei Henkel, vielen als ehemaliger Messe-Geschäftsführer, den meisten aber als Mister World Team Cup bekannt, als der Düsseldorfer Tennis-Mann schlechthin – er musste als Oberschiedsrichter in einem Endrunden-Turnier ausgerechnet ran, als der rumänische Rüpel Ilie Nastase einmal mehr seine schlechten Manieren auf dem Platz auslebte. Gegner Arthur Ashe, in jeder Hinsicht das Gegenteil von Nastase, packte, nachdem er mehrere Beleidigungen geschluckt hatte, seinen Schläger ein und verließ den Center Court.

„Ich hab' ihm gesagt, er soll warten, aber er war nicht zu stoppen", weiß Klosterkemper noch. Er disqualifizierte den aufgebrachten Nastase ebenfalls und sah sich am Abend prompt einer Schadenersatzdrohung in Höhe von zwei Millionen Mark ausgesetzt. Nastases Schwiegervater habe den Tennis-Star schließlich beruhigt, das Turnier lief reibungslos weiter. Ashe machte mit einem Sieg über Manuel Orantes den Weg ins Finale – ausgerechnet – für Nastase frei, der es sogar noch gewann. „Er kam später zu mir und sagte, er müsse mir dankbar sein", erzählt Klosterkemper, „nachdem ich ihn disqualifiziert hatte, sei er so wütend gewesen, dass er sich ganz aufs Tennispielen konzentriert hätte."

Was Klosterkemper viel mehr faszinierte und prägte, war jedoch Ashes Geste, Orantes nicht siegen zu lassen, obwohl er damit dem verhassten Nastase eins ausgewischt hätte. Das Wort Fairness hat für Horst Klosterkemper einen Wohlklang, den er gerne mit mehr Inhalten gefüllt sähe. Deshalb führt er es mit Leidenschaft im Mund. „Herr Schily sollte für den fairsten Sportler mehr übrig haben als ein silbernes Lorbeerblatt, wir müssen das sportliche Verhalten als gesellschaftliches Vorbild viel stärker in den Mittelpunkt rücken", wirbt er. Begriffe wie „technisches Foul" sind ihm zuwider, die Sporterziehung der Briten, Schweden und Australier empfindet er als Vorbild. „Mein Großvater hat mir immer gesagt, ich solle andere so behandeln, wie ich gerne behandelt werden möchte. Das Einhalten von Regeln, das Gerecht-Sein zu Mitmenschen ist mir wichtig", sagt Klosterkemper und fügt schmunzelnd hinzu: „Meine Kinder und Mitarbeiter werden Ihnen allerdings sagen, dass mir das nicht immer gelingt."

Dass der Lange in der Öffentlichkeit Größe beweist, besonders dann, wenn sie am nötigsten ist, wissen alle, die ihn in den Augenblicken nach Düsseldorfs schmerzlicher Olympia-Niederlage in München erlebten. Als Präsident des Bewerbungskomitees saß er neben Henry Maske, der jubelnd aufsprang, als Leipzig zum Sieger gekürt wurde. „Er hat mir auf die Schulter gehauen, und bei aller Enttäuschung habe ich mich für ihn und Leipzig einfach gefreut", bekennt Klosterkemper.

Solche Auftritte haben ihm weltweit Sympathien, Ehrenämter und das Bundesverdienstkreuz eingebracht. Klosterkemper, mittlerweile 65, tourt nun als Europa-Präsident der Tennisspieler-Vereinigung ATP um den Globus. Der gebürtige Schlesier und „begeisterte Düsseldorfer" taucht derzeit „nur ab und zu" in seiner Wahlheimat auf, in der er seit 1952 lebt und an der ihm die Weltoffenheit und Gastfreundschaft so gut gefällt. Fürs Aufschlagen in seinem geliebten Rochusclub bleibt nicht viel Zeit. „Ich spiele einmal die Woche Tennis", sagt er bedauernd. Ein großes Ziel habe er allerdings dabei immer vor Augen: das alljährliche Familien-Turnier, wo er mit einem seiner beiden Söhne (34 und 29) im Doppel antritt. „Früher hab' ich denen gesagt, wo es lang geht, aber jetzt bestimmen sie auf dem Platz", lacht Klosterkemper.

Einst saß er im Ruderboot. „Aber als ich immer länger wurde, hat mein Trainer mir gesagt, ich müsste was anderes probieren", erinnert sich der Schlaks mit dem honigblonden Haar. Die Ruderer müssen das im Nachhinein bedauern. Denn was Horst Klosterkemper mit großem Einsatz und einem motivierten Team hinter sich für das deutsche Tennis geleistet hat, ist einmalig. Und Grund genug, weiter zu lächeln.

 ■ Autor: Frank Preuß

Sportlichkeit verbindet
Sportlichkeit verbinde

Josef Klüh

Klagen, Frust, Entlassungen? An Josef Klüh und seinem Dienstleistungs-Imperium tropfen die Folgen wirtschaftlicher Krisen unserer Zeit ab wie Regen von der Scheibe. Womit wir beim Thema wären. Denn mit dem Putzen von Fensterglas hat der heute 62-Jährige einst sein erstes Geld verdient. „Und mit dem Schrubben der völlig verrußten Fabrikdächer von Bayer Dormagen", erinnert er sich lächelnd und fügt hinzu: „Einer unserer ersten Großaufträge." Das war 1962, als Klüh den damals noch ausschließlich auf Gebäudereinigung fixierten Betrieb mit zwei Mitarbeitern von der Mutter übernahm. Als er selbst noch kräftig Hand anlegte und von morgens 5 bis abends 23 Uhr schuftete.

Heute sieht man Josef Klüh die Malocher-Vergangenheit nicht an, wenn man ihm so gegenübersitzt in seinem feinen Büro in der Unternehmenszentrale an der Wielandstraße. Marmor, Glas, helle Flächen, dicker grauer Teppichboden, natürlich alles porentief rein. Er selbst trägt mit Vorliebe blau. Blaues Hemd, blauer Maßanzug, darunter eine Armani-Krawatte, deren kräftiges Rot an das im Firmenlogo erinnert. Auch die Haare sitzen perfekt. Dass er mal mit der Hände Arbeit seinen Lebensunterhalt bestritten hat, macht ihn heute noch stolz. Schließlich galt es, den 1944 gefallenen Vater zu ersetzen. „Und das ging eben nur mit Einsatz rund um die Uhr."

Später ist es Josef Klüh immer wieder trefflich gelungen, hervorragende Experten um sich zu scharen, mit denen er gemeinsam von Erfolg zu Erfolg eilte. So holte er mit Ex-LTU-Chef Hans-Joachim Driessen einen brillanten Marketing-Spezialisten an seine Seite, der heute das Auslandsgeschäft vorantreibt.

Auch als DEG-Präsident bewies er Weitsicht. Als Klüh 1990 den damaligen Coach Peter Johansson nach nur zwei Pleiten an die Luft beförderte, obwohl die Mannschaft an der Tabellenspitze stand, hielten ihn viele für verrückt. Doch der Erfolg gab ihm Recht. Mit der Beförderung des bisherigen Co-Trainers Peter Hejma zum ersten Mann brachte er wieder Ruhe in die Mannschaft. Am Ende stand die erste Meisterschaft nach einer Durststrecke von 15 Jahren. Weitere vier Titelgewinne mit Top-Trainern wie Hans Zach und Hardy Nilsson sollten folgen. Die DEG und Klüh gehören nach wie vor fest zusammen. Auch nach seinem Ausscheiden aus dem Vorstand unterstützt er den Verein, den er bereits mit Millionen gefüttert hat.

Mit der breiten Fächerung in unterschiedlichste Dienstleistungsbereiche leitete Klüh die phänomenale Expansion seines Unternehmens ein. Der Sektor Reinigung (geführt von seinem 39-jährigen Sohn Roger) bildet mit einem Jahresumsatz von 146 Millionen Euro und 9 700 Mitarbeitern zwar immer noch das größte Geschäftsfeld. Doch inzwischen umfasst das Firmenangebot Catering für Kliniken und Kantinen sowie Sicherheits-, Personal- und Verwaltungsdienste. Und Dienstleistungen für Airlines und Flughäfen.

Die Klüh-Gruppe unterhält in Deutschland 16 Filialen und erwirtschaftete 2004 mehr als 360 Millionen Euro Jahresumsatz. 80 Millionen davon im Ausland. Es gibt Beteiligungen in Spanien, Griechenland, den Niederlanden, China, Russland und Ungarn. Sich vor Ort einen starken Partner mit entsprechendem Know-how zu sichern, ist für Klüh & Co. die Voraussetzung für erfolgreiche Auslandsgeschäfte.

Einen seiner jüngsten Fischzüge tätigte der Multi-Dienstleister in Athen: Seine Reinigungs-Truppen sorgten für Sauberkeit im olympischen Dorf. Insgesamt beschäftigt Klüh rund 18 000 Menschen – Tendenz steigend. Der Mann läuft damit gegen den allgemeinen Trend. Auch als Gründer einer Stiftung, in der herausragende Leistungen in Medizin und Forschung gewürdigt werden. 300 000 Euro wurden dafür bislang bereitgestellt. Keine Frage: Klüh ist einer, der sich kümmert, statt nur bekümmert zu sein. Wie sagte doch Benefiz-Queen Ute Henriette Ohoven bei einem gemeinsamen Dinner mit Altkanzler Helmut Kohl? „Mach weiter so, Jupp! Du schaust nicht weg, wenn Hilfe benötigt wird."

 ■ Autor: Michael Grixa

Peter König

Es ist eine Kunst, die nur wenige Menschen beherrschen: In der strammen Uniform der Prinzengarde Rot-Weiss ebenso souverän aufzutreten wie im schrillen Kostüm beim schwul-lesbischen Karneval in Köln, Brücken zu schlagen zwischen der Tradition und den jungen Menschen, die in der schnelllebigen Zeit nur schwer für das Brauchtum zu begeistern sind. Peter König beherrscht diese Kunst. Das hat ihn mit 37 Jahren zum jüngsten Präsidenten des Carnevals Comitees (CC) gemacht. Er hat die schwere Aufgabe übernommen, den Karneval zu „entstauben", ohne seine Wurzeln zu beschädigen.

König ist ein echtes Kind der Altstadt, an der Ritterstraße geboren als Kind von Peter und Rosemarie König, von denen er 1995 die Hausbrauerei „Im Füchschen" übernommen hat. Seine Eltern hatten nicht immer Freude an ihm, schon in der ersten Klasse auf der Grundschule an der Siegstraße drehte er eine Ehrenrunde. „Ich hatte einfach keine Lust", erinnert er sich, „so richtig gefreut habe ich mich auf die Schule immer nur am Freitag vor Karneval, denn da durften wir kostümiert kommen." Am liebsten erschreckte er seine Klassenkameraden als Graf Dracula. Die größte Strafe für ihn war, dass seine Eltern die Hausbrauerei manchmal am Rosenmontag schlossen: „Dann musste ich mit ihnen im Grafenberger Wald spazieren gehen. Das war fürchterlich."

Nachdem er seine Schullaufbahn abgeschlossen hatte, begann König mit einer Ausbildung zum Koch beim Inselhotel Heilbronn. „Es gehört zur Tradition unserer Familie, dass man zuerst etwas von der Welt sehen muss, bevor im eigenen Betrieb gearbeitet werden darf," erinnert sich der Brauerei-Chef an die schwere Zeit, „für mich war das als Rheinländer nicht immer leicht. Ich habe damals auch erlebt, was Mobbing ist." Eine Erfahrung, die seinen 90 Angestellten heute zugute kommt, denn König achtet darauf, dass die Hausbrauerei mehr ist als nur eine Arbeitsstelle: „Nur in einer harmonischen Atmosphäre wird auch gut gearbeitet. Und man darf nie vergessen, dass an 90 Mitarbeitern auch 90 Familien hängen." Eine Philosophie, die er auch als ehrenamtlicher Richter beim Arbeitsgericht vertritt. Immerhin hat König es damit geschafft, den Ausstoß der Hausbrauerei in neun Jahren von 9 000 auf 21 000 Liter zu steigern.

Von dem Peter, der als Graf Dracula in die Schule ging, bis zum Präsidenten des Carnevals Comitees war es ein langer Weg. Erst 1991 interessierte sich Peter für den organisierten Karneval, zunächst bei der Prinzengarde Blau-Weiss. Nachdem die Närrischen Marktfrauen ihn 2001 zum Sellerie-König kürten, war sein Siegeszug auf dem närrischen Parkett nicht mehr aufzuhalten. Ein Jahr später war König Prinz Karneval in Düsseldorf, zusammen mit der zauberhaften Venetia Alena. Als singendes Prinzenpaar eroberten die beiden die Säle im Sturm. Kaum war die Prinzenzeit zu Ende, wartete die nächste Aufgabe. Die Prinzengarde Rot-Weiss suchte einen neuen Präsidenten. Nachdem viele Narren in der Session 2003/2004 mit der Qualität der Fernsehsitzungen nicht zufrieden waren und Günther Pagalies schließlich seinen Rücktritt ankündigte, wurde ein neuer CC-Präsident gesucht, schon bald fiel der Name Peter König: „Ich wollte das eigentlich nicht machen, aber dann wurde der Druck so groß, dass ich doch angetreten bin. Vor der Wahl war ich viel aufgeregter als bei der Prinzenkürung. Denn die Session ist nach sechs Wochen vorbei, als Präsident habe ich viel mehr Verantwortung." Große Aufgaben warten auf den 37-Jährigen. Das Haus des Karnevals muss finanziert werden, und in einigen Jahren brauchen die Narren eine neue Wagenbauhalle, für die ebenfalls Sponsorengelder gesammelt werden müssen.

Wenn ihm das alles mal zuviel wird, steigt Peter König in den Flieger: „Ibiza ist meine zweite Heimat geworden. Außerdem mag ich Spanisch sehr. Das ist eine erotische Sprache." Wenn die knappe Zeit einen Kurzurlaub auf der Insel nicht erlaubt, geht der CC-Präsident ins Fitness-Studio, um den Kopf frei zu machen. Und am Ende des Laufbands fit zu sein für den Düsseldorfer Karneval.

 ■ Autor: Dieter Sieckmeyer

Heinz Georg Kramm (Heino)

„Ich bin eben nicht abgebrüht, trotz aller Erfahrung. Ich habe Hemmungen, bin eigentlich kein Mann für die Öffentlichkeit ..." So etwas sagt jemand, den 98 Prozent aller Deutschen kennen. Einer, der 50 Millionen Schallplatten verkauft hat. Einer, der aufgehört hat, seine Konzerte und Auftritte zu zählen. Alleine – das war Heinz Georg Kramm in den letzen vier Jahrzehnten eher weniger.

Das geht wohl auch nicht, wenn man eine Art Mercedes-Stern der deutschen Volksmusik ist: Fünf Buchstaben, schwarze Brille, blondes Haar. Heino, die deutsche Eiche; der Mann, der die Streichhölzer für das Lagerfeuer hat.

Am 13. Dezember 1938 wird er im Arbeiterviertel Oberbilk geboren. Der Vater fällt im Krieg, als Heinz Georg drei Jahre alt ist. Die Kindheit in der Nachkriegszeit: Rübenkraut, Muckefuck, sonntags Graupen. Mama Franziska näht Fußbälle aus Stoffresten, Heino wird ein „zäher Verteidiger" bei Schwarz-Weiß Düsseldorf. „Gummi" ist sein Spitzname. „Weil ich meine Knochen so gut verdrehen konnte."

Dass er später Heino genannt wird, hat andere Gründe. „Meine Schwester Hannelore konnte Heinz Georg nicht so gut sagen." Gesungen hat er täglich. Beim Onkel auf dem Schoß und zur Begeisterung der Familie. Schon damals für Gage: Einen Pfennig. Der Musiklehrer in der Schule gab kein Geld. Nur Noten, und zwar schlechte. Er war der Meinung, dass Heino nicht singen konnte. Viele sollten das nachher auch sagen – und sich irren.

Aber erst einmal war angesagt, kleine Brötchen zu backen. Heino macht bei Bäckermeister Theodor Voss in Oberbilk eine Lehre für 50 Pfennig Lohn im ersten Lehrjahr. In der Backstube gründet er seine erste Band, das „Sokrahe"-Trio. Erster Auftritt 1954 auf dem „Oberbilker Heimatabend". Heinos Bariton: ein voller Erfolg.

Noch elf Jahre sollte es dauern, bis der Durchbruch kommt. Der ist verbunden mit der Person von Ralf Bendix, Produzent und Sänger des legendären „Babysitter Boogies". Dieser Star fragt den blassen Oberbilker Jungen: „Haben Sie Lust, Schallplatten zu machen?" Was für eine Frage. Natürlich hatte Heino Lust. Und schon platzt er mit Rollkragenpullover und Wandergitarre mitten in die revolutionäre Musikwelt der 60er Jahre. Heino gegen Stones und Hendrix. Welten begegnen einander. Man singt englisch, Heino singt deutsch. Man singt über Sex und Drogen. Heino singt über Fichten, Seefahrt, Heimat, Berge. Spott kassiert er, wird zum Klischee des „absoluten Spießers". Heino schreitet unverdrossen weiter – durch tiefe Täler und luftige Höhen. Fast 40 Jahre und Millionen Schallplatten ist das her.

Heino hat Frieden geschlossen mit den Kritikern, und viele von denen mit ihm. Mehr noch: Er ist ein Kultstar geworden. Es gibt sie, die Klischee-Fotos mit Franz-Josef Strauß, und irgendwo blinzt immer das Alpenveilchen. Aber es gibt auch Fotos mit Mick Jagger und Nina Hagen, US-Fans, die ihn als den „Paten des Punkrock" bezeichnen, und eine kanadische Punkrockband, die ihn würdigt: „Down in the Ratskeller, up in the Schloss, everybody in Deutschland knows, who's the Boss". Seit seiner Rap-Version von „Blau blüht der Enzian" singen bei seinen Konzerten Heino-Punk-Doubles jede Zeile mit.

Seit den 70er Jahren lebt der Düsseldorfer Jong im „Exil" in Bad Münstereifel. Dort hat er mit seiner Frau Hannelore (ehemals Prinzessin von Auersperg) das Heino-Rathaus-Café. Goldene Schallplatten, Gitarren und Fotos an der Wand, Heino-Brillen, Heinos Haselnuss-Torte und Heino-Parfüm im Shop nebenan. Das Hardrock-Café der Volksmusik. Und Heino ist für alle da. Egal, wie viele Omas aus dem Bus steigen – er nimmt sie in den Arm. So, dass sie, und nicht er sich geehrt fühlen.

In der Nähe von Bad Münstereifel steht der Schutzpatron von Hannelore und Heino, der heilige Antonius. Hier zündet das Paar regelmäßig Kerzen an, besonders bei Schicksalsschlägen. In den Jahren 2003 und 2004 hat das Schicksal ganz hart zugeschlagen. Erst begeht Heinos psychisch kranke Tochter Petra Selbstmord. Ein halbes Jahr später erleidet seine Frau Hannelore, mit der er 25 Jahre verheiratet ist, einen Herzinfarkt. Millionen haben das mitbekommen. Aber da war er dann doch schließlich ganz allein.

 ■ Autor: Arno Gehring

Thomas Krauth

Er scheint die Ruhe selbst zu sein. Gelassen sitzt Thomas Krauth auf dem roten Sofa in seinem hellen Büro im alten Straßenbahndepot, lässt sich durch Anrufe nicht ablenken. Der Mann leitet drei Musicalhäuser, als Chef des Capitol Theaters, des Kölner Musical Dome und seit über zwei Jahren auch des Rollschuh-Dauerbrenners „Starlight Express" hat er 800 Mitarbeiter. Und sagt über sich selbst: „Ich liebe das, was ich tue." Um im gleichen Atemzug zu überlegen, was er sich sonst vorstellen könnte: Filme produzieren – oder nach Tibet ins Kloster gehen? Beweglich sein, für Neues aufgeschlossen bleiben, das möchte Thomas Krauth, und er hat bewiesen, wie sehr er es kann, ohne die innere Balance zu verlieren.

Im badischen Eberbach wuchs er auf und entschied, in Heidelberg Jura zu studieren. Doch das, was seine Karriere künftig bestimmte, geschah in der vorlesungsfreien Zeit: Da arbeitete er bei einem Konzertveranstalter: „Ich hatte immer mehr mit Musik zu tun, deshalb behagte es mir nicht, mich als Anwalt niederzulassen."

Sein kunstsinniger Vater brachte Krauth auf eine andere Spur: Er lehrte ihn, bei Museumsbesuchen den richtigen Blick für Gemälde und Antiquitäten zu bekommen. Als weiteren Nebenverdienst machte der geschäftstüchtige Sohn daraufhin einen Antiquitätenhandel in Mannheim auf, und bildete sich in diesem Gebiet autodidaktisch weiter. Anfang der 80er Jahre zog es ihn nach Düsseldorf, wo er ein eigenes Kunstauktionshaus eröffnete. „Ich wollte besseren Zugang zu internationalen Verflechtungen, deshalb habe ich mit dem ehrwürdigen Auktionshaus Phillips fusioniert." Künftig war Thomas Krauth für deutsche Gemälde des 19. Jahrhunderts zuständig – ein seriöses und sehr traditionelles Umfeld.

Das konservative, englische Denken der Geschäftspartner ließ ihn schnell nach neuen Herausforderungen suchen. „Nebenbei habe ich Konzerte und Musicals veranstaltet, holte etwa Andrew Lloyd Webbers ‚Evita' Mitte der 80er Jahre in die Philipshalle." Für ihn kam es wie gerufen, dass sein Partner Michael Brenner Anfang der 90er Jahre fragte, ob er nicht wieder voll ins Konzertgeschehen einsteigen wolle. Für eine Agentur in Mannheim organisierte Thomas Krauth Tourneen von Diana Ross und Shirley McLaine sowie Musicals. Er flog so oft in die USA und reiste durch Europa, um Verträge für neueste Produktionen abzuschließen, dass seine Frau Zohra und Sohn Alexander ihn auch gerne mal wieder zu Hause gesehen hätten. „In dieser Zeit hatte ich die Rechte für ‚Grease' erworben, und es bot sich die Gelegenheit, es im Capitol Theater zu spielen." Zunächst mietete Krauth das umgebaute Straßenbahndepot – und entschied sich dann, es zu übernehmen, weil er nach Düsseldorf zurück wollte.

Wieder begann ein neuer Lebensabschnitt, einer, der ihn bis heute völlig ausfüllt: Er mag es, Illusionen zu verkaufen, und dafür das richtige Team aus Regisseur, Kreativen und Schauspielern zusammenzuführen. „Das sind alles Spitzenleute, die perfekt singen, tanzen und schauspielern oder andere hervorragende kreative Fähigkeiten besitzen", schwärmt Thomas Krauth. „Unser Anspruch ist es, beste künstlerische und handwerkliche Qualität zu bieten. Ob dies Erfolg hat und auch durch das Publikum honoriert wird, sehen wir jeweils später."

Der Erfolg gibt ihm Recht: 1,2 Millionen Besucher kamen zu „Grease", eine Dreiviertelmillion zu „Miami Nights". „Wir genießen mit dem Capitol Theater hohes internationales Ansehen, deshalb ist es kein Problem, die Rechte für Musicals zu bekommen." Mit dem „Mädchen Rosemarie" leistete sich Krauth nach „Miami Nights" eine weitere Eigenproduktion.

Den Kick während der Arbeit holt sich Krauth schon mal, indem er in der Kantine des Theaters essen geht, da sitze „man dann mit Menschen aus zehn verschiedenen Nationen am Tisch. Es gibt immer ein offenes Wort, das ist mir wichtig, um ein gutes Klima zu erhalten." Weil der Produzent seine Unternehmen so gut durchorganisiert hat, kann er sich's leisten, auf dem Golfplatz auch schon mal das Handy ausgeschaltet zu lassen. Nur das tibetische Kloster muss wohl noch auf ihn warten: Die neuen Märkte für Musicals in China oder Russland sind einfach zu interessant.

■ Autorin: Natascha Plankermann

BUNTE
präsentiert:
CAPITOL
Nur noch bis 25. Juni 2000
Jetzt Karten sichern!
0211-73440
www.TKS-Tickets.de
Das
Mäd
chen
Rose
marie
Das Musical
Weltpremiere 17. Januar 2004
Club im Capitol Theater
CAPITOL THEATER DÜSSELDORF
"RHYTHM IS GONNA GET YOU"
MIAMI NIGHTS
DAS TANZMUSICAL

Manfred Kronen

Straßenmodenschau auf Düsseldorfs Königsallee mit so vielen Models wie der Prachtboulevard Jahre zählt: 200. Eines davon heißt Naomi Campbell. Aber die fällt kaum auf. Dafür ein Mann, der den Laufsteg entlang eilt: Manfred Kronen macht Strecke, wenn es um Mode geht.

Sei es auf der Kö, wo 1949 nach der Berliner Blockade die erste Schau der von seinem Vater Willi Kronen gegründeten Interessengemeinschaft Damen-Oberbekleidung (Igedo) lief, sei es in Mailand, Florenz, London, Hongkong, Schanghai oder Moskau. „Mister Igedo" ist auf Achse, erobert im Fluge Modemärkte, lässt sie auch wieder fallen, bevor sie abstürzen, schüttelt locker eine neue Messe-Idee aus einem knautschigen Ärmel. Er müsse nicht aussehen wie die Leute in der Modebranche, sagt er, er müsse sie verstehen. „Qualität vor Gag" nennt er seinen eigenen Stil, den er nach Lust und Laune auch mal bricht, zum Beispiel für eine Badehose, die im Wasser die Farbe verändert.

Mode hat für Kronen etwas Spielerisches. Business auch. Er ist morgens der erste auf seiner Messe, egal wie lang oder langweilig eine Gala am Vorabend war. Manchmal tappst er wie ein Bär durch sein Imperium und reagiert wie ein solcher blitzschnell, wenn er Honig wittert oder die Gefahr, dass jemand an seine Honigtöpfe will.

Dabei fing die Karriere Kronen eher nüchtern an: Der Sohn eines Steuer- und Wirtschaftsberaters studierte brav Jura, trat nach dem zweiten Staatsexamen 1965 in Vaters Firma ein, die die einzige private Modemesse im Lande war. Das Geschäft mit den Klamotten boomte wirtschaftswunderbar, der Junior baute es auf, aus und immer mal wieder um zur weltgrößten Modemesse. Die erweiterte er durch zwei Fashion-Houses. „Wenn's der Klamotte gut geht, geht's auch uns gut", triumphierte er, als die Klamotten noch gut gingen, geiler waren als Geiz. Da entstanden rund um die Messe jede Menge Show-Rooms. Was macht man, wenn man Trittbrettfahrer nicht verscheuchen kann? Man lädt sie ein ins eigene Konzept. Da ist Kronen flexibel. Muss er auch. Denn inzwischen weht der Wind in Richtung Berlin. In der Hauptstadt etabliert sich eine junge, frische Mode- und Messeszene. Und alle müssen hin. Alle? Mister Igedo bleibt gelassen. Mag in Berlin die Messe „Bread & Butter" heißen, vom eigentlichen Brot-und-Butter-Geschäft schneidet sich Düsseldorf immer noch eine dicke Scheibe ab. Wenn auch nicht mehr mit Kronen an der Spitze. Der hat seine Anteile inwischen auf die Messe Düsseldorf übertragen, nach fast 40 Jahren im Unternehmen Igedo. Was ihm nicht leicht gefallen ist: „Rein subjektiv ist der Zeitpunkt immer falsch. Man will eigentlich nie." Manfred Kronen muss auch nicht ganz. Er soll künftig als Vorsitzender eines Igedo-Beirats zumindest noch ein wichtiger Zacken in der Krone des Modemessegeschäfts bleiben.

Wo sich der 68er an Jahren in Zukunft sieht? „Ein Drittel in Düsseldorf, ein Drittel in Frankreich, ein Drittel around the world." Er hat eine Wohnung in Paris und ein Anwesen in der Normandie, genießt beides mit seiner zweiten Frau Anna. Sohn Manfred Lorenzo aus der ersten Ehe mit einer Italienerin schaut mal vorbei, lebt aber lieber in London. Sein Vater will auch vor der eigenen Haustür im Düsseldorfer Stadtteil Niederkassel und darüber hinaus was bewegen. Wenn er Zutaten für einen seiner berühmten Eintöpfe auf dem Karlsplatz kauft, wurmt es ihn immer noch, dass „sein" Markt seinerzeit nicht nach seinen Vorschlägen umgestaltet wurde. Dafür hat die Stadt bei der Jazz-Rallye mitgespielt. Auch so eine Kronen-Idee. Bestimmt nicht die letzte. „Man müsste junge Talente aus Südostasien zweimal jährlich in die Klassen der Düsseldorfer Kunstakademie holen." Gerade hat er eine faszinierende Modemacherin aus Bangladesch getroffen. Mit der hat er auch noch Pläne. Kronen knüpft sein Netzwerk, gibt die Fäden nicht so leicht aus der Hand. Wetten, dass er das auch weiter tun wird? Vielleicht als eine Art Botschafter für die Mode? Er hält kurz inne, schmunzelt: „Kein schlechtes Wort."

■ Autorin: Inge Hufschlag

Joseph Anton Kruse

„Bildung ohne Erholung (…) ist wie eine der Not gehorchende Mahlzeit im Dunkeln." Der Mann, der das in einer kleinen Arbeit über George Sand schreibt, war nie in seinem Leben der gestrenge Gelehrte, der sich hinter seinen Büchern versteckt. Professor Joseph Anton Kruse trifft man in Theaterfoyers ebenso wie in den urigen Gaststätten der Altstadt – meist umringt von Zuhörern, die er um mehr als Hauptеslänge überragt. Ironisch funkeln die Augen, stets bleibt es spannend, mit welch geistreichem Scherz er gleich der Unterhaltung eine neue Wendung geben wird. Dann erntet der Leiter des Heinrich-Heine-Instituts ob seiner Geschwindigkeit einige irritierte Blicke, bis er den eleganten Schlenker zum Ausgangspunkt zurück nimmt. Weil er getragene Würde gar nicht mag, gönnt er auch dem Publikum in Seminaren und Vorträgen, dass es immer wieder befreit und erholt auflachen kann – um es dann erneut mit Zitaten oder Textinterpretationen zu fordern.

Als „Wanderprediger in Sachen Heine", gar als Heinrich Heines „Stellvertreter auf Erden" hat Joseph Anton Kruse auf seine Weise den berühmten, nicht immer wohl gelittenen Sohn der Stadt im Wortsinn populär gemacht. Andere Menschen anregen, durch seine kulturelle Begeisterung mittragen – der 60-Jährige, den die Heine-Universität 1986 zum Honorarprofessor ernannte, freut sich lausbübisch, wenn das immer wieder funktioniert. Auch ein Grund, weshalb er zu manchen Ehrenämtern unlängst den Vorsitz der Theaterbesucherorganisation Düsseldorfer Volksbühne übernahm: Der Begriff Volksbildung gefällt ihm im besten Sinne, hier kann er wieder vermitteln – diesmal zwischen den Zuschauern und den Bühnen.

In einem Patrizierhaus, auf dessen Parkett die Schritte knarzen, steht sein mächtiger Schreibtisch aus dunklem Holz, auf dem sich die Papiere türmen. Mit 31 Jahren kam Kruse an die Spitze des Heine-Instituts – eines Kulturarchivs für Dokumente und Manuskripte von Autoren, Musikern, Wissenschaftlern und bildenden Künstlern, die für Düsseldorf und den rheinisch-bergischen Kreis bedeutsam sind. Circa 150 Nachlässe und Sammlungen werden hier von den Mitarbeitern bewahrt. „Erinnerungskultur" nennt Joseph Kruse das, was für ihn nicht nur etwas rückwärts Gewandtes bedeutet: „Wir haben hier Notate, die zeigen, wie Schumann seine Kompositionen meinte, so können sie heute wieder aufgegriffen werden." Briefe von Autoren sind für ihn eigene Kunstwerke, die das literarische Œuvre ergänzen – oder vorab geskribbelte Konzepte, die Einblick in die persönliche Seite eines Werks eröffnen. Und weil Papier nicht unendlich geduldig ist, hütet das Institut auch einen mit Schwanendaunen gefütterten Mantel Clara Schumanns. Ein schwieriges Erbe aus ebenso schwierigem Material.

Im heutigen Hamminkeln bei Bocholt als Sohn eines Postangestellten geboren, erlebte Kruse eine klösterliche Erziehung, bevor er nach Bonn zog, um dort Germanistik, Geschichte, katholische Theologie und Philosophie zu studieren. Ausgerechnet seine Doktorarbeit über „Heines Hamburger Zeit" führte ihn auf den Karrierepfad rheinabwärts, wo er zunächst als wissenschaftlicher Mitarbeiter an der Düsseldorfer Heine-Ausgabe beteiligt war. Für den Vater von zwei Söhnen nur ein Auftakt zu einer Reihe von wissenschaftlichen Publikationen illustrer Spannbreite, natürlich über Heine, aber auch über Komponisten aus seinem Umfeld wie Robert Schumann oder Felix Mendelssohn-Bartholdy. Aber Kruse schreibt auch Texte, die in kleinen, feinen Editionen herausgegeben werden. Zu den Ehrenpositionen, die im Laufe der Zeit auf ihn zukamen, trat unlängst diejenige des 1. Vorsitzenden der Heinrich-Heine-Gesellschaft – und diesmal erlebte Kruse trotz hohen Zuspruchs Turbulenzen und Uneinigkeit. Das hat den Mann nachdenklich gemacht, der von sich sagt: „Ich möchte auf ehrliche Weise die mir zugewiesene Lebensspanne mit Erfolg ausfüllen." Er, der keinen Streit möchte, wird dieses Erlebnis zu nehmen wissen – mit dem ihm eigenen Respekt für das, was sich in der Welt bewegt. Ihn selbst wird als nächstes das Jahr 2006 bewegen: Denn nach den Veranstaltungen zum 150. Todesjahr von Heinrich Heine und Robert Schumann will er das Heine-Institut verlassen. Mit einem Lächeln auf den Lippen.

■ Autorin: Natascha Plankermann

Jürgen von Kuczkowski

Mehr Macht über seinen Terminkalender und mehr Zeit für spontane Unternehmungen erhofft sich Jürgen von Kuczkowski in Zukunft. Doch diese Wünsche sind weiter denn je in die Ferne gerückt seit der Deutschland-Chef von vodafone D2 2003 auch die Verantwortung für die Geschäfte in Nordeuropa übernahm. Jeden zweiten oder dritten Tag sitzt er in einem Flugzeug, er lebt quasi aus dem Koffer. Dabei entwickeln sich Handys gerade zu Videotelefonen. Dank von Kuczkowskis Lieblingskind UMTS (Universal Mobile Telecommunications System), dem ultraschnellen neuen Mobilfunknetz, können sich Gesprächspartner nun gegenseitig auf dem Display sehen und ihre Umgebung zeigen, immer und überall. Wozu jetten Top-Manager wie er noch immer um die Welt, um sich zu treffen? Von Kuczkowski lacht: „Persönliche Präsenz ist nicht zu ersetzen. Außerdem arbeiten wir für einen Massenmarkt. Um zu wissen, was gebraucht und gewollt wird, muss man erleben, wie es anderenorts aussieht, was auf der Straße passiert, was die Menschen denken und fühlen."

Er ist im Grunde gerne unterwegs, am liebsten in den Mittelmeerländern, am liebsten zusammen mit seiner Frau, am liebsten in schönen Autos. Zweimal hat er an der berühmten Oldtimer-Rallye „Mille Miglia" durch Norditalien teilgenommen, sich die Oldies dafür ausgeliehen, denn privat fährt er lieber einen Porsche – der ist doch etwas schneller. Seit seiner Jugend zieht es den gebürtigen Leipziger, der in Koblenz, 60 Kilometer vom Nürburgring entfernt, aufgewachsen ist, immer wieder zu den Renntagen der Formel 1. Dass vodafone D2 derzeit Ferrari sponsert, hat allerdings weniger mit den Vorlieben von Kuczkowskis, als vielmehr mit den hohen TV-Einschaltquoten zu tun. Mit Ferrari-Team-Chef Jean Todt würde er allerdings gern mal den Job tauschen.

Die Dynamik fasziniert von Kuczkowski an Autorennen, aber auch in der Malerei. Nicht nur sein Büro hat er mit moderner Kunst verschönert, sondern auch die kühlen Flure im vodafone-Gebäude. Hinter seinem Schreibtisch hängen zwei expressive Bilder, die Louis Armstrong und Miles Davis zeigen: „Ich liebe starke Farben!" Im Jazz bevorzuge er aber die ruhigeren Stücke, versichert der 64-Jährige. Bei guter Musik, einem Glas Wein, im Gespräch mit Freunden kann er sich entspannen. Und zur Erholung zieht er sich gern mit seiner Familie – seine beiden Kinder sind nun schon erwachsen – auf den Zweitwohnsitz in der Provence zurück.

Er gilt als Urgestein der Telekommunikationsbranche, als Mann der ersten Stunde im Mobilfunk. Nachdem er es bei der SEL (Standard Elektrik Lorenz) AG, Stuttgart, vom Trainee zum Direktor gebracht hatte, wechselte er 1990 als Vertriebsexperte in die Geschäftsführung der soeben ins Leben gerufenen Mannesmann Mobilfunk GmbH nach Düsseldorf, die zum Aufbau des zweiten digitalen Netzes D2 nach D1 von der Telekom ansetzte.

„Nach 28 Jahren bei SEL wollte ich noch einmal etwas Neues beginnen, etwas mit Zukunft. Mannesmann war eine Top-Adresse, die ein Stück Kontinuität bei der Entwicklung versprach", erklärt von Kuczkowski.

Geplant war D2 als Funknetz entlang der Autobahnen, das das Telefonieren aus dem Auto ermöglichen sollte. An Handys und an ein flächendeckendes Mobilfunknetz dachte damals niemand. Die Investitionen in D2 waren enorm, die Erwartungen der Manager verhalten. Als D2 im Frühjahr 1992 an den Start ging, rechnete keiner mit einer Million Kunden nach drei Jahren.

Von Kuczkowski übernahm Mitte 1994 den Vorsitz der Geschäftsführung bei D2. Er ist ein Mann mit Disziplin, der nicht zur Übertreibung neigt, nur das Funkeln in seinen Augen verrät, dass es ihm Spaß gemacht hat, den Aufbruch ins Zeitalter des Mobilfunks mitzugestalten: „Es war eine fantastische Zeit voller Innovationen, spannend."

Der überwältigende Erfolg mit D2 machte dem britischen Telekommunikationsunternehmen vodafone Appetit auf die Mannesmänner. Während nach der Übernahme 2000 alle anderen Konzernbereiche verkauft wurden, erlebten die D2-Mobilfunker unter der Leitung von Kuczkowskis einen sanften Übergang in die englische Gesellschaft. 25 Millionen Kunden hatte vodafone D2 Mitte 2004.

Wie es weitergehen soll für den Mobilfunk-Pionier? Von Kuczkowski lächelt und schweigt.

 ■ Autorin: Tigo Zeyen

vodafone

Wolfgang Kühn

Sein Leben ruht auf drei Säulen – Beruf, Familie, Sport. Die Säule, die weitaus am meisten trägt, ist eindeutig der Beruf. Dr. Wolfgang Kühn ist Anwalt für Wirtschaftsrecht – mit Leib und Seele.

Davon gibt es viele hier zu Lande. Deswegen muss hervorgehoben werden, dass Wolfgang Kühn der Mitbegründer einer Anwaltskanzlei ist, die zu den größten und renommiertesten ihrer Art in Deutschland gehört. Sie hat Niederlassungen in Berlin, Chemnitz, Frankfurt am Main, Hamburg, Köln, München – und Brüssel. „Wir sind ausschließlich im Wirtschaftsbereich tätig", sagt Kühn. 148 Wirtschaftsanwälte sind bundesweit und in Brüssel in dem juristischen Unternehmen tätig, das er einst, 1971, mit seinem Partner Hans G. Heuking gründete.

„Meine Vision war damals, gleich nach der Referendarzeit, selbstständig zu werden. Ich war vernarrt in den Gedanken, freiberuflich zu arbeiten." Also mietete er in der Wasserstraße, gleich neben dem Ständehaus, Büroräume an und ließ ein Praxisschild anfertigen, das er vor dem Haus anbrachte. „Es gehörte eine Portion Mut dazu", sagt er im Rückblick, „und Beharrlichkeit."

Aus diesen bescheidenen Anfängen entwickelte sich ein juristisches Imperium, das heute international operiert. Dass seine Kanzlei jemals so wachsen würde, hatte Kühn sich in seinen kühnsten Träumen nie vorstellen können. Als dann die Entwicklung zur heutigen Größenordnung einsetzte, hat ihn das nicht weiter beunruhigt. „Das hat sich so ergeben – und ich habe es genossen", sagt Kühn, der längst ein Wirtschaftsanwalt mit einer grenzüberschreitenden Reputation und ehrenvollen Ämtern ist. Er selbst ist an maßgeblicher Stelle Mitglied internationaler Standesorganisationen. Wahrzeichen seines Erfolgs ist die Adresse seiner Düsseldorfer Kanzlei: Cecilienallee 5 – das Gebäude des ehemaligen US-Konsulats, dessen alter Teil unter Denkmalschutz steht. Allein dort arbeiten 43 Anwälte, und Wolfgang Kühn verbringt hier nicht selten Zwölf-Stunden-Tage.

Als Teil seines Berufs betrachtet er auch die wertvolle Sammlung mit Werken bekannter Künstler, die allesamt der Sozietät gehören. Darunter befinden sich Kostbarkeiten wie Andy Warhols in Düsseldorf entstandenes Dreifach-Porträt von Joseph Beuys oder auch Arbeiten von Stella, Mack und Hesse. „Alle unsere Büros sind mit zeitgenössischer deutscher oder amerikanischer Kunst ausgestattet", stellt er fest. Und er macht auch keinen Hehl daraus, dass er ein gewandelter 68er ist. „Diese Bewegung hat uns sicherlich nicht nur positiv beeinflusst, aber damals habe ich auch demonstriert."

Das war erstaunlich insofern, als er aus einem gut situierten Elternhaus kam. Seine Mutter entstammte einer alten preußischen Offiziers- und Beamtenfamilie. Der Vater, ebenfalls Jurist, war zunächst im Auswärtigen Amt, dann Direktor bei Krupp in Essen. Dort ist Wolfgang Kühn aufgewachsen, ehe es ihn zum Studium nach München, Münster und Düsseldorf zog. „Das Problem war damals, dass man gegen die traditionellen und konservativen Werte der Eltern aufbegehren wollte", lautet seine Analyse dreieinhalb Jahrzehnte später.

Längst bekennt er sich auch privat zum Bürgertum. Wolfgang Kühn, durch und durch ein Feingeist und ein kultivierter Mensch, pflegt sein Familienleben. Er liebt seine Ehefrau Monika, die aus Lübeck stammt, und seine beiden Kinder Philipp (23) und Carolin (20). Der Sohn studiert, wie der Papa es ausdrückt, Business in München; die Tochter Kommunikationswissenschaften in Berlin. Das ist ganz in seinem Sinne.

Fehlt noch der Sport: 15 Jahre lang spielte Wolfgang Kühn mit Kumpels, die er heute noch nur beim Vornamen kennt, Fußball auf den Rheinwiesen. Dann entdeckte er den Golfsport, wurde Mitglied im renommierten GC Hubbelrath, dessen Präsident er seit drei Jahren ist. Er betont: „Ich sehe uns in erster Linie als Sport-Club." Deswegen gibt es da etwas, worüber er sich richtig aufregen kann: „Diese Beckenbauer-Reklame, die uns suggerieren soll, dass beim Golf die besten Geschäfte gemacht werden, ist ein völliger Quatsch."

 Autor: Dieter Koditek

Peter Christian Küspert

Niederlassung RheinRuhr: Wer um die Besonderheiten der Menschen an Rhein und Ruhr weiß, erkennt sofort, dass eine Niederlassung mit einem solchen Namen keine organisch gewachsene Größe ist, sondern eine bewusst installierte Organisationsform, abgestimmt auf einen Markt mit einem ganz eigenen Charakter. „Unser Einzugsgebiet umfasst vier Millionen höchst unterschiedlicher Kunden", sagt Peter Christian Küspert, verantwortlich für das Mercedes-Geschäft in Düsseldorf und Duisburg, in Neuss, Gladbach und Krefeld – für das Geschäft der Niederlassung RheinRuhr. Nach zehn Jahren im internationalen Einsatz für DaimlerChrysler unter anderem in Japan führte Küsperts Weg 2001 nach Düsseldorf. Hier leitet der gebürtige Bayer die Niederlassung, unter deren Dach die Aktivitäten der Mercedes-Gruppe in den fünf niederrheinischen Großstädten koordiniert werden; seinen Sitz hat er – gut gewählt – am Verkehrsknotenpunkt Mörsenbroicher Ei.

Peter Christian Küspert wirkt, als wolle er gleich die Ärmel hochkrempeln – so viel Tatendrang strahlt er aus. Doch in diesem energischen Mann steckt zugleich ein kühler Analytiker. Der 43-Jährige erläutert die RheinRuhr-Strategie der Edel-Marke aus Stuttgart: „Die Region bietet ein Geschäftspotenzial wie eine Metropole, aber gleichzeitig sind die Menschen und ihr Konsumverhalten äußerst heterogen." Der Mercedes-Kunde in Düsseldorf sei anders als der in Krefeld, und dieser wieder anders als der in Duisburg. Eigenständige Niederlassungen in den einzelnen Städten der Region sind darum bedeutender Faktor der Marktausrichtung. „Denn in ihren Städten identifizieren sich unsere Kunden mit der Marke. Das kann eine Niederlassung RheinRuhr nicht leisten", ist Küspert überzeugt, „das Wichtigste ist, dass die Kunden ihren ‚Mister Mercedes' kennen." So bildet die Firmenorganisation den Charakter der Region wie ein Modell nach.

In Düsseldorf hält Küspert die Fäden zusammen. Was ihm sehr gefällt, weil ihm die Stadt gefällt: „Sie lebt. Da mag es drei Grad kalt sein: Wenn die Sonne scheint, sind die Menschen auf der Rheinpromenade. Und das Alt beim Uerige trinken sie auch im Regen." Ein Klima, in dem sich der kontaktfreudige Mann wohl fühlt. Wobei der kühle Analytiker schnell einschränkt: „Wirkliche Freundschaften entwickeln sich trotz dieser Offenheit aber genauso langsam wie überall auf der Welt."

Peter Küspert leitet ein siebenköpfiges Führungsteam. Eine „spartengesteuerte Centerorganisation" sei das, sagt er – und lacht über das Wortungetüm. Den Fachbegriff füllt er schnell mit Leben. Zum Team gehören neben Küspert und einem kaufmännischen Leiter die fünf Niederlassungsleiter der Region. In ihrer Funktion als Geschäftsführer sind sie aber nicht nur für ihre Niederlassungen (ihre „Center") verantwortlich, sondern auch für jeweils ein Geschäftsfeld auf dem Gesamtmarkt RheinRuhr – „spartengesteuert" eben. So kümmert sich etwa der Düsseldorfer um das Pkw-Neugeschäft, oder der Gladbacher um die Serviceorganisation für die gesamte Region. „Eine klassische Matrix", sagt der studierte Betriebswirt Küspert, und in seinen Augen blitzt es. Eine komplexe Unternehmensorganisation – aber sie entspricht seinem Arbeitsstil vollkommen: Mit Herzblut (und den imaginären aufgekrempelten Ärmeln) den Kunden vor Ort zufrieden stellen, und gleichzeitig kühl kalkulieren, wie der Absatz in der Region weiter gesteigert oder der Werkstattservice noch einmal verbessert werden kann. In dieser Matrix haben alle Führungskräfte „zwei Hüte auf", ihre lokale Kompetenz wird ergänzt durch fachliche Kompetenz. So würden Probleme schneller erkannt, sagt Küspert, und könnten in der Analyse aus zwei Blickwinkeln effizienter gelöst werden. Das ist wichtig – denn: „Zufrieden bin ich so schnell nicht."

Düsseldorf hat es aber geschafft, den Globetrotter zufrieden zu stellen. Küspert fühlt sich wohl am „Schreibtisch des Ruhrgebiets", freut sich an der „internationalen community" der Landeshauptstadt. Dazu das Haus in Meerbusch, das gute Arbeitsumfeld auch für seine Frau, die gemeinsamen Runden auf dem Golfplatz – das gefällt Peter Christian Küspert.

 ■ Autorin: Annett Urbaczka

S SL 300

Alfons Labisch

Er hat ein Faible für Boxen und Radrennen, vor allem aber für Motorsport, mag englische Sportwagen, nennt seit vielen Jahren einen Morgan sein Eigen – handgedengelt, beinhart und höllisch schnell. Damit fährt er auch schon mal unter Parkplatzschranken durch. Er treibt Sport – täglich, von Kindesbeinen an. Er liebt gute Musik, von Johann Sebastian Bach über Luis Bonfá bis Kenny Burell, spielt selbst Gitarre – auch dies jeden Tag. Musik ist dennoch eines der wenigen Fächer, die er nicht studiert hat.

Die Rede ist von Alfons Labisch, Rektor der Heinrich-Heine-Universität in Düsseldorf.

Seine Frau, so verrät er gern weiter, kennt er seit seiner Schulzeit in Aachen, wo er aufwuchs und im Frühjahr 1966 am altehrwürdigen Kaiser-Karl-Gymnasium sein Abitur ablegte. Die Liebe hält bis heute. „Ich habe meine Frau immer im Herzen", bekennt er. „Das gibt mir Ruhe und Kraft." Vermutlich die Schlüssel zu Labischs Erfolg.

So immatrikulierte er sich nach Reifeprüfung und Wehrdienst im Sommersemester 1968 an der RWTH Aachen und an der Universität zu Köln für Geschichte, Sozialwissenschaften, Philosophie und Altphilologie, nahm jedoch bald Medizin hinzu. Seinen ersten Doktor machte Labisch in Alter Geschichte und Latein, die Soziologie schloss er mit dem Magister Artium ab. Den zweiten Doktor machte er in der Medizin, erwarb auch die Approbation und habilitierte sich sodann in Neuerer und Neuester Geschichte. 1979 berief ihn die Universität Kassel als Professor für Gesundheitspolitik und Medizinsoziologie. Außerdem arbeitete Labisch als Allgemeinmediziner. „Lesen, lernen, studieren, forschen, daneben die Praxis als Arzt – das ist mein Leben." Eine pfeilschnelle, eine pfeilgerade Karriere? „Mitnichten: In diesem Durcheinander hätte auch alles schief gehen können." Ein wenig Glück, mancher Zufall, Gespür für den rechten Augenblick – diese Dinge brachten ihn weiter, „dazu meine Frau und unsere Freunde".

1991 wurde er Direktor des Instituts für Geschichte der Medizin in Düsseldorf. Seit 1993 Mitglied auch der Philosophischen Fakultät, war er von 1998 bis 2002 als Prodekan, von 2002 bis 2003 als Dekan der Medizinischen Fakultät der Universität Düsseldorf tätig. Im Juni 2003 wurde Labisch zum Rektor gewählt, trat dieses Amt am 1. Oktober 2003 an.

Warum gerade er jetzt öfter gebeten wird, öffentlich mitzureden? Wohl weil er offen und ehrlich ist, auch viel Unbequemes sagt, „political correctness" für bloßes Drumherumreden und damit für Zeitverschwendung hält. Kaum Rektor, verlangte er im Januar 2004 bei „Sabine Christiansen", die Politik möge den Hochschulen endlich Autonomie zugestehen, damit diese in Freiheit forschen und lehren könnten – und sie im Übrigen in Ruhe lassen: „Wir wissen selbst, was gut für uns ist, und das tun wir auch!"

Für manchen Hochschullehrer könnte das nichts Gutes bedeuten, denn Labisch meint, Professoren müssten nicht unbedingt Beamte sein. Fünfjahresverträge verbunden mit Leistungskontrollen wären gut „für mehr Wettbewerb im Inneren". Den müssten die Fähigen nicht fürchten. So macht man sich Feinde: „Das gehört dazu." Das kann er sich leisten. Denn auf seine wenigen Freunde kann sich Labisch verlassen. Manche begleiten ihn schon fast sein ganzes Leben.

Es ist offensichtlich: Dieser Gelehrte ist auch ein Macher, ein Manager – beides „Titel", die er überhaupt nicht mag. Einer, der keine Angst hat, nicht vor Kritik, nicht vor Gegnern, nicht vor Entscheidungen. Labisch weiß, was er will. „Ohne die unermüdliche Arbeit meines Vorgängers Gert Kaiser hätte es diese Universität heute schwer", sagt Labisch. „Er schuf die Plattform für das, was jetzt zu tun ist: konsolidieren, profilieren, neue Wege gehen. Und das ist klar: Universitäten sind so vielschichtig, das sie sich – ständig herausgefordert durch einige wenige Regelkreise – nur selbst steuern können." Autonomie für die Heinrich-Heine-Universität Düsseldorf – daran arbeitet er zusammen mit dem gesamten Rektorat.

Und wenn er mal nicht arbeitet? Entspannt er sich im Familien- und Freundeskreis bei gutem Essen, gutem Wein, guter Musik, einer guten Zigarre. Schlaf, so scheint es wenigstens, benötigt Labisch wenig.

■ Autorin: Tigo Zeyen

Karl-Heinz Lause

Aufschwung am Reck mit anschließender Bauchwelle. Aber anständig. Gleich noch mal. Der Sportlehrer Karl-Heinz Lause duldet keine Schluderei im Unterricht. Seine Schüler halten ihn für konsequent. Und finden ihn „in Ordnung".

Den Lehrer Lause, übrigens mit ausgeprägter Neigung zum Fußball-Trainer, hat es nicht gegeben. Nur beinahe. Dafür ist der gebürtige Dortmunder, der seine Wurzeln im Lipperland hat, Vorstandschef der Düsseldorfer Stadtwerke geworden. Auch nicht schlecht. Ein heftiger Kreuzbandriss in Kinderjahren hat die Karriere als Sportpädagoge verhindert. Mit einer bis heute erhalten gebliebenen Bewegungseinschränkung im Knie gibt die Sporthochschule Köln niemandem eine Chance.

Die Liebe zum Fußball ist geblieben. Sie gilt den Dortmunder Borussen. Mitarbeiter und Ehefrau haben ihm sogar je eine Aktie der Borussia geschenkt. Das fordert den Bankkaufmann und Betriebswirt Lause heraus. Und stellt zugleich seine Leidensfähigkeit auf die Probe. Als er 1975 Finanzchef und später Kaufmännischer Geschäftsführer der Stadtwerke Münster wurde, holten ihn die heimischen Fußball-Preußen in ihren Verwaltungsrat. Nach zwei Jahren wussten seine Kollegen, die den besten Spieler des Vereins gerade verhätschelten und sich von ihm gängeln ließen: Der Lause spielt nicht mit. Lause ging. Der 63-Jährige überschreitet nie die von eigener Überzeugung gezogenen Grenzen. Eine Lebensmaxime.

Seit 1992 führt der Betriebswirt den Vorstand der Stadtwerke AG, die seit 130 Jahren Energie für Stadt und Region liefert. Mit einem Jahresumsatz von 800 Millionen Euro in den Sparten Strom, Wasser, Gas, Fernwärme und Abfallentsorgung hat er das mehrheitlich von der Stadt bestimmte Unternehmen in die Liste der deutschen Top-Ten-Stadtwerke geführt. 70 000 Haushalts- und Gewerbekunden hat er außerhalb Düsseldorfs als Vertragspartner gewinnen können. Zugewinn.

2 775 Mitarbeiter halten ihren Chef für kompetent, sozial eingestellt, vor allem für berechenbar und verlässlich. Und das, obwohl er der Belegschaft nach der in Brüssel beschlossenen Liberalisierung des Strommarktes einiges zugemutet hat. Durch Steigerung der Produktivität schmolz die Belegschaft von 4 500 Mitarbeitern (in 1992) immer weiter zusammen.

Der Vater von fünf Kindern feilt gern an Kernsätzen, bevor er sie zur Veröffentlichung frei gibt: Bei Vorlage des Jahresergebnisses 2003, das bisher beste in der Firmengeschichte, lautet ein Kernsatz: „Unsere Anteilseigner sollten Spaß an uns haben." Da zündet der Chef den Nachbrenner: Tragen seine drei Eigentümer Stadt (50,1 Prozent), die Karlsruher EnBW (29,9 Prozent) und RWE (20 Prozent) etwa nicht die rechte Freude am Erfolg in ihren Herzen?

Das ist eine Zukunftsfrage. Bei der Suche nach Antwort macht sich Lause nicht zum politischen Kutscher, sondern macht sich lieber eine Menge Spaß mit seinem neun Jahre alten Jüngsten im Haus am Aasee bei Münster. In seinem Job hat er gelernt, wann es sinnvoll ist, sich in die erste Reihe zu setzen und eine Schlagzeile zu liefern.

Eine solche Schlagzeile hat er produziert, als der (umstrittene) Verkauf von städtischen Stadtwerke-Anteilen an EnBW (Verkaufserlös: 447,2 Millionen Euro) noch gar nicht auf der Tagesordnung stand. Im Einvernehmen mit seinem Aufsichtsrat setzte der Stadtwerke-Chef auf Vernunft in der Großregion Düsseldorf. In der Überzeugung, dass kleine kommunale Versorger in einer globalisierten Energiewelt allein keine Überlebenschance hätten, wollte Lause alle Mini-Stadtwerke in der Region einsammeln, sie unter ein gemeinsames Dach bringen und gegen die großen Energie-Player aufstellen. Der Initiator ahnte damals: Vor allem private Energiekunden würden das „globale Angebot" ausschlagen und sehr schnell nach einem lokalen Versorger rufen, der umfassend berät und dem man notfalls auch auf die Pelle rücken kann.

Die Ahnung trog nicht. Gescheitert allerdings ist die Idee des leistungsstarken regionalen Energie-Konzerns. Gescheitert an zu hohen Kirchtürmen. „Wenn etwas nicht geht, dann geht es eben nicht", sagt Lause. Aufgegeben aber hat er die Idee wohl nicht.

 ■ Autor: Ludolf Schulte

Ulrich Lehner

„Beim Henkel mal arbeiten." Das war für den gebürtigen Düsseldorfer Ulrich Lehner schon als junger Mann ein Traum. Dass er „mal" Chef „beim Henkel" würde, konnte er damals nicht ahnen. „Ich habe meine Karriere nie geplant", bekennt der 58-Jährige. Seine Chancen hat er gleichwohl beherzt ergriffen. Denn Lehner ist mit wenigen Unterbrechungen seit 23 Jahren „beim Henkel", arbeitete sich vom internen Steuer- und Abschlussprüfer über die Führung des Rechnungswesens bis in die Geschäftsführung hinauf. Ein recht geradliniger Weg. Seit Mai 2000 leitet er den 10-Milliarden-Euro-Konzern. Ein waschechter Düsseldorfer an der Spitze „des" Düsseldorfer Konzerns, der wie kein zweiter zur Geschichte dieser Stadt gehört.

Dabei war es am allerwenigsten die Düsseldorfer Herkunft, die ihn für den Posten prädestinierte. Auch nicht die zurückhaltende Art, die ihn von vielen Managern in vergleichbaren Positionen unterscheidet. Lehner ist nicht übermäßig groß, er spricht leise und sagt nur so viel wie nötig. Das aber prägnant und klar, ohne Umschweife und ermüdende Randbemerkungen. Wenn er spricht, hören die anderen zu. Das schafft Autorität.

Da passt es, dass der Henkel-Chef als „Herr der Zahlen" gilt. Geradezu gefürchtet ist seine Gabe, Fehler in Rechenwerken aufzuspüren, Ungereimtheiten zu benennen, Lücken auszumachen. Dann kann der sonst so ruhige Mann mit den großen Brillengläsern ziemlich ungemütlich werden. „Genaue Zahlen sind eine gesunde Basis für die Analyse", sagt der gelernte Wirtschaftsingenieur, der gerne Physiker geworden wäre.

Doch zur Führung eines Weltkonzerns gehören mehr als die genaue Kenntnis der Unternehmensdaten und die Fähigkeit, aus ihnen Konsequenzen abzuleiten. „Das Bauchgefühl ist auch wichtig und die Bereitschaft zum Wagnis", sagt Lehner. Er selbst hat das bewiesen. Vier Jahre lang, von 1991 bis 1995, leitete er die Henkel-Regionalgesellschaft Asien/Pazifik in Hongkong. Maßgeblich legte der spätere Unternehmenschef die Grundlage für die frühe Expansion des Persil-, Schwarzkopf- und Pattex-Herstellers in das Reich der Mitte. Bei allem Drang, den Konzern voranzubringen, kann er sich auch bescheiden. Lehner lernte Chinesisch, vertiefte sich in die Kultur. Noch heute liest er gerne chinesische Romane. „Es war die prägendste Zeit meines Berufslebens", sagt Lehner heute.

Henkel ist heute die unangefochtene Nr. 1 am Weltmarkt bei der Produktion von Klebstoffen und Oberflächentechnologien. Das Kleben verdrängt zunehmend das Schweißen in der industriellen Fertigung. Flugzeugnähte, Motorblöcke oder die elektronischen Vermittlungsstellen in der Telekommunikation: Überall kommen die Klebstoffe von Henkel zum Einsatz. „Aber", so Lehner, „wir müssen uns bei der Entwicklung unserer Geschäfte auch der Notwendigkeit der Globalisierung unterwerfen – und unseren globalen Kunden von China bis Feuerland folgen." Stark ist Henkels Stellung bei Waschmitteln und so will Lehner auch den Kosmetikbereich sehen. Auch wenn man das Darmstädter Haarkosmetikunternehmen Wella nicht bekommen hat, denn „Wella war zu teuer", sagt er kühl, ganz Zahlenmensch.

Als Firma gilt der Konzern heute global als Marke. Lehner hat seit 2001 maßgeblich diesen Weg forciert. „A brand like a friend" („eine Marke wie ein Freund") lautet der Anspruch des Düsseldorfer Konzerns, den Lehner wie keinen anderen zum Leitbild des Unternehmens erkoren hat.

Ganz traditionell ist der vielgereiste Konzernchef indes in einem anderen Punkt. „Henkel und Düsseldorf gehören zusammen", findet Lehner. „Düsseldorf ist der drittwichtigste Wirtschaftsstandort Deutschlands und der wichtigste im Henkel-Verbund", sagt der Henkel-Chef. „Denn die Stadt ist nicht nur als Sitz großer Konzernzentralen hervorragend geeignet." Und so wird Henkel mit rund 7 000 hoch qualifizierten Mitarbeitern auch in Zukunft der größte gewerbliche Arbeitgeber der Stadt am Rhein bleiben.

■ Autor: Martin Kessler

Henkel

Toni Lirsch

Vorbilder hatte er nicht. Welche auch zu einer Zeit, in der Deutschland ein unbeschriebenes Blatt in Sachen Mode war, französische Haut-Couture-Kreationen von Chanel oder Dior unerschwinglich und italienische Schuhe eine Kostbarkeit waren.

Toni Gard nannte sich der Nachwuchsdesigner, der im Berliner Modehaus von Detlef Albers seine Lehrjahre absolviert hatte und 1965 seine erste eigene Boutique mit angeschlossenem Atelier für Maßanfertigungen in der Marienstraße in Düsseldorf eröffnete, das damals durch die Igedo zur „Modestadt" in Deutschland avancierte.

Sein Name war Programm: Toni Gard, abgeleitet von Garderobe, wurde eine Marke. Lirsch wollte nicht nur Kleidung, sondern Fashion machen und verkaufen. Er fuhr zweigleisig, brachte zum einen eigene Kreationen auf den Markt, bot zum anderen als einer der ersten Einzelhändler in Deutschland Mode aus Italien von Valentino, Krizia oder Biagiotti sowie Top-Accessoires wie Gürtel, Taschen und Schuhe aus den traditionsreichen Werkstätten von Parma an und arbeitete mit Stylisten wie Armani, Versace und Ferré zusammen, als diese noch keine eigenen Labels hatten, sondern für Allegri oder Cerruti tätig waren.

Bis heute ist Toni Lirsch seiner Philosophie treu geblieben: Mode sollte vor allem individuell sein. „Die Bestangezogenen sind die, die nichts auf die Meinung anderer geben", kommentiert der Trendsetter, der im hellen Leinenanzug aus eigener Werkstatt, ein Einzelstück, zum Fototermin erschienen ist, mit einem verschmitzten Lächeln. Das Leinen machte Gard einst in Deutschland populär. Er erscheint elegant, sinnlich, lässig – ganz, wie sein Look sein soll.

2005 feiert die Marke Toni Gard vierzigsten Geburtstag. Seit Herbert Frommen 1998 in das Geschäft einstieg und ein einheitliches Fashionkonzept umsetzte – im eleganten Pilotshop an der Düsseldorfer Kö erhalten Damen und Herren Mode, Accessoires, Parfum und Schmuck aus einem Guss – kann Lirsch sich entspannen. Als Designer in beratender Funktion für Lizenznehmer bleibt ihm nun Zeit für neue Projekte. Vor kurzem entwickelte er das Interior Design für ein BMW-Cabrio.

Zusammen mit seiner zweiten Frau Anna Roetig-Lirsch, die seit 1985 seinen visuellen Auftritt betreut, würde er gern einmal ein Hotel ausstatten. „Keinen Fünf-Sterne-Klotz, sondern ein nettes Garni, in dem man in schönem Ambiente zu erschwinglichen Preisen übernachten kann", sinniert Lirsch, dessen Kreationen eher schlicht, aber stets harmonisch und von einiger Raffinesse sind.

Seine Inspirationen holt er sich auf Reisen zum Beispiel, auch aus Büchern, Filmen, Ausstellungen, aus der Arbeit. „An Arbeitskleidung und Uniformen finden sich tolle Details, die sich in Fashion übersetzen lassen", verrät er. Lirsch, der am 29. Mai 1941 im tschechischen Städtchen Gmünd als Sohn eines Schneiders geboren, schließlich aber in Karlsruhe aufgewachsen ist, wo er zunächst den Brotberuf eines Elektrotechnikers ergreifen musste, stand immer mit beiden Beinen im Leben.

„Modemachen ist harte Arbeit, denn Fashion ist leicht verderbliche Ware. Um am Markt erfolgreich zu bleiben, müssen wir unsere Geschwindigkeit vom Design über die Produktion bis hin zum Angebot im Laden immer weiter erhöhen. Zara macht es uns vor", urteilt er über die Zukunft der Branche. Lirsch weiß, wovon er spricht. Vor einiger Zeit hat er sich in Richtung Spanien orientiert und beobachtet nun von seinem Zweitwohnsitz in Andalusien aus die aktuellen Trends. Den Kontakt zu Italien hat er dabei keineswegs verloren. Zwei der fünf mittlerweile erwachsenen Kinder sind in seine Fußstapfen getreten und in die Modebranche eingestiegen. Eine Tochter lebt und arbeitet in Mailand.

Seine Vision für die künftige Fashion? „Es wurde noch nie so viel scheußliches Zeug gemacht wie heute", schimpft der Grandseigneur plötzlich. Das Empfinden für Ästhetik und Stil im Allgemeinen zu fördern und der Mode endlich als Kulturgut einen festen Platz in der deutschen Gesellschaft einzuräumen, ist Toni Lirsch derzeit sein wichtigstes Anliegen. Mit den Kreationen ein Stück Heiterkeit und Charme ins Leben zu bringen, zählt auch dazu.

 Autorin: Tigo Zeyen

Kay Sebastian Lorentz

Mit seinem Lächeln und seinem offenen Blick besticht er, wenn man ihm nur die Hand drückt. Charmant und verschmitzt zugleich gibt Kay Lorentz einem das Gefühl, als hätte er nur darauf gewartet, dass man vorbeikommt. Natürlich im Kom(m)ödchen, über das er nicht genug erzählen kann. Stolz und glücklich spricht er von der „hohen Phase" des kleinen, feinen Kabarett-Theaters, das inzwischen so ganz seins ist. Weil er es in den vergangenen zehn Jahren dazu gemacht hat – obwohl es anfangs gar nicht danach aussah, als sollte das klappen.

Die Chefs im Kom(m)ödchen, das waren stets die Eltern, Kay und Lore Lorentz. Ab 1947 hatten sie es zu einer kabarettistischen Institution gemacht. Sohn Kay, eines von vier Kindern, genoss damals vor allem die Sommer: In der Spielpause nahmen sich Vater und Mutter mehr Zeit. Als Künstler hat er sie stets bewundert. Doch meist war eine Kinderfrau die Bezugsperson – im Familienleben mit den „Übereltern" blieben viele Wünsche unerfüllt. Eine Erfahrung, die seine eigenen Kinder – die siebenjährige Luzie und der neunjährige Lukas – nicht machen sollen.

Nach dem Abitur suchte Kay Lorentz Abstand, ging zum Studieren nach Berlin. Lehrer wollte er werden. Doch statt ins Klassenzimmer ging's zwei Jahre auf Weltreise. Inspiriert kehrte Kay Lorentz nach Berlin zurück – jetzt lautete das Berufsziel „Auslandskorrespondent", und er begann, wie schon sein Vater, ein Studium der Arabistik und Ethnologie. Dann wechselten eine Reihe von Jobs einander ab: Aufnahmeleiter von Kabarettsendungen, Organisator von Konzerten oder Gastspielen. Zwei Mal versuchte er, als Technischer Leiter mit seinem Vater in Düsseldorf zusammen zu arbeiten – vergeblich. „Er war ein Selbermacher, das Kom(m)ödchen sein Lebenswerk, er konnte schlecht delegieren." Also ging der Junior wieder fort: In Köln gründete er mit einem Freund eine Filmproduktionsfirma.

Vor elf Jahren kam der Anruf seiner Mutter. Nach dem Tod ihres Mannes hatte sich die Situation so entwickelt, wie es viele geahnt hatten: Auf der Bühne konnte Lore Lorentz glänzen, aber die Geschäfte zu führen, war ihre Sache nicht. Damit schienen sich die Rollen wie von selbst zu verteilen – sie traf die künstlerischen Entscheidungen, der Sohn kümmerte sich ums Finanzielle und um die Organisation. Wie viel Arbeit das bedeutete, weil man nicht nur von der Tradition leben kann, ging Lorentz junior bald auf. Und schneller, als er dachte, war er allein fürs Kom(m)ödchen verantwortlich. Lore Lorentz starb Anfang 1994.

„Ich muss einen neuen Anfang schaffen", soviel war ihm intuitiv klar. Erst einmal trennte er sich von dem bestehenden Ensemble – was eine Menge Staub aufwirbelte. „Man hat mir nicht viel zugetraut."

Das erste Programm, das er selbst verantwortete – „Faire Verlierer" von Frank Lüdecke – wurde 1996 zwar von der Kritik gelobt, finanziell war es allerdings ein Flop. Doch anschließend ging's bergauf: Mit dem ersten Programm des neuen Ensembles, „Die letzten Tage von Erkrath", kam der Durchbruch, den er sich erhofft hatte. „Du kannst es schaffen", dachte Lorentz von da ab.

„Besonders in den Anfängen habe ich mich immer wieder gefragt, wie sich mein Vater verhalten hätte", sagt er heute. Er bekam einen Heidenspaß daran, Programme zu entwickeln und sich die passenden Leute dazu zu suchen. Wer fürs Kom(m)ödchen Texte schreibt, macht auch bei der Distel oder der Lach- und Schießgesellschaft Karriere – das hat er erlebt, und es bestätigt ihn genauso wie das Vertrauen des Ensembles. „Die glauben, dass ich den richtigen Riecher habe." Dass sie Grund dazu haben, zeigt sich nicht nur am guten Betriebsklima, sondern auch im Zuschauerraum: „Gäste, die nach Düsseldorf kommen, buchen sogar Programme, die sie nicht kennen. Das liegt an unserem Ruf, intelligente und niveauvolle Unterhaltung zu bieten." Damit das deutsche Kabarett dieses Ziel nicht aus den Augen verliert, will Lorentz es für schwierigere Zeiten absichern und gründete vor einem Jahr die „Kay und Lore Lorentz"-Stiftung. Für ihn selbst gibt's nur eine Absicherung dagegen, völlig im Job aufzugehen: Auf den Motorroller steigen und quer durch Italien sausen.

 Autorin: Natascha Plankermann

Markus Lüpertz

„Man kann die Gesellschaft nicht mehr provozieren, weil es sie nicht mehr gibt", ist sich Markus Lüpertz sicher. Dabei reicht offenbar schon das Tragen von maßgeschneiderten Anzügen, handgenähten Gamaschen, die Vorliebe für PS-starke Boliden, Begriffe wie Genius und ein bisschen Selbstinszenierung – schon springen die gesellschaftlich gern bemühten Klischeeschubladen auf. Und sind nur allzu bequem zu bedienen. Dabei ist es dem Menschen hinter dem Etikett „Malerfürst" ganz ernst mit der Malerei. Sie bedeutet ihm Alles, für sie, sagt er, gibt es keine Alternative. „Alles, was ich weiß und denke, auch Gedichte und Musik, sehe und erlebe ich unter dem Aspekt Malerei."

Nein, mit den Malerfürsten des 19. Jahrhunderts mag sich der Künstler nicht gemein machen, sieht das eher als Diskriminierung. Schließlich waren die so betitelten nicht eben die großen Maler ihrer Zeit. Markus Lüpertz wählt das Understatement: „Ich bin lediglich ein gut gekleideter erfolgreicher älterer Herr, der nach dem Malen das Bedürfnis hat, sich umzuziehen. Und für einen Fürsten bin ich viel zu arm."

Entspannt hat sich der 63-Jährige auf der bayerisch anmutenden Bank in der kleinen Kaffee-Küche seines Ateliers in der alten Mensa zurückgelehnt, keine Bonvivant-Pose, kein Auftritt nach Maß, aber ein markanter Kopf – umgeben von skurrilen Wand-Stilleben: ausgestopftes Federvieh, zahllose Porträts, gemalt, gezeichnet, karikiert, Zeitungsausschnitte, ein Bündel Knoblauch, getrocknete Fische und dazwischen ein großes Lebkuchenherz: „Keine liebt Dich – wieso ich?" Die Rolle des Künstlers als Gesellschaftskritiker habe in einer orientierungslosen Allgemeinheit ausgedient, urteilt Markus Lüpertz. Der Künstler sei sein eigener Adressat, könne nur noch dadurch aufrütteln, dass er ein Wert-volles Leben lebe, ein Beispiel an Geist, Freundschaft, Leidenschaft sei. Lüpertz, der Moralist? Da winkt der Maler ab. „Dazu bin ich zu frei, habe eine unbändige Lebenslust. Ich bin natürlich ein Träumer, ich träume von Idealen."

Seit 18 Jahren ist Lüpertz Rektor jener Kunstakademie, die ihn als Studenten wegen einer Schlägerei hinauswarf. Er hat ihre Ausprägung als Maler- und Bildhauerakademie forciert und überlässt die neuen Medien der Medienhochschule in Köln. Die Akademie, sagt seine Magnifizenz, sei ein Ort der Atmosphäre und des bedingungslosen Freiheitsanspruchs, anders als jedes andere Lerninstitut. Es gebe keine Lehren, sondern Individualität. Die Akademie pflege das Verhältnis von Anerkennung der Meister, gerichtet an die Schüler, und von Bewunderung der Schüler für die Meister. Das individuelle Konzept des Meisters, seine individuelle Methode könne die grundsätzlich postulierte Freiheit nicht angreifen. „Auch kein doktrinärer oder autoritärer Meister wie ich es bin." Es gebe die Freiheit der Entscheidung, und dann müsse sich der Schüler den Bedingungen fügen. „Sonst lernt er ja nichts. Ich bin beispielhaft, nicht als Lehrer, sondern als Vorbild, nicht pädagogisch, sondern existenziell."

Groß ist Lüpertz' Leidenschaft zur Musik. „Aber ich spiele nicht gut genug, um eine konventionelle Musik zu machen. Ich dilettiere als Musiker und der Profi muss das auffangen." Eine Art von Session nennt er das, sich selbst das chaotische Element am Klavier und das Ergebnis, je nach Besetzung, einen Zwei-, Fünf- oder Siebenkampf.

Gedichte bedeuten für ihn Leidenschaft plus Ehrgeiz. „Da messe ich mich mit den Größten", spricht Lüpertz mit Blick auf Michelangelo. Und gibt eine eigene Literaturzeitschrift heraus: „Frau und Hund". Sie soll – kostenlos – das „kursive" Denken fördern, veröffentlicht seine eigenen und Texte anderer Geschätzter wie etwa Durs Grünbein im „konspirativen" Hosentaschenformat. Lohnende Leseprobe aus Lüpertz' Feder:

„In losem Reigen spielen wir Künstler/
Bäumlein-wechsel-Dich,/
ein Hand in Hand vor ernster Kulisse./
Gebrauchtblumen-Bilder glühen/
gestapeltes Selbstbewusstsein,
eine konzentrierte Atmosphäre/
bläht Einmaligkeit,/
flimmert flirrend Hausbesetzung,/
ein Einmaleins der Ewigkeit
wird aufgezeichnet und/
mit Vernunft/
besungen."

Autorin: Ulrike Merten

Ulrich von Malotki

„Ich wollte Kaufmann werden." Schon als Kind war Ulrich von Malotki sich seiner Sache sicher. Traum des Vaters war zwar, dass der Sohn in seine Fußstapfen tritt und Rechtsanwalt wird, aber er ließ sich nicht beirren. Einmal im Monat fuhr seine Mutter mit ihm von Bergisch Gladbach nach Köln zum Einkaufen, schon da gab es eine „gewisse Berührung zum Unternehmen Kaufhof".

Aus der Berührung wurde eine enge Beziehung. Seit 1962 arbeitet Ulrich von Malotki für die Warenhauskette. „Ich habe nie gewechselt, und ich habe mich nie unwohl gefühlt." Den Arbeitgeber hat er nicht geändert, wohl aber die Stationen und Tätigkeiten. „Von der Pike auf" arbeitete sich der Kaufmann 42 Jahre lang nach oben bis zum Gipfel seiner Laufbahn. Seit 1998 leitet er als Erster Geschäftsführer den Kaufhof an der Königsallee, „sicherlich das schönste Warenhaus in der Region". Hier will von Malotki auch einmal sein Berufsleben abschließen. Denn die Stadt gefällt ihm; „hier lässt es sich gut leben".

Wobei er nicht ausschließen will, nach Italien zu gehen. So schön, wie es in Düsseldorf ist: Das Klima hier ist doch oft unberechenbar. „Man muss selbst im Hochsommer morgens eine Jacke mitnehmen, weil man nie weiß, wie das Wetter wird." Ganz anders in Italien: Sonne, blauer Himmel – der Geschäftsmann weiß, wovon er spricht: Drei Jahre lang lebte er mit seiner Familie in Mailand. Anfang der 70er Jahre war er dort im Einkauf für sein Unternehmen tätig; der älteste Sohn wurde dort eingeschult. Noch heute pflegt von Malotki die Kontakte. Wenn der Kaufhof alljährlich die Italien-Promotion startet, hat der Geschäftsführer schon längst seine Ansprechpartner informiert und mit ihnen das eine oder andere vereinbart.

Viele Städte hat der Kaufmann kennen gelernt: Köln (die Kaufhof-Hauptverwaltung), Nordheim (Niedersachsen), Mönchengladbach, Koblenz, Bonn. Dort hat er die Umzugsphase der politischen Einrichtungen nach Berlin erlebt und die Unruhe in der Stadt. „Jede Woche gab es eine Demonstration auf dem Rathausplatz"; die Stadt sei regelrecht in eine Agonie gefallen. Doch von Malotki war immer überzeugt: Es kann nur eine Hauptstadt geben, und die heißt Berlin. Auch er ist natürlich erleichtert darüber, dass Bonn nun doch wieder Tritt gefasst hat.

Nach Bonn begann die Düsseldorfer Zeit. Hier ist er „für viele sympathische Menschen verantwortlich". Über das Unternehmen hinaus engagiert sich der Kaufmann in der Stadt. Vor allem die Königsallee liegt ihm am Herzen. Er vertritt in der Gemeinschaft der Kö-Anlieger das einzige Warenhaus. „Ich möchte, dass die Königsallee in ihrem Erscheinungsbild jung bleibt", beschreibt er das Ziel seines Engagements. Am Ruf, die Straße sei elitär, sei einiges dran, gesteht von Malotki ein. Aber es gebe immer mehr Geschäfte, die auch etwas anderes vermittelten. Jedenfalls soll die Kö „die attraktivste Einkaufsmeile bleiben". Sorgen bereiten dem Einzelhändler die Leerstände in der Stadt. Neue Nachbarn sieht er weniger als „Konkurrenten, die das Geschäft erschweren". Die Stadt werde belebt, und davon hätten alle was.

Von Malotki ist auch im Forum Stadtmarketing und im Einzelhandelsverband aktiv und – die Vergangenheit lässt grüßen – als Vorstandsmitglied in der Deutsch-Italienischen Wirtschaftsgemeinschaft. Insbesondere den Marketingclub schätzt er als „einen der interessantesten berufsbezogenen Clubs, die es gibt". Das Berufsleben wird dem Kaufmann nie langweilig: „Es gibt keinen Tag, der so läuft wie der Tag zuvor"; immer geschehe etwas Unvorhergesehenes. Die knapp bemessene Freizeit verbringt er gerne im Familienkreis. Es sei immer wieder ein schönes Erlebnis, wenn alle zusammen sind und auch die beiden Söhne mit den drei Enkelkindern kommen. Den Adelstitel trägt die Familie seit vielen Jahrhunderten. Schon die Vorfahren waren in Wirtschaft und Handel erfolgreich tätig, für die Verdienste erhielten sie den Titel. Doch von Malotki hegt keinen Stolz. „Ich habe den Titel übernommen. Er ist Teil meines Namens, mehr nicht."

 ■ Autor: Jürgen Grosche

Coordt von Mannstein

Der Mann trägt feine Anzüge, und rote Socken haben seine Füße vermutlich noch nie gewärmt. Und doch kann er sich nicht dagegen wehren, dass man an sie zu allererst denkt, denkt man an Coordt von Mannstein. Der Werbeunternehmer registriert es mit einem Lächeln, denn er weiß: „Das war eine plakative Polarisierung und eines der erfolgreichsten politisch-werblichen Konzepte der jüngsten Vergangenheit."

Stimmt: Die Botschaft gegen eine mögliche rotgrüne Koalition bei der Wahl 1994 zeigte Wirkung, von Mannsteins Freund und Idol Helmut Kohl verteidigte seinen Kanzlertitel für weitere vier Jahre. Auch an die „Politik ohne Bart"-Parole gegen Kohls damals noch bärtigen Herausforderer Rudolf Scharping erinnern sich nicht nur CDU-Freunde mit einem Schmunzeln.

Von Mannstein, der seine Agentur, die heute rund 100 Mitarbeiter hat, 1968 gründete, hat Kohl in allen Wahlkämpfen betreut, auch als das CDU-Schwergewicht noch Ministerpräsident von Rheinland-Pfalz war. „Ich hatte Hochachtung vor seiner politischen Leistung und habe immer zu ihm gestanden, auch in schwierigen Zeiten", sagt von Mannstein in einer Mischung aus Ergebenheit und Bewunderung. Als bekennendes Unions-Mitglied verhalf er aber auch nach Kohls Abwahl Parteifreunden zu Triumphen. Am 2. Februar 2003 durfte er sich als doppelter Königsmacher fühlen: Christian Wulff eroberte mit seiner Hilfe Niedersachsen, Roland Koch dominierte in Hessen. „Die Freude, die Begeisterung ist vergleichbar mit dem siegreichen Boxenteam, das alles gegeben hat, seinen Piloten samt Gefährt sicher und erfolgreich ins Ziel zu bringen", bilanziert Coordt von Mannstein heute nüchtern. Das Bild der CDU prägte der Designprofessor grafisch mit: Die Farben Deutschlands und der EU, die er stets mit der Werbung verband, stützten ihr Image als „Partei der nationalen und europäischen Einheit".

Es ist offenbar weniger das Geld aus den Parteibudgets, das ihn reizt. Das verdient seine elegant ausstaffierte Agentur in einem Solinger Schloss mit Parfum- und Autoherstellern, Brauereien, Krankenkassen, Verbänden oder der Messe Düsseldorf. „Ich liebe Wettkampf. Wahlkampf hat mit kämpfen zu tun. Wahlkampf ist Strategie und Taktik, ist Abwägung von Zeit, Position und Stärke im Hinblick auf die kreative Umsetzung von politischen Inhalten. Jeder Wahlkampf ist nicht nur ein entscheidendes politisches, sondern immer auch ein Medien-Ereignis. Daran Anteil zu haben, ist für mich die größte Herausforderung", fasst von Mannstein zusammen. Ein Stückchen Sendungsbewusstsein kann der 67-Jährige allerdings nicht verleugnen. „Es wäre besser für Deutschland, wenn die CDU wieder stärker wird und bald auch wieder in Berlin regiert", hat er dem „Spiegel" einmal gesagt. Angela Merkel wird er allerdings nicht beraten, sollte sie mit Gerhard Schröder in den Ring klettern. Die CDU-Chefin schätzt zweifellos die Kreativität von Mannsteins, weniger jedoch seine Nähe zu Kohl. Zwar wäre die SPD nie auf die Idee gekommen, mit ihm zusammenzuarbeiten. Doch die FDP engagierte ihn für den Europawahlkampf. „Eine Agentur ist für alle Parteien da, die auf dem Boden der Demokratie stehen", sagt er und fügt hinzu: „Ich arbeite für Austin Martin und fahre Porsche, beides sind erstklassige Autos."

Und dann ist da noch die andere Seite des Werbe-Stars: Die Arbeit des Vaters von zwei Töchtern in sozialen Kuratorien und sein Engagement für die Nachwuchsförderung wurden 1999 mit dem Bundesverdienstkreuz gewürdigt. Düsseldorf ist für Coordt von Mannstein „eine Wohlfühl-Stadt, eine Hinguck-Stadt." Er liebe die spannungsgeladene Atmosphäre zwischen Business und Kreativität. Müsste er eine Imagekampagne für seine Heimatstadt entwickeln, dann würde er versuchen, die Kernkompetenzen authentisch zu vermitteln. Dazu zähle die Internationalität, das Kö-Feeling, die Attraktivität der Altstadt verbunden mit dem „wunderbaren kulturellen Angebot". Wirtschaftlich müsse man den führenden Messeplatz Deutschlands mit dem ausbaufähigen Medienstandort kombinieren. Coordt von Mannstein ist überzeugt: „Wenn es darüber hinaus gelänge, die Rolle als urbanes Zentrum am größten und wichtigsten deutschen Strom darzustellen, wäre Düsseldorf eine Stadt der unbegrenzten Möglichkeiten."

 Autor: Frank Preuß

Jürgen Marbach

Heute sitzt er im schwarz möblierten Chefbüro und berichtet von alten Zeiten, dass einem beim Zuhören die Frage beschäftigt: Warum hat der Mann damals überhaupt abgemustert? Vom umgebauten Lazarettschiff der Schwarzmeerflotte, das als „Taras Tchevchenko" durchs Mittelmeer kreuzte. Oder von einem jener Traumschiffe, auf denen man sich den Kopf verdrehen lassen kann. Jürgen Marbach wehrt ab: „Die längste Zeit, die ich auf einem Schiff war, das waren siebeneinhalb Monate. Danach ist man für das normale Leben nicht mehr zu gebrauchen."

Das normale Leben, die Welt der LTU, sieht anders aus. Schöne Träume sind den Passagieren auf ihren Wegen in ferne Urlaubswelten vorbehalten. Im Cockpit des in seiner fünfzigjährigen Geschichte zwischen Höhenflügen und Beinahe-Abstürzen operierenden Unternehmens ist Vernunft angesagt. Seitdem Jürgen Marbach den Kurs bestimmt, sind schwarze Zahlen in Sicht, wächst nach dem denkwürdigen Crash des Mitgesellschafters Swiss-Air wieder die Kraft für die Offensive auf einem turbulenzgeschüttelten Markt. Dennoch, die Auswirkungen des 11. September 2001, konjunkturelle Sinkflüge, kerosinpreistreibende Abhängigkeiten vom Öl: Der Kurs der Fluggesellschaft unterliegt in unschöner Regelmäßigkeit plötzlich hereinbrechenden Schlechtwetterlagen.

Jürgen Marbach ist ein viel reisender Mensch. Was sonst. Die Frage jedoch, wie er sich durch die Weltgeschichte bewegt, erlaubt Rückschlüsse. Er, der bei der LTU als Geschäftsführer alleinverantwortlich ist für weit über 2 000 Piloten, Flugbegleiter, Techniker und Verwaltungsleute, lässt sich nicht zum Flugzeug chauffieren. „Das finde ich selbst." Einer wie er kennt im Flugzeug jede Schraube, weiß, wo die Kekse im Schrank stehen, sagt im Cockpit guten Tag, redet mit dem Kabinenpersonal. Für ihn ganz normal, wo er doch jeden Morgen seine Runde durch die Halle 8 dreht. Die ist so groß wie zwei Fußballfelder und wirkt, wenn nicht gerade einer der Airbus-Riesen den Blick versperrt, wie ganzflächig frisch gebohnert. Hier findet er immer einen aus der Mannschaft, mit dem er reden kann, während er Triebwerke streichelt und Turbinenschaufeln zwischen Daumen und Zeigefinger nimmt – wie jemand vom Niederrhein, der zur Betriebsbesichtigung kommt und zum ersten Mal reingelassen wird.

Jeden Morgen das gleiche: Erst Halle 8, dann die paar Treppen hoch an den Schreibtisch. Das ist Marbachs Normalität. Dass die Chefetage aus ihrem vormaligen Bürogebäude in die Flugzeughalle umgezogen ist, entspricht seinen unverkrampften Denkstrukturen: Hier ist er – und sind die anderen an ihm – näher dran.

Das alles haben ihm die aus Schlesien nach Rheinhausen verschlagenen Eltern mitgegeben. Der Vater machte eine Bergmannslehre, wurde später Bergmannsdirektor. Bescheidene Leute. Begeistert müssen sie nicht gewesen sein, als der Filius zunächst zufällig in den Semesterferien, dann für immer in die Reisebranche abdriftete.

Aber lustig war es schon, wie der smarte Jürgen auf dem Schiff den fröhlichen Morgenwecker im Bordradio gab und die Touristen über den Parcours der Sehenswürdigkeiten navigierte. Die Zeit als Reiseleiter war Marbachs Lehrzeit: „Man lernt, auf sich alleine gestellt, mit fremden Leuten klar zu kommen." Und, etwas leiser: „In der Einsamkeit auf Guadeloupe oder Samoa auch mit sich selbst."

Jürgen Marbachs beruflicher Lebenslauf liest sich wie eine mit Geschäftsführerposten gespickte Trophäen-Sammlung. Die Reisebranche im Umbruch, viele Firmen, die von ihm parallel gemanagt wurden. Als er dann auf dem Umweg über die ins Touristik-Geschäft eingestiegene Rewe 2001 – als Begleiter ohne Funktion – wieder zur LTU geschickt wurde, lag diese wie gefesselt am Boden. „Wir wussten am Wochenende nicht, ob das Geld bis Mittwoch reichen würde." Heute hält er das Ruder alleine in der Hand und ist dort gelandet, wo er emotional hingehört. Obwohl er in seinen früheren LTU-Jahren mit daran gearbeitet hatte, dass die zur Liniengesellschaft mutierte Airline ihr Image als Ferienflieger zur Putzfrauen-Insel ablegen konnte, sagt er: „Ferienflieger waren für mich immer rot."

 Autor: Matthias Roscher

LTU

Jean-Hubert Martin

Skandal in Düsseldorf? Lächelt hier sanft ein charmanter Agent provocateur? Vielleicht einer, dem Provokation Spaß macht, dabei kein Selbstzweck ist. Wer Grenzen überspringt, an Tabus kratzt, will es sich und den anderen nicht leicht machen.

Mit einem Skandal hatte Jean-Hubert Martin, Generaldirektor der Stiftung museumkunstpalast, gerechnet. „Kunst zum Niederknien" hatte der gebürtige Straßburger vor drei Jahren seine erste Ausstellung annonciert und „Altäre der Welt" vor einem staunenden, auch irritierten, insgesamt aber interessierten Publikum installiert – und so gleich zu Beginn Position bezogen. Für einen rund um die Welt gehenden Blick steht das Logo des Hauses: „360° art": Kunst der fünf Kontinente zeigen, Kulturen übergreifend.

Der Skandal in Düsseldorf blieb aus. Nicht so in Paris. Bereits 1989 zeigte Jean-Hubert Martin im Centre Georges Pompidou „Magiciens de la terre" (Magier der Welt) und stellte neben die großen, kunsthistorisch ‚abgesegneten' Helden Werke zeitgenössischer religiöser Kunst. „Vieldiskutiert", lautete noch die freundlichste Wertung. „Eine Zeit lang war ich als Verrückter abgestempelt", kommentiert Martin die Resonanz mit dem Lächeln des Pioniers, der von seiner Sache überzeugt ist. Er ist eben der Typ des entschlossenen, aber leisen Barrikaden-Stürmers, der in Paris im kosmopolitischen Viertel um die Bastille lebte. Es ist ein langfristig kalkulierter Sturm – gegen die Klischees des Primitiven, Exotischen und Religiösen, gegen die von postkolonialistisch geprägter Arroganz gefärbten Wertmaßstäbe. Sein Ziel: die Augen öffnen, auch für nichtwestliche Kunst.

Sicher ist Martin ein Liebhaber der Kunst. Doch hält es der 60-Jährige mit Robert Filliou und zitiert ihn, um besser verstanden zu werden, auf Englisch: „Art is what makes life more interesting than art." Kunst ist ihm sehr wichtig, soll aber nie Lebensflucht sein. Im Gegenteil. Kunst und Leben zu verbinden, heißt die Maxime. Und da ist das Sendungsbewusstsein des Kunsthistorikers auf Publikum ausgerichtet. Dass in der Kunst der Widerspruch zum Denkprozess gehört, die Kunst viele Paradoxien ent- und aushält, immer wieder Impulse gibt, macht sie zum Lebensmittel. Und Martins „Kick" ist es, dieses bewegliche Denken zu vermitteln: „Die Menschen sind leider so, dass sie eher sehen möchten, was sie schon kennen." Und doch setzt er auf die grenzensprengende Kraft der Neugierde.

Der erste Musenkuss traf den Direktor in Amsterdam. Der Fünfjährige stand mit seinen Eltern im Rijksmuseum vor einer Anatomiestudie. Doch habe ihn damals weniger Rembrandts Qualität als Maler beeindruckt, sondern vielmehr der aufgeschnittene Körper. Inhalte, auch die von Büchern, sind Martins Leidenschaften. Antiquar, Buchhändler wäre er auch gern geworden. Doch Zeitmangel setzt das Schmökern wie die Liebe zu Jazz und insbesondere Film auf Sparflamme. Ohnehin kann Düsseldorf da nicht mit Paris konkurrieren. Aber den Rhein liebt Martin an Düsseldorf. Er weiß die Überschaubarkeit der Stadt zu schätzen, lebt mit den anderen Kunst-Instituten in einem Klima freundlicher Konkurrenz und räumt der Stadt in puncto kultureller Potenz – eingebettet in die NRW-Umgebung – Metropolen-Status ein. „Rhein-City".

Was ist Kunst? Unbehaglich fühlt sich Jean-Hubert Martin in Definitionsgrenzen. „Dynamik, ein ständiger Prozess." Mit einem Lächeln begleitet er die Prise Pathos: „Die Kunst lebt von ihrem Sterben." Und was, bitte, macht Kunst zur „richtigen" Kunst? Kurz und knapp: „Der Markt."

Seine positiven Werte skizziert der Museumschef selbst so. „Ich bin sehr offen, flexibel und neugierig im guten Sinne. Und ich habe Humor, das finde ich wichtig, besonders in der Kunst." Und ergänzt vorsichtig selbstkritisch: „Es gibt in der Kunst der Gegenwart keine endgültige Wahrheit. Doch wenn ich mich für eine Sache entschieden habe, dann stehe ich dazu."

Über mangelndes Publikumsinteresse kann Jean-Hubert Martin jedenfalls nicht klagen, und sein Vertrag wurde gerade für weitere fünf Jahre bestätigt.

 ■ Autorin: Ulrike Merten

FRAGILE
LYON

Matthias Mauritz

Sein verrücktestes Wochenende erlebte er im Jahr 1951. Samstagnachmittag absolvierte er mit Fortuna ein Aufstiegsspiel zur Fußball-Oberliga gegen Marathon Remscheid, Sonntag stand um 11 Uhr mit dem DSC 99 das Halbfinale zur Deutschen Hockey-Meisterschaft gegen Uhlenhorst Mülheim an, vier Stunden später begann sein Tennis-Medenspiel mit dem DSC. Ein Wochenende, das symptomatisch ist für das Leben des Matthias Mauritz, den alle Welt nur als „Mattes" kennt: abwechslungsreich, spannend, mitunter ein wenig hektisch – und ganz bestimmt nie langweilig.

Einen Ruhepunkt hat sich das Multitalent, das sich trotz seiner großen Erfolge im Fußball nie für eine einzige Sportart entscheiden wollte, allerdings bewahrt: seine geliebte Heimatstadt Düsseldorf. „Ich hätte mir nie vorstellen können, woanders zu leben", sagt er mit Nachdruck. Das beste Beispiel lieferte er im Jahr 1952. „Da hat mich der FC Bayern München mit einem Handgeld von 15 000 Mark in den Süden gelockt. Ich hab's 14 Tage lang in München ausgehalten, dann habe ich denen das Geld zurückgegeben. Das Heimweh war zu groß."

Und so landete Mattes Mauritz wieder bei Fortuna und blieb ihr bis zu seinem Karriereende im Mai 1960 treu. Ein Jahr zuvor trug er sich mit einem Rekord in die Annalen des Deutschen Fußball-Bundes ein, der bis heute Bestand hat. In Hamburg machte er beim 1:1 gegen Polen sein erstes A-Länderspiel – im Alter von 35 Jahren. „Dass ich so zum ältesten Debütanten der Nationalmannschaft wurde, war eine Geste von Bundestrainer Sepp Herberger", berichtet Mauritz. Der „Chef" hatte immer ein gutes Verhältnis zu dem Fortuna-Kicker gehabt, der 24 Amateur- und zwei B-Länderspiele bestritt, bei Olympia 1952 und 1956 am Start war und in Helsinki sogar die Brasilianer mit schlug.

Herberger wollte Mauritz Jahre zuvor auch fest ins A-Team holen, forderte aber dafür, dass dieser sich ganz auf Fußball konzentrieren, mit Tennis und Hockey aufhören müsse. „Da habe ich Herberger gesagt: Seien Sie mir nicht böse, aber das kann ich nicht."

Wie hätte er auch mit Tennis aufhören können, wo er diesem Sport doch so viel zu verdanken hatte? Nicht nur, weil es die erste Sportart war, die er sich als Steppke aussuchte. „Nahe der Bäckerei meiner Eltern in Grafenberg gab es sechs Tennisplätze, da habe ich schon mit neun Jahren bei den Großen mitgespielt." Ein Dutzend Jahre später zahlten sich die früh erworbenen Kenntnisse aus. Sein Wunsch, Militärarzt werden zu wollen, hatte Mauritz in den Kriegswirren nach Österreich gebracht, wo er als Helfer in einem Lazarett arbeitete.

Sein Weg dorthin war abenteuerlich gewesen: Als junger Feldwebel hatte er auf einer Mädchenschule in Berlin-Zehlendorf innerhalb von vier Monaten das Abitur nachgemacht. „Als einziger Junge in einer Klasse mit 34 Mädchen." Als Medizinstudent lebte er nun gerade in Österreich, als dort die Amerikaner einmarschierten – und „in Nullkommanix" drei Tennisplätze bauten. „Ich habe den Offizieren Tennis-Unterricht gegeben und so nie ein Gefangenenlager von innen gesehen."

Zurück in Düsseldorf, begann 1945 seine Fußballer-Laufbahn. Als er mit einer Elf aus früheren Schülern des Rethel-Gymnasiums gegen Fortunas dritte Mannschaft kickte, erkannte die Fortuna-Legende Hans Körfer, die als Schiedsrichter agierte, sein Talent. Körfer brachte Mauritz in die erste Mannschaft, wo er mit seinem Idol Paul Janes, später auch mit Toni Turek zusammenspielte. „Ich sagte immer voller Ehrfurcht ‚Herr Janes' zu ihm. Bis er irgendwann zu unserem Wirt Toni Rudolph sagte: ‚Tünn, wir hant hier ne janz vürnehme Pinkel, dä sät immer Sie zu mir'. Von da ab war er der Paul."

Dem Sport ist Mauritz, der später mit seinem Freund Otto Stuhldreier ein Sportgeschäft hatte, bis heute verbunden. Passiv als regelmäßiger Besucher der Fortuna-Spieler, aktiv als leidenschaftlicher Golfer. Und rückblickend auf sein Leben, das er mit Ehefrau Marianne, den Töchtern Marina und Melanie sowie zwei Enkeln teilt, sagt der echte Düsseldorfer Jong: „Ich bin ein solcher Glücksvogel, das kann sich keiner vorstellen."

 Autor: Bernd Jolitz

Fortuna
Düsseldorf
molten

Udo van Meeteren

Er ist unter Prominenten einer der Unbekanntesten. Selten in der Zeitung, das hat er nicht nötig. Als Udo van Meeteren 2003 mit der Ehrenbürgerwürde der Stadt ausgezeichnet wurde, zählte der Oberbürgermeister alle Verdienste auf und sprach: „Ohne viel Aufhebens, immer im Stillen und bescheiden im Hintergrund konnte Düsseldorf auf Sie zählen."

Van Meeteren hat Humor und bekennt mit 78 Jahren vergnügt die Lebensweisheit: „Je älter ich werde, desto besser bin ich gewesen." Er ist ein Düsseldorfer Star ohne Eitelkeit, zufällig in Mülheim an der Ruhr geboren.

Zum 70. Geburtstag trat in der Tonhalle das Palast-Orchester mit Max Raabe auf und spielte von ihm komponierte Frühwerke, so „Just give me Vodka tonight" (1961). Der Ehrenbürger hätte Schlagerkomponist werden können, oder Autodesigner. 1949 baute er auf das Fahrgestell eines Unfallkäfers ein Sportcoupé mit Glasdach. Das war die Sensation.

Von Geburt an reich, wurde er früh ins Netzwerk der Wirtschaft und in die Kulturszene eingeführt. Seine Eltern waren mit Herbert Eulenberg befreundet (Ehrenbürger 1946), sein Haus wurde gebaut von Helmut Hentrich (Ehrenbürger 1985) – so entstand die Liebe zur geistigen Freiheit und zu einem Stil der zeitlosen Eleganz. Van Meeteren hat Büro und Wohnung im von Hentrich entworfenen Aluminium-Haus an der Jägerhofstraße, einem Denkmal moderner Baukultur. Im nahen Schloss Jägerhof steht die barocke Silbersammlung des früheren Industrie- und Handelskammerpräsidenten Ernst Schneider – das hat van Meeteren als dessen Testamentvollstrecker bewirkt.

Viel Geld, aber auch Sinn für Hilfsbereitschaft und Kultur, Verantwortung für die Gemeinschaft sind ihm sozusagen in die Wiege gelegt worden. Andernfalls hätte der große, schlanke, schöne und kluge Mann auch Privatier werden können.

Ein nachdenkliches Glückskind. Der Vater starb 1945. Sohn Udo kehrte 1948 aus französischer Kriegsgefangenschaft heim. Er hatte das Glück, dass er als Soldat niemanden töten musste, sondern als Radarspezialist die Orientierung der feindlichen Bombenflieger störte und damit Leben rettete. Jahrzehnte später lieferte er als Unternehmer mal elektronische Bauteile für die Apollo-Raumfahrt der NASA.

Er wurde nach Heirat mit seiner Frau Irmel (1952) dreimal Vater (zwei Töchter, ein Sohn, der 1979 mit 21 Jahren tödlich verunglückte). Durch seine leitenden Funktionen im Michel-Konzern (Kohle, Stahl, Handel), der 1971 an die Ruhrkohle ging, wurde der gelernte Industrie- und Bankkaufmann früh in viele Aufsichtsräte hineingebeten und – „weil ich nur selten nein sagen konnte" – in viele industrielle wie kulturelle Netzwerke eingebunden. Zum 100. Geburtstag seines Vaters gründete er 1980 die „Stiftung van Meeteren", die aus ihrem Vermögen von über 64 Millionen Mark (Bilanz 1990) Wissenschaft und Forschung, karitative Aufgaben, Natur- und Umweltschutz, Kultur und Völkerverständigung fördert.

Van Meeteren war ein Junior des deutschen Wirtschaftswunders, der nie in die Politik gehen wollte. „Große Reden liegen mir nicht." Der Politik hat er früher gern die Wirtschaft als Vorbild vorgehalten. „Aber leider gilt das heute nicht mehr." Ethik und Moral sind im Niedergang. Van Meeteren bedauert, dass Manager vor lauter Zahlen den Sinn fürs menschliche Maß verlieren und Politiker das Maß für Zahlen. Als Beispiel ein Gespräch mit einem Politiker zur D-Mark-Zeit: „Wenn ich eine Million habe und gebe jeden Tag tausend Mark aus, dann bin ich in weniger als drei Jahren pleite. Wenn ich eine Milliarde habe, kann ich seit dem Jahr von Christi Geburt dasselbe machen und habe heute immer noch weit über 260 Millionen übrig. Der Politker hat gesagt: Das glaube ich nicht."

Er kennt viele Branchen, von Bergbau und Brauerei bis Raumfahrt. „Ich kenne alles und nichts, ich bin ein total Halbgebildeter." Das ist er in harter Arbeit geworden: „Bis 1980 nie unter 60 Stunden pro Woche."

Sein Lebensmotto? „Nutze dein Leben, das Gute zu tun." So schrieb van Meeteren auf die Tafel zu Füßen des bronzenen „Mahners", den er 1985 der Stadt für den Hofgarten schenkte. Der Stifter heute: „Ich habe viel Glück gehabt. Dies mit anderen Menschen zu teilen, macht einfach Spaß."

 ■ Autor: Werner Schwerter

Wolfgang von Meibom

Für Wolfgang von Meibom ist der „Schreibtisch des Ruhrgebiets“ zu wenig. Für den Patentrechts-Experten ist Düsseldorf der „Schreibtisch Europas“. „Die Patentgerichte machen Düsseldorf zum wichtigsten Standort in der Europäischen Union“, sagt der Anwalt. Sein Beweis: „60 Prozent aller Fälle in der EU werden in Deutschland verhandelt, und davon wiederum 60 Prozent in Düsseldorf.“ Von Meibom betont: „Die juristischen Schlachten um technologische Entwicklungen finden hier statt“. Und an den großen Fällen sind dann auch oft Anwälte und Partner der Kanzlei Bird & Bird beteiligt, die Wolfgang von Meibom seit 2002 leitet.

Dabei war das letzte Stück seines Weges in die Karl-Theodor-Straße ereignisreich. Als sich von Meibom 2001 entschloss, nach fast 30 Jahren die Kanzlei Wessing zu verlassen, die er zuletzt als Vorsitzender der Geschäftsführung geleitet hatte, führte ihn dieser Weg zuerst zu Arthur Andersen. Deren deutsches Anwaltsgeschäft sollte er als CEO (Wolfgang von Meibom übersetzt das mit „oberster Kriegsherr“) und Mitglied des Deutschland Boards leiten. Doch die Krise von Arthur Andersen im Stammland Amerika zog auch die europäischen und deutschen Partner in Mitleidenschaft. Wolfgang von Meibom machte die Fusion mit Ernst & Young nicht mit, sondern wechselte mit einer Gruppe von fast 20 Anwälten zu Bird & Bird. Heute ist aus der „Keimzelle Meibom“ eine renommierte Kanzlei mit fast 60 Anwälten geworden, die in Deutschland in Düsseldorf und München residiert.

Im Internet residieren die Briten unter der Adresse „twobirds.com“. Ist das britischer Humor? „Es ist auf jeden Fall Humor, unabhängig von der Herkunft“, meint von Meibom, „und der ist Teil der Firmenphilosophie. ‚twobirds‘ ist ein wenig eleganter. Das passt nach Düsseldorf.“ Bird & Bird sei eine „funky firm“, doch für diesen Leitbegriff hat Wolfgang von Meibom noch keine deutsche Entsprechung gefunden: zu vielschichtig sei der Begriff und zu vielfältig die Übersetzungsmöglichkeiten. Aber warum auch krampfhaft nach einer Übersetzung suchen – in dem Leitbild stecke genug Emotion und Energie, und außerdem sprechen Anwälte bei Bird & Bird ohnehin alle perfekt Englisch.

Patentrechtler wie Wolfgang von Meibom verfolgen mit Gelassenheit eine Diskussion, die Düsseldorfs Öffentlichkeit in Aufregung versetzt hat: Das neue europäische Patentrecht gefährde den Standort, künftig würden nicht mehr in Düsseldorf, sondern in Luxemburg die großen Fälle verhandelt und entschieden. „Unsere Gerichte sind erstklassig besetzt“, beruhigt von Meibom mit lässiger Sicherheit. Solche Qualitätszentren hätten ihre eigene Stabilität. Außerdem sei Deutschland immer noch ein erfindungsreiches Land. „Viele Unternehmen bestehen heute im wesentlichen aus geistigem Eigentum“, meint von Meibom und verweist auf die Pharma-Firmen der Region. Markenwert und Marktstärke hingen heute untrennbar von den Exklusivpositionen ab, zu denen nur Patente verhülfen. Um diesen Führungsabstand zu ihren Konkurrenten kämpfen die Unternehmen vor Gericht – „und die Düsseldorfer Gerichte setzen da eindeutig Standards“.

Wolfgang von Meibom sieht sich und seine Kollegen als Verteidiger des „geistigen Eigentums“. „Innovationen brauchen Schutz“, sagt er und erinnert noch einmal an die Pharma-Branche und ihren Millionen-Aufwand für die Entwicklung neuer Medikamente. „Die forschende Industrie braucht die Möglichkeit, die Entwicklungskosten wieder verdienen zu können.“ Außerdem: „Verdient auch der Erfinder eine Belohnung.“

Dennoch sorgt sich von Meibom um das Innovations-Klima in Deutschland. „Das Land muss aufpassen, dass es den Anschluss nicht verliert.“ Die Rahmenbedingungen seien ideal, denn „unser Schutz für neues geistiges Eigentum ist hervorragend“. Trotzdem würden viele Forscher staatlicherseits ausgebremst, „Wissen ist bereits abgewandert und wir haben Terrain verloren.“ Von Meibom vermisst inzwischen „eine suchende Mentalität“.

Doch auch diese Entwicklung bringt den erfahrenen Anwalt nicht aus der Ruhe. „Düsseldorf hat die Entwicklung zur Dienstleister-Stadt geschafft“, sagt er und belegt das mit einer Zahl aus seiner Branche: „Hier finden wir die zweitgrößte Konzentration von Anwaltskanzleien in Deutschland.“ Das berge große Chancen – und so werde Düsseldorf der Schreibtisch Europas bleiben.

 ■ Autorin: Annett Urbazcka

Kurt Merse

Er kann von Düsseldorf einfach nicht genug kriegen. Dr. Kurt Merse, früher langjähriger Vorstandsvorsitzender der Garant Schuh + Mode AG, ist zwar kein waschechter Düsseldorfer Jong, aber vielleicht ist es genau das, was ihn antreibt, wenn von seiner heimlichen Liebe die Rede ist. Er ist gebürtiger Westfale, mit einer Kölnerin verheiratet, genießt seinen „Unruhestand" in der Schweiz, doch wenn es um Düsseldorf geht, ist er zur Stelle, weil er gar nicht müde wird, die Vorzüge Düsseldorfs zu preisen – für alle (auch Einheimische), die die Stadt für ein mäßig bedeutendes Provinznest am Rhein halten.

„Düsseldorf ist die schönste Großstadt, die es in Deutschland gibt", lobt er. „Modern, vielfältig, überschaubar. Nirgendwo sonst gibt es ein solches geschlossenes Infrastruktur-Ensemble aus Intercity-Bahnhof, Flughafen, Multifunktions-Arena und einem der modernsten Messekomplexe Europas. Da reiht sich alles wie auf einer Perlenschnur aneinander." Dazu die einzigartige Königsallee. „So viele Top-Labels auf einem Fleck. Das ist die Champions League des modischen Einzelhandels." Und nicht zu vergessen, das erstklassige Kulturprofil der Stadt. „Hier gibt es eine hervorragende künstlerische Elite. Wo gibt es schon eine eigene Galerie einer Kunstakademie? Nur in Düsseldorf!"

Kurt Merse ist ein Liebhaber der schönen Künste. Eigentlich hatte er Musik studieren wollen. Die Anlagen dazu hätte er gehabt. Sein Großvater war Dirigent, sein Onkel Pianist. Doch sein Vater – ein Ingenieur – riet ihm zu einer kaufmännischen Lehre. „Erdwärts zugewandt" nennt Merse das. Und so landete er, von Dortmund kommend, zunächst in der westdeutschen Shell-Zentrale an der Düsseldorfer Kaiserstraße und als aufgeschlossener junger Mann auch gleich mitten in der sich von den Kriegsentbehrungen befreienden Kultur-Elite. „Karl-Heinz Stroux als Schauspielhaus-Chef, Professor Juch als Generalintendant der Oper, dazu all die großen Namen: Gustav Gründgens, Ernst Deutsch, Elisabeth Flickenschildt. Ich habe sie alle live erlebt. Ich kann nur sagen – es war ein Traum!"

Wen wundert's, dass er der Liebe zur Kunst, zur Musik und zum Theater immer treu blieb und sich seit Jahrzehnten ehrenamtlich engagiert. Als Vorstand im Freundeskreis der Deutschen Oper am Rhein oder des Hetjens-Museums. Da wurde in seiner Zeit als Garant-Manager eine beeindruckende Sammlung alter Schuhe mit 300 Exponaten aus fünf Kontinenten ausgestellt.

Unaufhörlich werden finanzkräftige Kulturliebhaber gesucht, die die Freundeskreise unterstützen und damit die Qualität der Kunst in der Stadt sichern.

Sein beruflicher Aufstieg, bekennt er heute augenzwinkernd, war von Selbstzweifeln begleitet: „Aristoteles, mir als Absolvent eines altsprachlich-humanistischen Gymnasiums selbstverständlich bestens vertraut und ehrfürchtig bewundert, fällte schon im 4. Jahrhundert v. Chr. über Händler und Handel ein vernichtendes Urteil. Und da fragte ich mich schon manchmal: Was ist aus dir bloß geworden?"

Ein anerkannter Unternehmer, Politik-Kenner und „Garant" in jeder Hinsicht. Das gleichnamige, 1927 in Berlin gegründete Unternehmen entwickelte sich in Merses zwei Jahrzehnte währender Vorstandstätigkeit zur größten europäischen Verbundgruppe des selbstständigen Schuh-, Sport- und Lederwarenfachhandels mit mehr als 5 000 Fachhändlern in 15 europäischen Ländern. 1998 wurde ihm vom Bundesverband der Deutschen Industrie der „Förderpreis für herausragende unternehmerische Leistungen in Mittel- und Osteuropa" für die Erfolge beim Aufbau des Fachhandels in den osteuropäischen Reformländern verliehen.

Heute lebt Merse überwiegend in der Schweiz, genießt es, im Winter Ski zu fahren und im Sommer in den Schweizer Alpen zu wandern. Doch seine Heimat bleibt Düsseldorf. „Ich liebe die Düsseldorfer Art, eine absolut offene Gesellschaft. Als ich 1982 nach längerem Auslandsaufenthalt wieder nach Düsseldorf zurückkam, war ich in Nullkommanichts wieder drin."

Da hält er es ganz mit Düsseldorfs berühmtem Oberbürgermeister Wilhelm Marx, der vor 100 Jahren sagte: „Die alteingesessenen Familien kümmern sich um die neuen, die hinzukommen. Wer sich hier nicht wohl fühlt, ist selbst schuld."

 Autorin: Jutta Laege

Karl-Heinz Meyer

„Ach nein, lieber nicht." Karl-Heinz Meyer lehnt erst einmal dankend ab, sich porträtieren zu lassen. Dass er zu den hundert wichtigsten Düsseldorfern gehören soll, will ihm nicht einleuchten.

Erst als die Fortuna ihn als ihren Vorsitzenden bittet, macht er mit. Und das ist typisch für „Charly" Meyer, diesen untypischen Funktionär. Die Art von Selbstdarstellern, die so viele Funktionäre gerade im Fußball gerne abgeben, ist ihm komplett fremd. Seit Jahrzehnten organisiert er öffentlich-ehrenamtlich, vermittelt, hilft – und ist doch vielen Düsseldorfern unbekannt geblieben.

Womöglich hat ihn seine schlesische Herkunft vor dem Auftrumpfen bewahrt. Obwohl er schon mit sechs Jahren mit seinen Eltern nach Düsseldorf übersiedelte, habe es gedauert, bis das eher zurükkhaltend Schwerfällige der fidelen rheinischen Art Platz eingeräumt habe, sagt Meyer. Doch dann brach sie aus, seine Liebe zur Stadt Düsseldorf.

Sie ist bei ihm keine Floskel, keine Attitüde. Meyer meint seinen Lokalpatriotismus ernst. An ihm führt kein Weg vorbei, wenn man ergründen will, warum er so unendlich viele Feierabende und Wochenenden an Ehrenämter verschenkt hat.

Zum Beispiel für Fortuna: Keineswegs war er stets deren großer Anhänger, als Erz-BVer hatte er eher eine gute Portion Skepsis gegenüber „F 95". Doch dann purzelte Fortuna ins schier Bodenlose, und so stellte er sich, als Joachim Erwin ihn im Frühjahr 2002 darum bat, an die Spitze des Traditionsvereins.

In erster Linie ging es ihm wieder um die Stadt, für die Fortuna nun mal sehr wichtig ist. Nun hilft er, zum Teil in mühseliger Kleinarbeit, eine vernünftige Grundlage mit Perspektiven für den Klub zu schaffen. Da ist er hartnäckig – lieber überredet er noch einen Sponsor zum Engagement, als beim Sektempfang den Boss zu mimen.

Ausdauer kennzeichnet seine Persönlichkeit. Als er als Schüler auf dem Leibniz-Gymnasium nicht recht mitkam, ging er mit der Mittleren Reife ab – um mit 27 das Abi auf dem Abendgymnasium nachzuholen. Als ihn 1964 Willy Brandt in Berlin begeisterte, trat er in die SPD ein – und ist ihr bis heute treu geblieben, trotz mancher Bauchschmerzen. Beruflich arbeitet der gelernte Verwaltungsbeamte schon lange für den Rheinischen Landesverband. Straßenbau oder Psychiatrie hieß einst seine Einstiegsalternative – Meyer machte letzteres und setzt sich seitdem, erst in der Grafenberger Landesklinik, jetzt als kaufmännischer Werkleiter einer Viersener Einrichtung zur Betreuung geistig behinderter Erwachsener, für Benachteiligte ein.

Der Glaube an die Wirkkraft bürgerschaftlichen Engagements befeuert ihn. Jeder kann etwas zu einer besseren Gesellschaft beitragen, der berühmte Spruch von John F. Kennedy ist eines von Meyers Leitmotiven. Also fragt er, was er für die Stadt tun kann, und landet immer wieder beim Fußball, „weil ich davon mehr verstehe als von Schwimmen oder Oper". Und bei der Jugend – „der Umgang mit ihr hält einen selbst jung". Fast 20 Jahre lang organisierte er das renommierte A-Junioren-Osterturnier des BV 04. Manchester United, Inter Mailand, Bayern München – kaum ein Weltklub fehlte an der Roßstraße. Doch auch da ging es ihm weniger ums Prestige. Besonders stolz ist er, dass über die Jugend-Nationalteams aus der Sowjetunion, Japan oder vor allem aus Israel sowie mit Mannschaften aus den „Gastarbeiterländern" auch sport-politische Brücken geschlagen wurden.

Nun verlief sein außerordentliches Engagement – er ist derzeit auch Vorsitzender der Derendorfer Jonges – nicht immer reibungslos. Wenn der Vater zweier erwachsener Kinder sich daheim zu rar machte, begann sogar das große Verständnis seiner Frau Uschi zu bröckeln. Meyer ist froh, dass die Familie letztlich immer zusammen hielt. „Du brauchst diese Aktivitäten", sage seine Frau oft zu ihm, erzählt er, und füge hinzu: „Pass auf Dich auf." Das gilt besonders, seit er sich plötzlich mit schweren Krankheiten konfrontiert sah – Anfang 2002 etwa traf ihn ein Herzinfarkt. Charly Meyer bremste sich – abhalten von seinen Aktivitäten konnte es ihn nicht. Ein Ehrenamt müsse nicht zu 100 Prozent Freude sein, 51 Prozent genügten, sagt er. Und solange das bei ihm gilt, wird er weiter machen.

 ■ Autor: Alexander Schulte

FIFA
BEŞIKTAŞ
Fortuna Düsseldorf
Deutscher Fußballmeister 1933
Deutscher Pokal-Sieger 1979/1980
Europapokal-Finalist 1979

Bernd M. Michael

Es steht schon lange fest: Er hört auf, denn er hat noch viel vor. 2005 will sich Bernd M. Michael, Chairman & Chief Executive Officer für Europa, den Mittleren Osten und Afrika der weltweit agierenden Grey-Agenturgruppe, für die derzeit in 294 Geschäftsstellen in 50 Ländern rund 6 600 Mitarbeiter tätig sind, aus dem operativen Geschäft zurückziehen. Seit geraumer Zeit schon arbeitet er seine Nachfolger ein, mehrere Spezialisten für verschiedene Unternehmensbereiche, denn einen Generalisten wie ihn wird es an der Spitze von Grey kaum mehr geben. Dazu ist das Netzwerk zu groß geworden.

Mit Stolz blickt Michael, der seine Karriere mit einer Ausbildung zum Werbekaufmann in München begann, auf die fast 40 Jahre zurück, in denen er die Geschicke von Grey wesentlich mitbestimmte. „Ich wäre auch gern Journalist geworden", lacht er. „Aber die Süddeutsche Zeitung sandte mir auf meine Bewerbung eine Postkarte mit einer Einladung zum Vorstellungsgespräch zurück, in der ich geduzt wurde. Daher ging ich nicht hin."

In Dresden geboren, aber in München aufgewachsen, fühlte sich Michael, als er 1966 nach Düsseldorf kam, zuerst als „Gastarbeiter", obschon er eine Rheinländerin geheiratet hatte. Doch der Schritt in die Werbemetropole erwies sich als richtig. Nun ging es Schlag auf Schlag. 1972 wird Michael Geschäftsführer von Grey Düsseldorf, 1978 Chief Executive Officer, 1982 Gesellschafter, der die Düsseldorfer Niederlassung fortan zur Zentrale der Grey Global Group für Europa, den mittleren Osten und Afrika ausbaute.

„Nein, es fällt mir nicht schwer, loszulassen", versichert der agile Vollblutwerber und kommt sogleich auf seine weiteren Pläne zu sprechen. Ein Drittel seiner Zeit will der heute 62-Jährige, der sich selbst seit 15 Jahren an der US-amerikanischen Renommieruniversität Harvard stetig in seinem Fach weiterbildet, künftig als Dozent auf die Ausbildung des Nachwuchses verwenden, zumal es der Branche noch immer an profilierten Berufsbildern fehlt.

Das zweite Drittel seiner Zeit will Michael in die Arbeit in ausgewählten Aufsichtsräten und anderen Gremien investieren, zweifellos, um sich weiterhin für Marken zu engagieren. Wie kaum ein anderer ist er seit jeher für sie eingetreten. Die rote Krawatte, die er bei öffentlichen Auftritten prinzipiell trägt, wurde dabei zum persönlichen Markenzeichen. Aldi sagte er den Kampf an, Sprüche wie „Geiz ist geil" kontert er, Handelsmarken zu kaufen, hat er seiner Familie verboten. „Seit Karl Lagerfeld für H&M kreiert, habe ich es allerdings sehr schwer, das Verbot bei meiner Tochter durchzusetzen", gibt der Vater von zwei Kindern stirnrunzelnd zu.

Das Projekt, für das der Markenfreak das verbleibende Drittel seiner Zeit bald nutzen möchte, dürfte bei Sohn und Tochter auf mehr Gegenliebe stoßen. „Ich habe mich schon als Kind für Sport begeistert, war ehrgeizig und träumte davon, einmal an einer Olympiade teilzunehmen. Aber es war hoffnungslos. Ich probierte alle möglichen Sportarten aus, ohne es jemals in irgendeiner Disziplin zu einer gewissen Meisterschaft zu bringen. Daher würde ich so gern eine Kinderolympiade organisieren", erzählt Michael mit leuchtenden Augen. „Dabei sollte es aber nicht um Medaillen gehen. Kinder ohne Leistungsdruck an Sport heranzuführen, ihnen damit aber dennoch einen gewissen Ehrgeiz und Sinn zu vermitteln, ist mir ein Anliegen." Damit sein Traum Realität werden kann, hat er unter anderem bereits Gespräche mit der UN in New York aufgenommen.

Auch sein persönlicher Spaß am Sport ist ungebrochen. Seit nunmehr 30 Jahren hat Topmanager Michael sein eigenes Polo-Team, importiert die geeigneten Pferde aus Argentinien. Auch mit Tennis hält er sich fit, und beim Golfen kann er sich gut entspannen. „Ein bedeutendes Turnier werde ich aber wohl nie gewinnen", lacht er und zuckt lässig mit den Schultern. „Man sollte sein Leben durchgängig mit Freude gestalten, im Job wie auch privat und dabei neugierig bleiben", erklärt der drahtige Werber seine fröhliche und gelassene Art, die wohl gehörig über den üblichen Stress, der in der schnelllebigen Welt des Advertising herrscht, hinweg täuscht.

Anna Montanaro

Sie war Mörderin, Hure, Lebedame, zwischendurch auch mal Heilige. Mondänes Outfit, perfekt gestylt, das ist die Künstlerin Anna Montanaro. Tänzerin, Sängerin, Schauspielerin, kurzum Musicalstar.

Doch ihre Rollen haben wenig gemeinsam mit der Privatperson Anna Montanaro. Ohne platinblonde oder feuerrote Perücke, das aschblonde Haar nach hinten gekämmt, hat sie nur ein leichtes Make-up aufgetragen. So ist sie sie selbst. Leger gekleidet, in schlabbrigen Jeans und weitem Pullover hat sie mit den mondänen Rollen, die sie spielt, privat wenig Ähnlichkeit. Sie wirkt wie das freundliche Mädchen von nebenan. Starallüren liegen ihr fern.

Das Capitol-Theater ist inzwischen ihre zweite Heimat. Hier hat sie ihre größten Erfolge gefeiert. Und wer kann schon von sich behaupten, dass jemand einem ein Musical auf den Leib geschrieben hat? Anna Montanaro. Dirk Witthuhn schrieb für sie „Das Mädchen Rosemarie". Darin geht es um jene Edelprostituierte, die als Rosemarie Nitribitt auf dem Nordfriedhof begraben ist. Anna Montanaro hat sich intensiv mit ihrem Leben auseinandergesetzt und besucht regelmäßig ihr Grab.

Die Wahl-Düsseldorferin wird gerne mit Hildegard Knef und Ute Lemper verglichen. Warum? Sie ist neben den beiden die einzige Deutsche, die am Broadway auftrat – und das bereits mit Ende 20. In den USA enthusiastisch gefeiert, spielte sie in New York eine ihrer Paraderollen, die Velma im Musical „Chicago", um dann nach Düsseldorf zurückzukehren. Sie geht eben ihren eigenen Weg.

Montanaro, das klingt wie ein Künstlername. Doch so heißt sie wirklich – ihr Vater ist Italiener. Den Namen Anna hat sie als Kind gehasst. „Das klingt so nach Tante", sagt sie und lächelt. Früher wollte sie nur Nina genannt werden. „Heute habe ich mich dran gewöhnt: Anna, das klingt."

Geboren im niedersächsischen Gifhorn, machte Anna Montanaro ihren Eltern mit 16 Jahren klar, sie wolle Tänzerin werden. Doch die waren von ihrem Berufswunsch alles andere als begeistert. „Ich mache Abitur, wenn ich die Aufnahmeprüfung an der Hamburger Stage School nicht schaffe", erklärte sie. Sie bestand. Das Tanzen war sowieso ihr Ding, hatte sie doch schon ab ihrem fünften Lebensjahr Ballettunterricht genommen.

Mit 19 bekam sie ihre erste Musical-Rolle. In Adrew Lloyd Webbers „Cats" spielte sie in Zürich. Dann tanzte das 1,65 Meter große Energiebündel im ersten Erfolgsmusical im Capitol-Theater, in „Grease". Da war sie noch eine unter vielen, bis die Hauptdarstellerin erkrankte. Über Nacht lernte sie die Rolle und stand am nächsten Tag auf der Bühne. Von nun an ging's bergauf.

Dabei ist ihr ihre Karriere nicht in den Schoß gefallen, sondern Resultat großer Entschlossenheit, harter Arbeit und Disziplin. Mit „Chicago" schaffte sie endgültig ihren Durchbruch. Da konnte die Perfektionistin alles zeigen, was sie hat: kraftvolle Stimme, tänzerische Qualitäten bis zur Akrobatik (als 15-Jährige war sie niedersächsische Meisterin am Schwebebalken) und ihr schauspielerisches Talent mit Hang zur Komik.

Doch das erste Angebot, am Broadway zu spielen, lehnte sie ab, brillierte stattdessen in ihrer Wahlheimat als Sally Bowles in „Cabaret". „Das war mir wichtiger", sagt sie. Eine Frau, die weiß, was sie will. Der Broadway musste warten. Dennoch: Die New Yorker liebten sie. „Eine spannende Zeit, eine wichtige Erfahrung", erinnert sie sich. Obwohl sie in den USA sehr populär war und die Produzenten sie gerne behalten hätten, wollte die Künstlerin zurück.

Inzwischen hat das Vagabundenleben ein Ende. Anna Montanaro fühlt sich in Düsseldorf zuhause. Sie liebt es, stundenlang am Rhein spazieren zu gehen. „Dafür leihe ich mir von Nachbarn auch ab und zu einen Hund." Und sie ist eine leidenschaftliche Köchin. Wenn die Zeit dazu reicht, lädt sie Freunde ein und kocht nach Großmutters Rezepten. „Meistens Pasta", sagt sie. Dann müssen es bestimmte Nudeln vom Italiener in Oberkassel sein, und dann muss das Ragout mindestens drei Stunden köcheln, wie sie es bei Oma in Italien gelernt hat.

 ■ Autorin: Birgit Wanninger

Klaus-Peter Müller

Spätestens seit den großen Fußball-Zeiten des Bombers der Nation wissen wir, dass sich hinter dem Allerweltsnamen Müller Bemerkenswertes verbergen kann. Gerd Müller ist beileibe nicht Deutschlands einzige Berühmtheit mit diesem Nachnamen. Als da beispielsweise wären: der Dramatiker Heiner Müller, der Boxer Peter Müller, oder Werner Müller, ehemaliger Bundeswirtschaftsminister und jetzt Chef des RAG-Konzerns. Oder der Mann mit dem Joghurt.

Wer in Düsseldorf nach einem bekannten Sohn der Stadt mit Namen Müller sucht, muss dessen Spuren nach Frankfurt folgen. Der Mann ist weder Fußballer noch Faustkämpfer, sondern Tennisspieler, und auch das nur zum Hobby. Beruflich ist der Mann weit oben – im höchsten Turm, den das noble Frankfurter Bankenviertel zu bieten hat: Klaus-Peter Müller, geboren zwar im Dörfchen Duppach in der Eifel, aber früh nach Düsseldorf gekommen. Chef der Commerzbank, 60 Jahre alt, verheiratet, Vater einer Tochter, das Bankgeschäft von der Pike auf gelernt. Die Familie des Vorstandsvorsitzenden lebt noch in der Landeshauptstadt oder zumindest in deren Umfeld.

Müllers Vater war einst Oberbürgermeister in Düsseldorf. Und so steht sein Elternhaus in Golzheim, einen kleinen Spaziergang vom Rheinufer entfernt. Dort herrscht mitunter idyllische Ruhe – ein Phänomen, das Müller in seinem Bankerleben wohl nur selten erlebt hat.

Als Mittzwanziger schickte ihn die Commerzbank in die New Yorker Repräsentanz, die kurz darauf zur ersten offiziellen US-Filiale wurde. „In Amerika war ich ständig zwischen Hoffnung und Verzweiflung", bekannte Müller vor drei Jahren in einem Interview.

Die Erfahrungen im „Big Apple" schulten viele für ein aufregendes und abwechslungsreiches Manager-Leben – in Müllers Leben passierte das gleich zweimal. 1982 kehrte er noch einmal für vier Jahre an die US-amerikanische Ostküste zurück, diesmal in leitender Funktion der dortigen Zweigstelle. Mit Amerika verbindet Müller indes nicht nur beruflich, sondern auch privat Schönes: Seine Tochter Astrid wurde jenseits des Atlantiks geboren.

1986 ging Müller wieder nach Deutschland. Er baute nach der Wende das Geschäft in den neuen Bundesländern auf, zog dann in den Vorstand der Bank ein, die er seit drei Jahren führt.

Ein Mann, der im Geldgewerbe einen fast untadeligen Ruf hat, der als Gesprächspartner eine wohltuende Ruhe ausstrahlt. Vor einigen Monaten geriet Müller allerdings in die Schusslinie von Kritikern – vor allem bei der Gewerkschaft ver.di und im Betriebsrat des eigenen Unternehmens. Der Grund: Es gab bei der Commerzbank Streit um die Betriebsrente. Oder vielmehr um die Art und Weise, wie der Vorstand in der öffentlichen Darstellung mit dem Problem umging. Und es gab Verwunderung, weil bis dahin doch gerade Müller und seine Vorstandskollegen schon einmal Gehaltsverzicht geübt und damit Solidarität mit der Belegschaft in schweren Zeiten gezeigt hatten.

Das Problem ist mittlerweile ausgestanden, eine neue Lösung für die Betriebsrente gefunden. Und auch die Aufregung um Müller-Äußerungen zu Kreditkunden hat sich gelegt. Die hatten fantasievolle Zeitgenossen als Rausschmiss durch die Hintertür interpretiert.

Auch von solchen Dingen lässt sich Müller nicht beirren. Dem Mann, der bis 1966 seinen Wehrdienst als Reserveoffizier leistete und anschließend bei Wehrübungen zum Oberleutnant der Reserve aufstieg, werden Eigenschaften wie Disziplin, Zähigkeit, Beharrlichkeit und Durchsetzungsfähigkeit attestiert.

Diese – gepaart mit Instinkt für das Bankgeschäft – haben Müller zu dem gemacht, was er heute nach Einschätzung vieler Fachleute ist: einer der besten Banker Deutschlands. Das bestreitet trotz aller Kritik der jüngeren Vergangenheit niemand.

 ■ Autor: Georg Winters

Peter Nöthel

„Kein Dirigent kann ohne sein Orchester musizieren." Das sagt nicht irgendein berühmter Musiker, das sagt ein Koch. Einer, der den Ton angibt, und zwar ganz oben in der Gastronomie.

Ob Michelin, Varta-Führer oder Gault Millau – seit Jahren gehört Peter Nöthel zu den Besten, nicht nur in Düsseldorf, sondern in Deutschland. Und Feinschmecker kommen von weither, um nicht im trendigen Hafen zu dinieren, sondern im kleinen linksrheinischen Stadtteil Lörick. Im Dorf sozusagen.

Keine Frage, Nöthel hat Alt-Lörick bekannt und kulinarisch gesehen berühmt gemacht. Seine beiden Michelin-Sterne hält er seit Jahren konstant. Ob er denn auch nach dem dritten greifen wolle? „Dann müsste ich ja Drillinge bekommen", sagt er mit tiefer Stimme und schaut ernst. Dann lächelt er, macht eine Pause und weiß, dass es Erklärungsbedarf gibt: „1988 wurde mein Sohn geboren, da bekam ich den ersten Stern." Da war er 29 und Deutschlands jüngster Sternekoch. Und als es ihm und seinem Team noch darum ging, den Stern zu bewahren (was wesentlich schwieriger ist), da hatte er schon den zweiten. Das war 1991, als seine Zwillinge zur Welt kamen ...

Der Familienvater, von dem viele behaupten, er wirke kantig, besitzt als Niedersachse eben nicht den rheinischen Humor, sondern vielmehr einen herben Charme und eine direkte Art. Dabei fühlt sich der Patron des „Hummerstübchens" im Rheinland echt zuhause. Und wenn er auf sein kleines Imperium in Lörick blickt, sagt er: „Besser geht's doch gar nicht – in zehn Minuten auf der Kö, und trotzdem ist es bei uns ländlich."

„Bei uns", das sind für den Dirigenten nicht nur seine Musiker in der Küche und im Service. Das gilt auch für das Hotel mit 40 Zimmern im Grünen direkt neben dem „Hummerstübchen". Denn Nöthel ist seit einiger Zeit Hotelbesitzer. Und als cleverer Kaufmann will der 1,93-Meter-Mann nicht nur Gourmets in seine „Luxusherberge mit Familienanschluss" locken, sondern mit Spezialangeboten neue Gäste: Nöthel und seine Köche sowie das Service-Personal kommen auch ins Haus. Ob nun eine große Abendgesellschaft oder ein Menü für Zwei bei Kerzenschein, Nöthel macht alles möglich.

Der Mann ist vielseitig und findet noch Zeit, mit Kollegen der Spitzengastronomie in der Türkei zu kochen oder beim Dorffest gleich um die Ecke. Und er ist bodenständig: Nach der Hotelfachschule in Salzburg absolvierte er seine Kochlehre in Ratingen, arbeitete dann ein Jahr in Aachen, danach drei Jahre als Sous-Chef in der Schweiz, schließlich machte er sich 1985 mit dem „Hummerstübchen" selbstständig.

Von dem vielen Aufheben, das andere um sich machen, von Fernsehauftritten und dergleichen hält er nichts. Er setzt auf Kontinuität und Qualität. „Man muss jeden Morgen wieder aufstehen, mit Elan neu anfangen und jeden Tag Höchstleistungen bringen", sagt er. Vielleicht ist es das, was den Erfolg des Peter Nöthel ausmacht.

„Ich bin ein Kämpfer", sagt er von sich selbst. Ein Perfektionist ist er auch. Als er das „Hummerstübchen" eröffnete, war das ein Risiko. „Viele wussten damals gar nicht, wie man das königliche Schalentier isst", sagt Nöthel, der auch heute noch ins Schwärmen gerät, wenn er über Hummer spricht: „Ein göttliches Tier." In all den Jahren sei es skandalfrei geblieben, betont er und erklärt mit knappen Worten: „Hummer sind nicht zu züchten."

Auch wenn es im „Hummerstübchen" weitaus mehr als Feinstes vom edlen Schalentier gibt, der Hummer bleibt die Spezialität. Tonnenweise verarbeitet er das Krustentier zu unterschiedlichen Gerichten. Legendär ist seine Hummersuppe, ein Geschmackserlebnis der besonderen Art.

Zuhause, gesteht Nöthel, setze er sich gerne an den gedeckten Tisch; mag es aber auch, mit seiner Familie zum Thai oder Italiener zu gehen. Er liebt die große bürgerliche Küche. „Ohne Büchsen und ohne Mayonnaise aus Eimern", fügt er hinzu. Bei Cordon bleu und Rindsroulade läuft ihm das Wasser im Munde zusammen, und für gute Bratkartoffeln „kann man mich auch nachts um drei wecken." Eben ein bodenständiger Mensch ohne Firlefanz.

 ■ Autorin: Birgit Wanninger

HUMMER
STÜBCHEN

Ute Henriette Ohoven

Es sind die Augen der Kinder, in denen sich alle Hoffnungen widerspiegeln, die sie in diese blonde Frau aus dem fremden Land setzen. Es ist dieser durchdringende Blick, der Ute Henriette Ohoven immer wieder motiviert, in Slums zu reisen. „Wenn mich die kranken, oft verwaisten Kinder mit ihren großen Augen ansehen, dann weiß ich, wofür ich das alles mache. Ich will sie nicht enttäuschen." Aus diesem Grund geht diese Frau, die sich auch ein ruhiges Leben in Luxus leisten könnte, mit Hingabe und Ehrgeiz „betteln". Ihre alljährliche, glamouröse Benefiz-Gala zugunsten der UNESCO, die im Neusser Swissôtel gefeiert wird, zählt zu den zehn besten der Welt. Fast alle Promis mit Weltklasseformat waren schon zu Gast, darunter Sir Peter Ustinov, Kaiserin Farah Diba Pahlavi, Michael Schumacher, Prinzessin Soraya, Shirley Bassey, Gina Lollobrigida, Montserrat Caballé, Maximilian Schell.

Als sie 1992 ihre Arbeit für die UNESCO als „Goodwill"-Botschafterin aufnahm, hatte sie schon acht Jahre Erfahrung in humanitären Anliegen vorzuweisen – seit 1984 setzte sie sich für den Aufbau des Knochenmark-Spendenregisters und die Behandlung krebskranker Kinder in Deutschland ein. 1994 ernannte sie der damalige UNESCO-Generaldirektor Federico Mayor zur einzigen Sonderbotschafterin. Eigens für sie wurde das Projekt „Bildung für Kinder in Not" geschaffen. „Denn", so Ute Henriette Ohoven, „Bildung ist der einzige Schlüssel zu lang anhaltendem Abbau von Armut." Wenn sie von „ihren" Kindern spricht, dann gerät sie nur allzu oft in Rage: „Es muss endlich Verständnis dafür aufgebracht werden, dass diese Kinder nur eine Chance mit Bildung haben. Man darf ihnen keine Fische geben. Man muss sie lehren zu fischen. Nur so können sie ihr Leben selbständig bestimmen." Seit ihrem Wirken für die UNESCO hat die Benefiz-Queen insgesamt 26 Millionen Euro an Spenden aufgebracht. Mit diesem Geld konnte die Weltorganisation 225 Hilfsprojekte in 75 Ländern Europas, Afrikas, Asiens, der arabischen Staaten, sowie Latein-Amerikas durchführen. Die Zahl der Kinder, denen Ute Henriette Ohoven helfen konnte, wird auf etwa eine Million geschätzt.

Eins hat sie sich dabei zum Grundsatz gemacht: „Ich kann mich nur für diese Arbeit engagieren, wenn ich auch das Leben und die Probleme der Menschen vor Ort kenne." Auf ihren zahlreichen Reisen gewährten ihr Papst Johannes Paul II., Seine Heiligkeit, der Dalai Lama und Mutter Theresa eine Audienz. „Es war drei Monate vor ihrem Tod. Die stärkste Begegnung meines Lebens." Im Jahre 2002 bat sie Altbundeskanzler Helmut Kohl darum, die Nachfolge seiner verstorbenen Frau Hannelore als Präsidentin der „ZNS – Hannelore Kohl Stiftung" zu übernehmen. „Bis dahin wusste ich nicht, dass jedes Jahr 300 000 Menschen durch Unfälle schwerste Kopfverletzungen erleiden. 45 000 von ihnen sind Kinder unter fünf Jahren. Ich habe in Kliniken Menschen gesehen, die sich weder bewegen, noch sprechen, schlucken oder gar selbständig atmen können. Sie müssen alles neu erlernen. Aber mit der nötigen Unterstützung haben sie eine sehr gute Chance auf ein selbstbestimmtes Leben in Würde."

Als Präsidentin der Stiftung setzt sie sich für eine Verbesserung der Reha-Maßnahmen, für Forschungsprojekte und Aufklärung ein. Ganz nebenbei ist Ute Henriette Ohoven Mutter von vier Kindern (Markus, Claudia, Michael und Chiara). Ausgezeichnet wurde die Ehefrau von Mario Ohoven, dem Präsidenten des Bundesverbandes Mittelständische Wirtschaft, mit dem Bundesverdienstkreuz, dem Verdienstorden des Landes NRW, dem höchsten zivilen Orden des Landes Senegal, das sie zudem als Generalkonsul in Deutschland vertritt, und dem „Women-World-Award". Sie ist Dr. h. c. der vatikanisch-katholischen Universität Minas Gerais, der ältesten Hochschule Brasiliens, und sie ist Ehrenbürgerin der Stadt Belo Horizonte. Bei all ihrem Engagement verfolgte sie immer den Leitsatz, den ihr und ihren sechs Geschwistern einst ihr Vater, Textilunternehmer und Senator, Manfred Johannes Ulmer, mit auf den Weg gab: „Wer auf der Sonnenseite des Lebens steht, der muss denen auf der Schattenseite helfen."

 ■ Autorin: Nathalie Dirim

Tristano Onofri

Auf der Fensterbank machen sich geblümter Chiffon, schillernde Seide und feinsandiger Crêpe Georgette den Platz streitig. Davor eine Reihe dezenter Ledertaschen, mittendrin ein modischer Beutel mit seinem schwarz-weißen Pop-Art-Muster. Daneben auf dem Fußboden ein samtiges Badetuch mit eben diesem Dessin in Magenta, und die Parfümverpackung, wie zufällig darauf geworfen, greift das Dekor in zarteren Tönen auf. Durcheinander? Nicht doch – Tristano Onofri inszeniert das Chaos im Büro seiner „Casa Stilistica" an der Oberkasseler Rheinallee ebenso wie sich selbst: von Kopf bis Fuß schwarzgewandetes Understatement, gepflegt, gebräunt und unaufdringlich bebrillt, und so glaubt man ihm aufs Wort, wenn er sagt: „Ich bin ein Ästhet."

Also das Klischee des schöngeistigen Modemachers? Nur auf den ersten Blick. Als der junge Designer aus Rimini, der mit Gürteln und Handtaschen begann, nach einem Besuch der IGEDO Anfang der 70er Jahre in Düsseldorf blieb, besaß er nicht nur Gestaltungswillen, sondern auch untrüglichen Geschäftssinn: „Damals war in Deutschland in Sachen Stilgefühl viel zu tun ..." Früh begriff er, dass Mode marktgerecht sein muss, eine Erkenntnis, die freilich seiner großen Liebe zu den Frauen entspringt. „Mode ist, was Frauen steht", behauptet Onofri, und führt dies auch sogleich wortreich aus: jede Frau sei schön, ob groß oder klein, schlank oder üppig, und Kleidung sei dazu da, die Schokoladenseiten zu betonen, gleichzeitig Selbstbewusstsein und Wohlgefühl zu vermitteln.

Schon Onofris erste Prêt-à-Porter-Kollektionen waren mitbestimmt vom Primat der Tragbarkeit, und die ist auch heute noch oberstes Gebot. Pro Jahr entwirft er zusammen mit einer Designerin zwei Kollektionen, je rund 150 Teile werden konzipiert, skizziert und schließlich als Prototyp im hauseigenen Atelier angefertigt – in der Idealgröße 36. Was nicht bedeutet, dass Onofri nur auf den Modeltyp zuschneidet. Seine Kleider, Hosen, Mäntel, Ensembles – weltweit erhältlich – kleiden von Konfektionsgröße 34 bis 46: „Schließlich will ich jede Frau attraktiv machen!"

Und woher kommt stets von neuem die Inspiration für den in seiner Mischung aus sportiver Eleganz, glamouröser Noblesse und flamboyanter Detailverliebtheit unverwechselbaren Tristano-Onofri-Stil? Allumfassende Geste: „Oh, zum Beispiel beim Essen!" Nun ja, der Flakon seines ersten Parfums (wie alle sowohl kreativen als auch gewieften Couturiers hat auch er längst den Markt der Düfte, Geschmeide und Dessous entdeckt) schaue doch aus wie eine kunstvoll gefaltete Stoffserviette? Eigentlich sei es immer wieder der Alltag, der ihn anrege, das Leben, die Sonne, die Freunde, und eben das Feiern, Essen, Kochen. Unversehens gerät Onofri ins Schwärmen: Von seiner Küche mit der großen Kochinsel in der Mitte, dem langen Tisch für zehn Personen, ganz rustikal: „Wenn ich Gäste erwarte, dann koche ich, höre Musik und tanze dabei!" Und während man sich eben noch im Showroom in einen schwarzen Wollmantel mit angedeutetem weißen Karo hineinträumte, möchte man nun eigentlich mit Tristano Onofri tafeln, Wein trinken, lachen, Geschichten hören und noch lange nicht nach Hause gehen.

Also das Klischee des italienischen Lebensgefühls schlechthin? Auch das wird den vielen Facetten des Wahl-Düsseldorfers nicht gerecht. Natürlich ziehe es ihn immer wieder in seine Heimat, schon wegen des Wetters. „Aber selbst, wenn ich mich zur Ruhe setze", – was schwer vorstellbar ist angesichts seiner Pläne, Möbelstoffe, Interieurs, vielleicht Hotels, gar Autos zu gestalten – „bleibt immer ein Bein in Düsseldorf." Er mag die Stadt, „sie hat mir viel gegeben!" Freilich kein Verdienstkreuz. Das hat ihm stattdessen sein Vaterland für seine Meriten um die italienische Kultur in Deutschland verliehen. Die Urkunde kramt er irgendwann aus seinem inszenierten Chaos hervor, zeigt sie mit einem Schulterzucken, aber nicht ohne Stolz: „Mein Vater hat geweint." Tristano Onofri, ein Familienmensch? Warum nicht auch das!

 Autorin: Claudia Holthausen

Christiane Oxenfort

Alles an ihr ist klar: die Haare schwarz, der Blick hell, das Outfit prägnant, das Lachen freigiebig, die Meinung eindeutig, die Worte unverblümt. Das Letztere könnte man ihr als Mangel an Charme auslegen. Aber ihre Schnörkellosigkeit ist gleichermaßen Markenzeichen wie Erfolgsgeheimnis: Christiane Oxenfort sagt, was sie denkt, und sie tut, was sie sagt, und nicht zuletzt deshalb ist es ihr gelungen, das altstadtherbst kulturfestival düsseldorf von der familiär geprägten Privatinitiative zum über die Region hinausweisenden künstlerischen Ereignis zu befördern.

Als ihr umtriebiger Vater Engelbert 1990 mit der Idee auf sie zukam, dem Trubel der längsten Theke der Welt eine „kulturelle Gegentheke" entgegen setzen und der Altstadt mit einer Palette kultureller Veranstaltungen die qualitätvolle Substanz zurück zu geben, war ihre Reaktion charakteristisch: „Und sonst geht's dir gut?!" Aber dann fing sie Feuer – ein Orchestermusiker-Dasein, das spürte die engagierte, aber dem öffentlich subventionierten Kunst-Beamtentum abgeneigte Flötistin schon früh, war ohnehin nicht ihr Ding. So stieg sie in den Ring – und boxte sich durch. Kreierte zusammen mit Andreas Dahmen Konzepte, suchte Partner, Sponsoren, fand Mitstreiter.

Heute nehmen rund 20 000 Besucher des altstadtherbst kulturfestival düsseldorf die Herausforderung von rund 60 Veranstaltungen in 18 Tagen begeistert an. Das Rezept für diese Akzeptanz liegt in einem unverwechselbaren Profil. Mit Lust am Experiment lösen Oxenfort & Team den Anspruch ein, einem unkonventionellen, grenzüberschreitenden, innovativen Kunstbegriff ein Podium zu bieten – und das Publikum gleichzeitig spektakulär zu unterhalten.

Kulturmanagerin – das ist nun Christiane Oxenforts Beruf. Denn natürlich blieben ihre Unermüdlichkeit, ihr Ideenreichtum, ihre Hartnäckigkeit nicht ohne Folgen: Zum 200. Geburtstag Heinrich Heines richtete sie 1997 für die Stadt Düsseldorf das gleichnamige Spektakel aus, und 2004 hauchte sie dem traditionsreichen Festival zu Ehren von Robert Schumann neues Leben ein.

„Aber mein Baby, das bleibt der altstadtherbst", sagt sie, und will doch gleichzeitig ihr künstlerisches Dasein betont wissen: „Vor allem die Proben, die Konzerte mit meinem Flötenquartett VIF, das sind Höhenflüge, auf die ich nicht verzichten kann." Sie geben ihr Kraft für den Management-Alltag, Inspiration und Sensibilität – und, ganz nebenbei, auch Meriten: Christiane Oxenfort gewann 1997 mit VIF den renommierten Echo-Klassikpreis der deutschen Phonoakademie.

Und gab's da nicht auch noch den Karneval? Nun ja, die Liebe zum Rheinland, zu Düsseldorf, zum Papa ... – das habe sie immer wieder bewogen, auch noch in Sachen Frohsinn mitzumischen, als Moderatorin, Sängerin, Entertainerin. Aber damit sei nun Schluss, zumal man mit dieser Neigung leider auch in der Kulturszene an Glaubwürdigkeit verliere. „Was dumm ist, schließlich hat die Lust auf Kultur und auf Karneval einen ähnlichen Ursprung." Aber verzetteln wolle sie sich nicht, das werde ihr immer klarer: „Ich will auch mal privat sein!" Was heißt, mit dem Lebensgefährten und dessen Tochter Rückzug genießen, mit Freunden kochen und tafeln, Sport treiben, lesen oder einfach nichts tun. „Obwohl mir das Ausblenden schwer fällt, denn ich lebe das, was ich mache, und werde nicht plötzlich ein anderer Mensch."

Niemals? „Na ja, früher habe ich immer gedacht, ohne Düsseldorf, ohne den altstadtherbst ist mir mein Leben nicht vorstellbar." Das ändere sich allmählich: „Ich kann mich zumindest theoretisch auch in anderen Zusammenhängen sehen. Im Moment gibt es dazu keinen Anlass, aber ich glaube, wenn der altstadtherbst an Glaubwürdigkeit verliert, könnte ich auch loslassen." Um was zu tun? „Na, um in der Kultur zu bleiben, zu gestalten, zu initiieren, zu organisieren." Wie war das noch mit der Frage nach der größten Stärke und der größten Schwäche Christiane Oxenforts? Es gab nur eine Antwort: „Ich gebe weder auf noch nach!"

 ■ Autorin: Claudia Holthausen

Engelbert Oxenfort

Fast wäre er an der Theke zur Welt gekommen, denn auch am Zweiten Weihnachtstag des Jahres 1935 herrschte reger Betrieb im Weinhaus „Tante Anna“. Doch dann schaffte Mutter Margarethe es doch noch rechtzeitig ins Krankenhaus, wo Engelbert Oxenfort als verspätetes Weihnachtsgeschenk geboren wurde. „Meine Mutter war eine sehr lebenslustige Frau. Ich habe wohl viel von ihr geerbt,“ erinnert sich der Karnevalist und Hüter der Düsseldorfer Mundart.

In Zeiten, wo gerade in der Altstadt Kommerz mehr zählt als Tradition, steht Engelbert Oxenfort wie ein Bollwerk gegen alle schnelllebigen Trends, die kommen und schon bald wieder gehen. Bereits in der fünften Generation führt er das Weinhaus „Tante Anna“, mit Tochter Barbara arbeitet die sechste schon mit. Das Traditions-Restaurant steht für exzellente deutsche Küche, viele Prominente lassen sich im Weinhaus verwöhnen. Sie schätzen nicht nur das Essen, sondern auch die Diskretion des Hauses.

Dabei war lange nicht selbstverständlich, dass Engelbert Oxenfort die Familientradition fortsetzen würde, denn zunächst machte er eine Ausbildung als Innendekorateur. Später eröffnete er in Flehe am Gantenberg ein eigenes Restaurant, bevor er vor 30 Jahren das Weinhaus übernahm. Aber der Name Oxenfort steht nicht nur für gutes Essen, sondern auch für Tradition und Brauchtum. Sein prägendes Erlebnis hatte der kleine Engelbert als Elfjähriger. Da sah er aus dem Fenster einen Knappen, der eine Hellebarde trug. Der gehörte zu einer Karnevalssitzung der Düsseldorfer Narrenzunft im „Bergischen Löwen“. Auf der Straße inszenierten die Jecken eine Ordensverleihung. „Der Orden war ein Stück Porzellan aus einer Toilettenschüssel. Das fand ich sehr lustig“, erinnert sich Oxenfort.

Von da an ließ ihn der Karneval nicht mehr los. Bereits mit 18 Jahren leitete er als Präsident seine erste Karnevalssitzung bei den Pfadfindern. Viele Jahre lang war er bei der Narrenzunft und der legendären Karnevalsgesellschaft der drei katholischen Altstadt-Kirchengemeinden „Das Rote U“ aktiv. 1978 wurde Oxenfort Prinz Karneval, gemeinsam mit Almuth Salm. „Ich bin wohl einer der wenigen Prinzen, die ihre Venetia jeden Tag sehen“, freut sich der 68-Jährige. Denn Almuth sitzt nur ein paar Häuser weiter am Empfang des Beerdigungsinstitutes Salm. Geprägt hat Engelbert Oxenfort den Karneval aber vor allem als Präsident der Prinzengarde Blau-Weiss. 22 Jahre lang hatte er dort das Zepter in der Hand und führte die Garde erfolgreich ins neue Jahrtausend. Nachdem Klaus Jonas seine Nachfolge antrat, wurde Oxenfort zum Ehrenpräsidenten gekürt.

Neben dem Karneval gibt es für ihn aber noch eine andere Herzensangelegenheit – das Düsseldorfer Platt. 20 Jahre lang war Oxenfort Baas der Düsseldorfer Mundartfreunde, gründete zusammen mit der Sparkasse die Hans-Müller-Schlösser-Akademie, die jedes Jahr einen Vorlesewettbewerb für Düsseldorfer Schulen durchführt.

Trotzdem fand Oxenfort noch Zeit, sich noch auf anderen Feldern zu engagieren. Er war zwölf Jahre lang Vorsitzender des Hotel- und Gaststättenverbandes, ist Lektor in der Pfarrgemeinde St. Andreas und Erfinder des altstadtherbstes. Auf das Kulturfestival, dessen künstlerische Leitung Tochter Christiane übernommen hat, ist Oxenfort besonders stolz. Denn mit dem inzwischen international anerkannten Festival kehrte auch ein Stück Kultur in die Altstadt zurück, die mehr ist, als nur die längste Theke der Welt. Heute ist Oxenfort immer noch im Beirat des altstadtherbstes aktiv.

Wer sich so für seine Mitbürger ins Zeug legt, bekommt natürlich viele Auszeichnungen verliehen. So ist Engelbert Oxenfort Träger des Bundesverdienstkreuzes 1. Klasse und wurde mit der Leo-Statz-Plakette geehrt.

Mit Sorgen betrachtet er die Tatsache, dass immer weniger Menschen in der Altstadt wohnen: „Dadurch gehen viele gewachsene Strukturen verloren. Es ist wichtig, dass hier die Menschen nicht nur arbeiten, sondern auch leben.“ Für Engelbert Oxenfort ist die Altstadt schließlich das Herz Düsseldorfs.

■ Autor: Dieter Sieckmeyer

Anne-José Paulsen

Termin bei der Präsidentin des Oberlandesgerichts (OLG) Düsseldorf. Cecilienallee 3, ein wilhelminischer Bau, Ehrfurcht gebietend. „Die Chefin sitzt auf Zimmer 112", schallt es aus der panzerverglasten Kabine an der Sicherheitsschleuse. Eine geschwungene Freitreppe führt in den ersten Stock, die Schritte hallen. „Chefpräsident" wurde früher der Inhaber dieses hohen Richteramts genannt. Da klingt Respekt vor der Macht mit.

Und dann öffnet eine Frau mit brünettem Haar lächelnd die Flügeltür zu Zimmer 112. Sie trägt ein hellblaues T-Shirt, eine hellblaue Hose, ein sommerliches Sakko und Stiefeletten. „Einen Kaffee?" Anne-José Paulsen, erste Frau an der Spitze eines Oberlandesgerichts in NRW, Aufsicht führend über sechs Land- und 29 Amtsgerichte mit rund 5 000 Bediensteten, lehnt sich entspannt in eine Ecke des Sofas in ihrem Amtszimmer und schlägt die Beine übereinander. „Chefpräsidentin will ich nicht genannt werden. Für meine Mitarbeiter bin ich Frau Paulsen." Auf Wiedersehen, Klischees!

In Zimmer 112 mit seinen hohen Decken und dem Blick auf die Rheinwiesen dominieren helle, warme Farbtöne. „Den alten Trumm von einem Schreibtisch habe ich durch einen leichten, eleganteren Tisch ersetzen lassen", sagt Anne-José Paulsen. Auf der Platte liegt ein Notebook, flankiert von sorgsam angeordneten Dokumenten. Dicke Folianten stehen nur zur Zierde in gläsernen Vitrinen. „Revidiertes Landrecht des Herzogtums Preußen" ist auf einem zu lesen, der aus dem Jahr 1685 stammt.

Preußisch sei sie, was das Erfüllen von Pflichten angehe, sagt die Juristin aus Leidenschaft: „Ich bin fest überzeugt von der grundlegenden Wichtigkeit der Justiz im Rechtsstaat. Es ist lohnend, sich mit allen Kräften dafür einzusetzen, dass die Gerichte unter vernünftigen Bedingungen arbeiten können." Dass sie – damals noch Präsidentin des Landgerichts Bochum – im März 2002 das ihr angetragene Amt an der OLG-Spitze annahm, „obwohl ich mich noch zu jung für so eine Aufgabe fühlte", war auch eine Folge von Pflichtbewusstsein. „Ich habe mir die Entscheidung nicht leicht gemacht, schließlich sieht einen die Familie dann nicht mehr so oft."

Die Familie ist für die allein erziehende Anne-José Paulsen Sohn Nico, 1991 geboren, und ihre Mutter, mit der sie Haus an Haus wohnt. „Ohne sie könnte ich das alles nicht schaffen. Sie hält mir den Rücken frei", sagt die Präsidentin und fügt hinzu: „Natürlich laufen Frauen immer Gefahr, zwischen beruflicher Belastung und dem Anspruch des Kindes zu kurz zu kommen." Hat die in Meerbusch-Lank geborene OLG-Präsidentin Tipps für Frauen ähnlicher Lage? „Nein, ich kann anderen keine Ratschläge geben, die ich selbst nicht einhalte."

Neben ihrer Hauptfunktion ist Anne-José Paulsen Mitglied des NRW-Verfassungsgerichtshofs in Münster, erfragt beim Justizprüfungsamt das Wissen angehender Berufskollegen, ist Vorsitzende des „Beirats aus der juristischen Praxis" an der Heinrich-Heine-Universität, dazu Mitglied im Vorstand der Rechts- und Staatswissenschaftlichen Vereinigung. Und zu Hause? „Da werde ich öfters von Nico zur Ordnung gerufen."

Nach Rom könnte sie „alle Nase lang" hinfahren, „und schrecklich gerne würde ich mal – mit viel Zeit – nach New York fliegen." Aber es gibt ja die kleinen Fluchten: „Ich liebe die Rhein-Promenade. Und wenn ich mal ein Stündchen an der Kö in einem Café sitzen kann, fühle ich mich wie im Urlaub."

Eines ihrer beruflichen Anliegen ist die Öffnung „ihres" Gerichts für die Bürger der Stadt, beispielsweise durch Konzerte und Ausstellungen: „Kommt in das OLG und erfreut euch an dem Gebäude", ruft Anne-José Paulsen den Düsseldorfern zu. Und die sollen wissen, dass in dem Ehrfurcht gebietenden Bau an der Cecilienallee eine Präsidentin sitzt, über die ihre Mitarbeiter sagen: „Man hört es auf dem Gang: Erst kommt das Lachen, dann unsere Chefin."

 ■ Autor: Ulrich Hermanski

Roland Ross

Corneliusplatz 1 – eine der besten Adressen Düsseldorfs. Hier arbeitet Roland Ross, Direktor des Steigenberger Parkhotels. Das Büro des Chefs der Nobelunterkunft überrascht: Es ist relativ klein und liegt versteckt im ersten Stock. Darin stehen neben einem großen Schreibtisch zwei solide Ledersessel – Reliquien aus der Zeit vor der jüngsten Renovierung. Plakate und Urkunden an den Wänden, eine gepackte Golftasche steht in der Ecke. Und der Ausblick? Nur für die Gäste das Beste. Für Ross keine Kö, kein Hofgarten, sondern ein Stück Rasen, der zum hoteleigenem „Golfplatz", den Profi Bernhard Langer Anfang der 90er Jahre eröffnet hat, gehört. „Das war vor meiner Zeit", erzählt der smarte Hotelkaufmann, der im August 2001 die Leitung der Nobelherberge übernahm.

Natürlich spielt er gerne Golf, aber, so gesteht er, mehr schlecht als recht bei einem Handicap von 26. Er weiß, dass er besser sein könnte, doch dazu fehlt ihm die Zeit. Bei Einladungsturnieren puttet er schon mal gerne ein. Mit seiner Frau Britta dreht er im Urlaub die eine oder andere Runde übers Grün. Doch die wenige Freizeit nutzt Roland Ross lieber, um sich seiner Familie, vor allem seinen kleinen Mädchen, zu widmen.

„Als ich 1989 bei Steigenberger in Bad Griesbach anfing, war Golf Bestandteil meines Vertrages", erinnert er sich. In dem Golfhotel war er Direktionsassistent, bevor er als stellvertretender Direktor nach Düsseldorf kam, anschließend die Steigenberger Häuser in Dresden und auf Rügen leitete.

Dabei wollte Ross eigentlich Koch werden. Der gebürtige Krefelder ist gastronomisch vorbelastet, gehörte doch seinen Großeltern der Europäische Hof in der Seidenstadt.

Aber während eines Praktikums in einem Restaurant erklärte ihm der Besitzer: „Du gehst nicht in die Küche, du gehörst in den Service." Kein Wunder bei dem Charme, den der gutaussehende Mann versprüht.

Und so nahm seine Karriere ihren Lauf: Abitur, Ausbildung zum Restaurant-Fachmann, Chef de Rang im „Ramada", Management Training, dann zur Steigenberger Gruppe, wo er bei seiner ersten Station in Düsseldorf seine Frau kennen lernte.

Sicherlich nicht nur deshalb liebt er Düsseldorf. Und Rügen? „Zum Urlaub machen wunderschön", sagt Ross, „aber für einen Städter ist es schon schwierig, auf einer Insel zu leben."

In seinem Büro im Parkhotel sitzt er selten, Kundengespräche führt er in der Lobby oder im Restaurant „Menuett", am liebsten aber – wenn das Wetter es zulässt, auf der windgeschützten Terrasse.

Gastfreundschaft und individuelle Betreuung werden in dem Fünf-Sterne-Haus, das 133 Zimmer und zwölf Suiten hat, groß geschrieben. Mehr als die Hälfte der Kunden sind Stammgäste. Stars wie Shirley Bassey, Udo Jürgens, das norwegische Prinzenpaar oder Robbie Williams sorgen für Glamour. Dann müssen auch schon mal 300 kreischende Teenies im Zaum gehalten werden. „Die standen bei uns vor der Tür, als BroSis gastierte", erinnert sich Ross und lacht. Auch das hat er in den Griff bekommen.

Als Chef von 130 Mitarbeitern versteht er sich als Mann des Ausgleichs. Es gilt stets, Contenance zu bewahren. „Ein Hoteldirektor muss auch ein guter Schauspieler sein", meint er.

Da hat Ross seinen Beruf nicht verfehlt. Stets gut gelaunt, freundlich, mit der notwendigen Distanz, wirkt er wie ein Gentleman der alten Schule.

Ob nun der Kanzler mit dem Wirtschaftsminister bei ihm zu Mittag isst oder Verona Feldbusch ihren Milchkaffee trinkt, der Direktor grüßt. „Grüßen, nicht begrüßen", betont Ross, dessen Philosophie es ist, die Gäste nicht zu belästigen. Doch wenn sie wollen, plaudert er gerne mit ihnen.

„Es gibt nur wenige Hotels mit so viel Abwechslung", meint Ross und erzählt, dass er sich einst, nach dem Abitur, im Parkhotel um eine Lehrstelle beworben hatte – und abgelehnt wurde. Heute genießt er seinen Job, und als Freund der guten Küche schätzt er es, häufig im „Menuett", dem erstklassigen Restaurant des Hauses, essen zu dürfen. Es hat auch etwas Gutes, kein Koch geworden zu sein.

 ■ Autorin: Birgit Wanninger

Oliver Schmidt

Wer oder was ist Oliver Schmidt eigentlich? Ein Friseur? Ein Imageberater? Ein TV-Moderator? „Ein Friseur", sagt Oliver Schmidt wie aus der Pistole geschossen. Das sei sein Beruf, das habe er gelernt. Das andere, das sei erst mit der Zeit und mit der Erfahrung dazugekommen.

Seit 2000 kennt ihn Deutschland als Stilberater von „Volle Kanne", der Vormittags-Sendung im ZDF. Doch Düsseldorf kennt ihn seit 1991 als Friseur, als er an der Uhlandstraße seinen ersten Salon aufgemacht hat. Nein, falsch. Düsseldorf kennt ihn schon länger als Friseur. Schließlich hat schon sein Vater, Horst Dieter Schmidt, Damen und Herren in der Landeshauptstadt zu einem frischen Haarschnitt verholfen. Und außerdem hat Oliver schon als Schüler der Werner-von-Siemens-Realschule die Frisuren der Klassenkameraden generalüberholt.

Heute ist er einer von Düsseldorfs „Promi-Friseuren" (was er aber nicht gerne hört), residiert an der Kö und hat sogar schon ein Buch geschrieben – natürlich über das richtige Styling am Kopf. Seine Maxime: Frisuren müssen zum Menschen passen." Der Mensch besteht für Oliver Schmidt nicht nur aus dem Gesicht, sondern „alles, auch die Größe, das Temperament, das Lebensgefühl" sind wichtig. Das, sagt er augenzwinkernd, erkläre auch, warum ein und dieselbe Frau mit kurzen schwarzen Haaren genauso gut aussehe wie mit langen blonden, die sie vor Jahren in einer anderen Lebensphase getragen habe.

Und woher weiß er, ob für die Kundin oder den Kunden nun „kurz und dunkel" oder „lang und hell" angesagt ist? „Erfahrung" ist Oliver Schmidts lapidare Antwort, aus mittlerweile mehr als 20 Jahren. Erfahrung in der Deutung von offenen und versteckten Hinweisen. Sein Trick: „Ich stelle mir einen Kontrast zur aktuellen Frisur vor." Und dann nähere er sich Stück für Stück dem möglichen neuen Stil an. Eine knifflige Aufgabe. „Ja", räumt Schmidt ein, „ich muss genau aufpassen, in welchem Stadium ich den Menschen abhole, welche Wünsche und Vorstellungen er hat." Mut müssten beide haben, Friseur und Kunde.

Außerdem ist gutes handwerkliches Können für Oliver Schmidt unerlässlich. „Was nutzt es, wenn ich weiß, welche Frisur dem Kunden gut stehen könnte, aber diese Frisur nicht perfekt schneiden kann?"

Er hat Anfang der 80er Jahre in Düsseldorf bei Ulrich Junge gelernt – noch heute spricht er voller Respekt von seinem Lehrherrn. Dann ist Schmidt für zwei Jahre nach Paris gegangen. Als er zurück an den Rhein kam, hat er zusammen mit seinem Vater, der Obermeister der Friseurinnung ist, den ersten Salon eröffnet. Schritt für Schritt dehnten die Schmidts ihr kleines Imperium aus, bis Oliver Ende der 90er Jahre die Dependance in der Kö-Galerie eröffnete. Heute firmieren unter seinem Namen sieben Salons mit rund 70 Mitarbeitern, und er ist ein gefragter Ausbilder.

Mehr noch: Oliver Schmidt ist Reisender in Sachen Haarkunst. Präsentationen vor 1 000 Friseuren in Japan, Seminare in Paris, Berlin oder London, Mitglied der internationalen Friseur-Verbindung „Intercoiffeur", schon Anfang der 90er Jahre in den „Moderat NRW" berufen – der Mann kommt herum. „Ich bin viel unterwegs, aber ich freue mich jedes Mal, wenn ich nach Düsseldorf zurückkehre, zu meiner Frau und meiner kleinen Tochter, zurück zu meiner Familie und meiner Firma. Das ist meine Stadt." Die habe viel mehr zu bieten als „klischeehaften Kö-Glamour", sagt Schmidt, und bekennt sich wie zum Beweis zur Fortuna, deren Fan „ohne Dauerkarte, aber mit Leidenschaft" er ist.

„Düsseldorf hat alles, was es braucht, aber ist trotzdem übersichtlich, heimelig geblieben." Egal, ob Friseur oder Stylist, ob Moderator oder Buchautor – eines ist Oliver Schmidt also auf jeden Fall: überzeugter Düsseldorfer.

 ■ Autorin: Annett Urbaczka

Ulrich Schmidt

Für Ulrich Schmidt gibt es zwei unvergessliche Erinnerungen aus Kindertagen. Das ist einmal „das Rattern einer Singer-Nähmaschine". Die Maschine „lief oft bis tief in die Nacht. Mit Schneidern hat meine Mutter meinen sechs Jahre älteren, behinderten Bruder Jürgen und mich durch die schlechten Zeiten nach dem Krieg gebracht. Mit dem ersten Kleid nach der Währungsreform hat sie acht Mark verdient", erzählt der heutige Landtagspräsident. Vater Heinrich Schmidt war 1943 bei Stalingrad gefallen, Sohn Ulrich und er haben einander nie gesehen.

Dann sind da noch die Erinnerungsbilder aus der Evangelischen Stiftung Volmarstein in seinem Heimatort Wetter an der Ruhr. Manche Männer wurden dort schon seit dem ersten Weltkrieg als Schwerstbehinderte betreut. Andere waren zerstört und verstört von den Fronten des zweiten Weltkrieges zurückgekehrt. Ein Anblick, der Mutter Amanda immer neu zu dem Hinweis ermunterte: „Eigentlich haben wir doch ein schönes Leben". Eines mit Einschränkungen.

Ulrich Schmidt hätte seinen Weg auch in einem Gymnasium gemacht. „Aber daran war damals kein Gedanke", berichtet er, „ich musste auf dem kürzesten Weg in einen Beruf." Im März 1956 wurde er 14 Jahre alt, seine Schulpflicht endete. Tags darauf kletterte er früh um 6.28 Uhr zum ersten Mal in den Bummelzug, der ihn zur kaufmännischen Lehre auf der Hoesch-Westfalenhütte in Dortmund bringen sollte. Umsteigen in Witten-Hauptbahnhof, Aussteigen in Dortmund-Hauptbahnhof, Straßenbahn zur Hütte. Und abends alles retour.

Eine Stahlkrise brach aus, die Hütte übernahm keinen einzigen Lehrling. Ulrich Schmidt aber hatte Glück, fand nach der Prüfung zum Industriekaufmann 1959 Arbeit bei der Hoesch-Betriebskrankenkasse. Dort musste er erst die Grundlagen des neuen Berufes lernen, landete dann im Schalterdienst für über 25 000 Beschäftigte. Freundlich im Umgang, gründlich bei der Arbeit – so brachte er es bis zum Referenten für Grundsatzfragen, einem Führungs-Job.

Seit 1960 gehört er der IG Metall an. Und die Parteien? „Die SPD hatte Vorrang. Kurt Schumacher hat mich beeindruckt. Meine Mutter war als Katholikin SPD-nah wie auch mein evangelischer Vater. Aber ich habe erst alle aktuellen Programme gelesen." Am 1. August 1964 trat Schmidt in die SPD ein, 1965 schon führte er die Jungsozialisten in Volmarstein, wurde 1969 Ortsvorsitzender der SPD. Ab 1970 jüngstes Ratsmitglied und sofort Vorsitzender des Kultur- und Sportausschusses – Blitzkarriere eines 68ers? „Nein", wehrt der Mann mit dem Fassonschnitt und dem korrekt gezogenen Scheitel ab. „Bei Demos war ich nie vorneweg."

Den Verlässlichen, den Mann des Ausgleichs, der Freundschaften quer durch die Parteien pflegt, wählte Wetters Rat 1975 nach der kommunalen Neuordnung zum Bürgermeister. 20 Jahre hat er die Stadt-Geschicke gelenkt, war zugleich Landtagsabgeordneter. Das Bürgermeister-Amt gab er 1995 auf, als er zum Landtagspräsidenten gewählt wurde.

Die 320 Mitarbeiter der Verwaltung wissen zu schätzen, dass Ulrich Schmidts Vorstellung von einem modernen Parlament nicht ohne qualifizierte Dienstleister auskommt – und auch nicht ohne Bindung zum Bürger. Das Angebot des Landtags reicht dank Schmidt heute von Tagen der Offenen Tür über einen zeitgemäßen Internet-Auftritt und das zur Bürgerhalle umgestaltete Foyer bis zum bunten Landtagskarneval.

Dass nach dem Wahltag 22. Mai 2005 nur noch 181 Abgeordnete an Stelle von heute 231 ins Parlament einziehen, gehört zu den vollendeten Teilen einer Landtagsreform, für die Ulrich Schmidt sich eingesetzt hat. Dass der neue Landtag mit neuen „Spielregeln" effizienter auftreten kann, ist ebenso erfreulich. Ulrich Schmidt wird dem neuen Parlament nach 30 Abgeordneten-Jahren nicht mehr angehören, aber dem Land in Ehrenämtern weiter dienen. Derzeit ist er unter anderem Vorsitzender des Landesmusikrates, der Lebenshilfe NRW und Senatspräsident der DLRG-Stiftung Westfalen. Nur zu ruhen läge dem Mann nicht, der 2003 im Herzzentrum Bad Oeynhausen eine neue Herzklappe und drei Bypässe erhielt. Ulrich Schmidt bleibt homo politicus mit Bodenhaftung. Das Große Verdienstkreuz trägt er mit Stolz. Und zu Recht.

 Autor: Peter Lamprecht

Otto Schneitberger

Der Vorname genügt. Vier Buchstaben, von vorn und von hinten gleichermaßen auszusprechen: Otto – da weiß fast jeder Zweite in Düsseldorf, wer gemeint ist. Otto Schneitberger, in der Landeshauptstadt ein Idol wie bundesweit Max Schmeling, Fritz Walter, Michael Schumacher oder Franz Beckenbauer. Daran ändert auch die Tatsache nichts, dass er in Düsseldorf weder geboren noch aufgewachsen – also kein Rheinländer ist. Er ist Bayer, bekennender Oberbayer. Denn die etwas derb-charmante Art, die den Menschen in jenem Landstrich an der Isar zu eigen ist, hat er sich auch in der Fremde bewahrt. Und genau das ist vermutlich einer der Gründe für seine Popularität rund um die elegante Kö.

Otto – finden alle Eishockey-Fans in Düsseldorf gut, auch heute noch, da seine aktive Zeit seit ungefähr einem Vierteljahrhundert beendet ist. Otto Schneitberger – der Name steht für die große, ruhmreiche Zeit der Düsseldorfer EG. Für jene herrlichen, unvergesslichen Jahre, da in schöner Regelmäßigkeit Meisterschaften eingefahren wurden, da im berühmt-berüchtigten Eisstadion an der Brehmstraße die originellsten Freudengesänge der Liga angestimmt und Wunderkerzen geschwenkt wurden. „Otto, schieß den Puck ins Tor, hallelujah" – so hallte es von den Rängen, wenn Otto Schneitberger zu einem seiner gefürchteten Schlagschüsse ausholte. Oder auch: „Marmor, Stein und Eisen bricht, aber unser Otto nicht."

Es waren die goldenen Jahre des Düsseldorfer Eishockeys. Sie waren begründet worden, als das Ehepaar Ramroth, das damals bei der DEG regierte, zwei „Tölzer Buam" an den Rhein holte – neben Otto Schneitberger noch dessen Kumpel Sepp Reif. Das war 1964. Otto fiel damals in seiner Heimatstadt Bad Tölz in Ungnade und wurde sogar mit einer zweijährigen Sperre belegt, die sich um die Hälfte reduzierte, als die DEG den Oberbayern neben der Ablösesumme von 20 000 Mark noch eine Eismaschine zukommen ließ. Wenig später wurde ein weiterer Tölzer, Hans Rampf, an den Rhein geholt. Er avancierte zum ersten Meistertrainer der DEG.

Otto Schneitberger, in seiner Karriere vom Stürmer zum eisenharten Verteidiger mutiert, erlebte seine besten Jahre in Düsseldorf. Er nahm vier Mal an Olympischen Spielen teil und verpasste die fünften zu seinem Leidwesen, weil er den beruflichen Verpflichtungen als Architekt Vorrang geben musste. Das war ausgerechnet 1976 der Fall, als die deutsche Mannschaft in Innsbruck die Bronzemedaille gewann.

Nach 126 Länderspielen beendete er seine internationale Laufbahn und widmete sich fortan intensiv seinen beruflichen Aufgaben. Wenn er heute mit seinem geliebten Oldtimer durch Düsseldorf fährt, dann begegnet er zahlreichen steinernen Zeugen seines Wirkens als Architekt – darunter bekannte Geschäftshäuser an der Kö, das Residenz-Theater und „die halbe Grafenberger Allee". Alles Wertarbeit, wie er sie auch bei der DEG ablieferte. Wenn Otto Schneitberger irgendwann wieder in seine Tölzer Heimat zurückkehrt, was er vorhat, dann wird er in Düsseldorf eine Reihe von Denkmälern zurücklassen.

Bei der DEG ist er längst im Rang eines Denkmals – nicht nur wegen seiner vielen großen Taten auf dem Eis, sondern ebenso wegen seiner Treue. Er war für seinen Klub auch in schwierigen Zeiten zur Stelle, sprang einmal sogar als Trainer ein, ohne auch nur eine müde Mark dafür zu verlangen. Und natürlich besucht er noch heute regelmäßig die Spiele. Dann hört er die Fans auf den Rängen aus voller Kehle singen: „Otto, wir danken dir."

Sportlich ist er noch immer aktiv. Ein, zwei Mal im Monat stattet Schneitberger seiner oberbayerischen Heimat einen Besuch ab, trifft die alten Kumpels vom Eishockey, erholt sich beim Bergwandern und im Winter beim Skifahren. Letzteres beherrscht er noch immer famos, schließlich gehörte er in jungen Jahren zusammen mit den alten Haudegen Willy Bogner und Luggi Leitner auch der deutschen Jugend-Nationalmannschaft an. In Düsseldorf hält er sich mit Tennis fit. Mit der Senioren-Mannschaft von Rot-Weiß brachte Otto es bis in die Oberliga – dank seines Mottos: „Flach spielen, hoch gewinnen."

 ■ Autor: Dieter Koditek

JOFA
Cooper
ASD TITAN

Frank Schnitzler

Wenn Frank Schnitzler spürt, dass eine Kundin auf der Suche nach dem perfekten Parfum ist, hakt er bisweilen nach: „Was wollen Sie mit dem Duft erreichen?" Die Antworten seien interessant: Ich möchte wahrgenommen werden. Guten Geschmack beweisen. Mit dem richtigen „Lockstoff" einen Mann kennen lernen. Am meisten aber geht dem Parfum-Experten das Herz auf, wenn es heißt: Ich tu's für mich, weil ich mich gern verwöhne. „Nur wer sich selbst beschenken kann, beherrscht die wahre Kunst des Schenkens", sagt er, „die Gabe, anderen Freude zu bereiten."

Demnach muss es sich bei dem bekanntermaßen großzügigen Frank Schnitzler um jemanden handeln, der auch mit sich selber großzügig umgeht. Stimmt aber nur halb. Seine Verwöhn-Einheiten sind nicht am Luxus, sondern an eher unspektakulären Genüssen abzulesen: „Sonntags eine Stunde länger schlafen. In Ruhe Zeitung lesen. Mit meinen Hunden spielen. Ab und zu eine Städtereise", zählt er auf. Süßes Nichtstun unter Palmen? Kopfschütteln. „Ich brauche keinen Urlaub, weil ich glücklich bin mit meinem Beruf. Und pflichtbewusst. Mich drängt es schnell wieder ins Geschäft. Meine Kunden erwarten das."

Kaum ein Familienbetrieb wird so persönlich geführt wie die Schnitzler-Parfümerien in den Schadow-Arkaden und im Kaufhaus ‚Sevens'. Während Sohn Thomas in Wiesbaden mit einer eigenen Kosmetikfirma Erfolg hat, gehört Tochter Annette zur Geschäftsführung. Trotzdem fragen viele Stammkundinnen zuerst nach dem Chef. „Für mich, der ich so gern mit Menschen umgehe, gibt es nichts Schöneres", schwärmt Frank Schnitzler. „Ich kann meiner Kreativität freien Lauf lassen, meinem Schönheitsideal folgen, Ratschläge geben, die gern angenommen werden." Ein kostbarer Duft sei pure Emotion. Er könne, zumal in einer Warenwelt, die kaum Individualität zuließe, die Persönlichkeit betonen, ihr im besten Fall sogar Magie verleihen. Ein Kulturgut eben!

Hier berühren sich zwei Leidenschaften: Frank Schnitzler ist Opern- und Theaterfan, gehört dem Freundeskreis sämtlicher Museen an, verschenkt als Sponsor Konzertkarten, durfte als erster Privatmann eine Gala im Opernhaus ausrichten. „Ich bin froh, dass mir meine Eltern Sinn für Kultur vermittelt haben", sagt er. Sein Vater, der Düsseldorfer Ministerialrat Dr. Heinrich Schnitzler, war nicht begeistert, als der Sohn die Schule kurz vor dem Abitur verließ und eine Lehre als Textilkaufmann machte, „wegen der Kommunikation und weil ich mich gut anziehen wollte." Danach fasste er mit seiner Frau Bettina in einer ganz anderen Branche Fuß: Sie führten ein Feinkostgeschäft, bis der umtriebige Unternehmer wiederum Lust auf Veränderung spürte und 1970 die erste Parfümerie an der Graf-Adolf-Straße eröffnete. Er begann mit drei Angestellten, heute sind es über 60. Eigentlich, gibt Frank Schnitzler zu, sei es stets bergauf gegangen. Pionierzeiten, wie sie jetzt kaum noch möglich wären: „Wir sind an einem Punkt angelangt, wo wir uns mächtig anstrengen müssen", bekräftigt er. Mit Disziplin, Folge seiner jesuitischen Erziehung, sucht er Lösungen, vertraut auf sein Gespür. Von Verzweiflungs-Rabatten hält er selbst in schwieriger Lage nichts. „Wir verkaufen doch auch Träume. Hat man je über einen Traum diskutiert?"

Schnitzlers Engagement kommt den hiesigen Wirtschafts-Gremien zugute. Er ist Mitglied des Vorstandes des Einzelhandels- und Dienstleistungsverbandes Rhein-Wupper, Vorsitzender des Einzelhandelsausschusses der Industrie- und Handelskammer zu Düsseldorf, Aufsichtsratsmitglied der „Düsseldorf Marketing und Tourismus". Seit der kleine Frank als Siebenjähriger in den Trümmern gespielt hat, ist er Düsseldorf-Fan. Betrachtet gewisse Veränderungen mit Skepsis, malt die Zukunft dennoch rosig. „Ich würde meine Stadt bis aufs Blut verteidigen. Die Königsallee ist nach wie vor eine der schönsten Einkaufsstraßen Europas."

Nach Feierabend zieht er sich ins grüne Erkrath-Unterfeldhaus zurück, wo im alten, von Bäumen umstandenen Haus seine vier Labradore auf ihn warten: „Die Hunde wohnen nicht bei mir, ich wohne bei den Hunden!"

■ Autorin: Regina Goldlücke

Michael Schnitzler

Was passiert, wenn Jung auf Alt trifft? Muss das zwangsläufig Probleme geben? Müssen Gegensätze unversöhnlich aufeinander prallen? Muss der Betrieb leiden? Nein, muss er nicht. Jedenfalls nicht, wenn es so läuft wie in der Düsseldorfer Hausbrauerei „Uerige".

Dort nämlich war Mitte der 90er Jahre klar, dass der Chef des Hauses – in Brauer-Kreisen spricht man von Baas – über kurz oder lang den Zapfhahn würde aus der Hand legen wollen: Josef Schnitzler, seit Mitte der 70er Jahre die Nr. 1 in der Traditions-Gaststätte der Düsseldorfer Altstadt, war fest entschlossen, dem Filius alles zu übergeben – an Michael Schnitzler also.

Der ging, wie sich das bei vernünftigen Übergaben gehört, nicht unvorbereitet an diese Aufgabe. Der Alte (wir dürfen ihn ruhig so nennen!) hatte den Sohn schon sehr früh vorbereitet. Sicher immer liebevoll verwöhnt, musste Michael schon als Jugendlicher hart ran. Während Kumpels in die Ferien reisten, hatte er die äußerst schweißtreibende Aufgabe, in der väterlichen Brauerei nach und nach alle Arbeiten kennen zu lernen und zu erledigen. Was ihn damals sicher oft schäumen ließ, was er heute aber als vernünftige Maßnahme preist: Ihm macht keiner was vor, denn zwischen Fassreinigung, Flaschenabfüllung und Schrubben der kupfernen Braupfanne unter dem Dach des Hauses in der Düsseldorfer Altstadt hat er alles auch schon mal selbst gemacht. Er kennt jeden Schritt, kennt alle Abläufe – hat also buchstäblich von der Pike auf gelernt.

Nach seinem Abitur am berühmten Düsseldorfer Görres-Gymnasium und der Bundeswehrzeit lernte der Filius in Bayern bei Sedlmayr und der Spaten-Franziskaner-Bräu, machte seinen Industriekaufmann und studierte an der TU München Weihenstephan Brauwirtschaft. Seitdem nennt er sich Dipl.-Ing. Brauwirtschaft. Zur Ausbildung gehörten Praktika bei verschiedenen Brauereien in Deutschland und die Diplomarbeit zum Thema „Die biologische Säuerung beim Altbier".

Womit wir beim typischen Düsseldorfer Bier wären. Dem Thema, das sein Leben prägt und bestimmt. 1996 trat er in den elterlichen Betrieb ein, seit 1998 arbeitet er dort als Geschäftsführer.

Stellt er seitdem alles auf den Kopf? Versucht scheinbar moderne Produkte um jeden Preis – Uerige-Light? Uerige-alkoholfrei? Uerige-Cola?

Nein, tut er nicht.

Seine Management-Philosophie: Erhalte Altes, wo es offensichtlich gut und einträglich ist. Kombiniere es mit Neuem, wo es Sinn macht. Spring nicht auf jede neue Idee, nur weil sie neu ist. Vertraue deinem Instinkt, höre nicht nur auf den Kopf, sondern auch auf den Bauch. Und denke daran: Nur ein zufriedener Kunde ist ein guter Kunde. Und eine noch bessere Reklame fürs Haus.

Und genau so arbeitet er. Der Uerige, sein Uerige, ist nach außen ein Betrieb von Anno Tobak: Das verwinkelte Gemäuer mit verräucherten, teilweise dunkel-gemütlichen Stuben voller Holzschnitzereien, antiker Gemälde, Schnitzereien, voll sicht- und spürbarer Traditionen längst vergangener Jahrzehnte scheint noch so, wie es die Kunden seit vielen Jahren zu kennen meinen.

In Wirklichkeit jedoch ist der Betrieb hochmodern: Computer tun die Jobs, die sie besser können als Menschen, Arbeitsschritte werden präzise durchgeplant, kalkuliert, die nach außen vor allem schön anzuschauende Brau-Technik ist vor allem eins – auf dem neuesten Stand.

Und seine Truppe – insgesamt 120 Frauen und Männer – darunter die Köbesse (die Düsseldorfer Kellner) lässt Michael Schnitzler nach neuesten Erkenntnissen der Kundenorientierung schulen. Motto: So viel Tradition wie nötig, so kundenorientiert wie möglich.

Der Erfolg gibt ihm Recht: Nach und nach hat der alte Baas dem jungen Baas die Zügel komplett in die Hand gegeben. Der braut in fester Tradition das weit über die Grenzen Düsseldorfs hinaus bekannte „leckere Dröppke" – ein würziges, sehr herbes Alt.

Sieht nicht so aus, als ob der Betrieb damit auf absehbare Zeit alt aussehen würde.

 ■ Autor: Hans Onkelbach

Hopfen und Malz
Gott erhalt's

Wolfgang Schulhoff

Der Sprachverfall, mitunter als hohe Kunst dargestellt, ist unüberhörbar. Und infektiös dazu. Der ehemalige Außenminister Genscher gehört zu den Politikern, die früh wohl gesetzte Worte fanden für alles, was sie nicht sagen wollen. Sein Nachfolger Fischer hat in ihm längst seinen Lehrmeister erkoren.

Wolfgang Schulhoff ist dem wortreichen Nichtssagen nie verfallen. Fast ein Wunder. Wie kann jemand, der von 1983 bis 2002 dem Bundestag angehört hat, der verführerischen Worthülse widerstehen? Ein Abgeordneter im Widerstand. Wer diesen Begriff ernst nimmt, hat die Spur des Christdemokraten Schulhoff aufgenommen. Handwerker schreiben selten ins Poesiealbum. Sie haben es lieber deftig und klar. Kurzum: An die Spitze ihrer eigenen Organisationen wählen Handwerker sicher jemanden, den sie verstehen. „Den Schulhoff kannste verstehen", sagt einer, der ein kleines Unternehmen führt. „Den Schulhoff" haben sie Anfang 2003 zu ihrem Kammerpräsidenten gemacht. Da war er gerade 64 Jahre alt geworden. Schon den Vater konnte man verstehen. Und wie. Auch er Parlamentarier, auch er Kammerpräsident. Einer, bei dem sich deutsche Bundeskanzler auf Meisterfeiern Ohrfeigen in Serie abholten. Georg Schulhoff war ein Freund von Holz und Beil.

Das ist sein Sohn nicht. Der rüde Umgang ist nicht sein Ding. Und doch nennt er Dinge, die ihn beschäftigen, so deutlich beim Namen, dass glatten Polit-Polierern schon mal verdammt mulmig wird. Helmut Kohl, der Ex-Kanzler, wird sich an so manchen Disput mit seinem Euro-Skeptiker Schulhoff erinnern. Das intakte Immunsystem zur Abwehr des geschmeidig verbogenen Wortes liegt in der Bildungsbiografie begründet. Unter der Obhut eines dominanten Elternhauses fand der Junior einen weit gefächerten Berufsweg: Nach dem Abitur Gesellenprüfung als Installateur, Studium der Wirtschaftswissenschaften in Köln, Diplom als Volkswirt.

Und dann im Zeitraffer: Mitglied des Stadtrates, stellvertretender Fraktionsvorsitzender der CDU-Fraktion. Plötzlich die Chance, nach Bonn zu gehen. Abdriften als Polit-Profi mit wenig Bodenkontakt? Die eigene Firma in fremde Hände geben? Adieu Familie, ich gehe auf Reisen? Rückblickend gibt die Sprache Hinweise auf einen verwurzelten Bodenkontakt. Er findet sich auch in der vertiefenden Hingabe an die Kunst, die sich „auf meiner Insel" (gemeint ist die Museumsinsel Hombroich) mit einem Stück intakter Natur verbindet und dort einen Harmonie-Menschen begleitet. Heimatverbundenheit ist die Basis für Neugierde. Auf andere Kulturen, auf andere Religionen als Standortbestimmung für das Christentum. Schulhoff hat aber nie die Chance, sich zu verlieren. Herausforderungen im Betrieb, in der Familie, in der Hochschule für Technik und Wirtschaft Mittweida erscheinen wie Halteseile. Studenten der Volkswirtschaftslehre lassen einem Honorarprofessor, und dann noch einem aus dem Westen, weltumspannend-unpräzise Begriffsbestimmungen nicht durchgehen.

Schulhoff ist ein Mann im Rentenalter. Nachmittags Besuch der beiden Töchter, zwei Enkelkinder auf dem Schoß. Hänschen klein, wir singen ein Lied. Alle zusammen. Viele Rentner erleiden den langsamen Abschied, weil sich Berufstätige ausgedacht haben, wie der Lebensabend auszusehen hat. Wer es wagen sollte, bei Schulhoff einen Ohrensessel abzuliefern, etwa zum Geburtstag, könnte ihn gleich wieder mitnehmen oder ihn – als Happening – zerschlagen. Studenten, Handwerker, Künstler, Freunde oder fordernde Familienangehörige zapfen Kräfte ab. Und die wachsen erstaunlich gut nach.

Der Kammerpräsident ist Ehren-Vorsitzender der CDU Düsseldorf. Wie er sich einmischt und bisweilen den Aktiven sogar Beine zu machen versteht, verdient Respekt. Wer mutig auch schon mal gegen den Strom schwimmen will, schafft das nicht allein durch Fitness im Kopf. Der innere Schweinehund lauert auf einem Fahrrad, das nicht von der Stelle kommt, oder auch beim Golfen. Auf dem Grün schlägt das Schicksal erbarmungslos zu, weil die Tagesform nicht programmierbar ist. Verheiratete Golfer wissen sehr wohl, worin sich wahre Stärke zeigt: im Verkraften-Müssen, dass manche Ehefrauen ein bisschen talentierter sind ...

 ■ Autor: Ludolf Schulte

Hans Schwarz

Was ist für Sie Glück? Die Traumrendite? Das große Geschäft? Hans Schwarz weiß das Geschäft vom existenziell Bedeutsamen sehr wohl zu trennen. Und wie es bei einem Menschen mit Lebenserfahrung ist, fällt die Antwort nicht wie eine Schlagzeile aus. Als erstes wird die Familie genannt, das Lachen des Enkelkindes. Dann folgt eine kleine Geschichte. „Ich kam im Sommer nach einem langen Tag nach Hause, es war Abenddämmerung. Barfuß bin ich über den Rasen gelaufen, habe etwas gegärtnert. Da kam ein Rotkehlchen, das schon seit Jahren immer wieder zu uns findet. Es hat mich angeschaut, ich habe es angesprochen. In dem Augenblick habe ich Glück empfunden." Die Geschichte passt zum Menschen: Wäre Hans Schwarz nicht Banker geworden, wäre nicht etwa Versicherungsmanager oder Betriebswirt die Alternative gewesen – nein, der Vorstandsvorsitzende der Stadtsparkasse hätte dann am liebsten den Beruf des Gartenbauarchitekten erlernt.

Wer die Dinge wachsen sehen will, muss auch etwas Geduld mitbringen. Der im Auftreten bescheidene, sachliche und dennoch äußerst zielstrebige Sparkassen-Chef hat diese Geduld 1996 mit nach Düsseldorf gebracht. Die Zielstrebigkeit ist tief in Hans Schwarz verankert. „Ich komme aus kleinen Verhältnissen", sagt er und weiß, dass dies seiner Karriere nur förderlich war. Nur wenige qualifizieren sich so engagiert, dass sie mit Anfang dreißig bereits Vorstandschef – in Borken – sind und dann nur noch Leitungsfunktionen innehaben.

Mit dieser Kraft hat Schwarz das Ziel verfolgt, das kommunale Geldinstitut zu einem effizienten Unternehmen zu machen. Doch zunächst musste er helfen, den Schock der gescheiterten Schweiz-Geschäfte zu verdauen. Umgerechnet 100 Millionen Euro waren durch den windigen Anlagedeal verloren gegangen. „Das hatte die Mitarbeiter stark verunsichert. Die Identifikation mit der Sparkasse ist sehr hoch, wobei 60 bis 70 Prozent bei Umfragen gerade die berufliche Sicherheit als Grund hierfür mit angeben."

Nach fast zehn Jahren im Amt kann Schwarz heute sagen, „dass wir eine völlig andere Sparkasse haben". Das fängt bei der Bilanzsumme an: Sie ist heute in Euro so hoch wie damals in D-Mark, nämlich 11,5 Milliarden Euro. Nahezu eine Verdopplung, die mit zehn Prozent weniger Personal erzielt wurde. Noch wichtiger jedoch: Die Stadtsparkasse gehört heute zu den profitabelsten Großsparkassen in Deutschland. „Das war mein Ziel", sagt Schwarz, „früher hatten wir 60 Prozent der Mitarbeiter im Stab und in der Abwicklung und nur 40 Prozent im Vertrieb, also am Kunden." Dieses Verhältnis hat Schwarz umgekehrt, 2002 spürte man dies auch merklich in der Bilanz. Mussten vor zehn Jahren noch bis zu 80 Cent ausgegeben werden, um einen Euro zu verdienen, so liegt dieser Wert heute bei 58,5 Cent. Der Umbau wurde auch äußerlich sichtbar: Zum 175-jährigen Bestehen wurde die Unternehmenszentrale an der Berliner Allee aufwändig saniert. „Die gläserne Transparenz ist Symbol für uns und absolut gewollt", sagt der gebürtige Hannoveraner.

Der gemeinsame Erfolg hat das Image des Vorstandschefs im Haus komplett verändert. Die Reden vom „eisernen Hans" sind aus der Mode. Denn natürlich bedeutet Erfolg auch Sicherheit. „Ich weiß, dass ich streng führe", räumt der Vorstandsvorsitzende ein. Auf der anderen Seite erfährt Schwarz nun über persönliche Anerkennung die Bestätigung für seinen Kurs. Dass dies gut tut, verhehlt der Manager nicht. Und er tritt, da gerade Privatisierungsdebatten immer offensiver geführt werden, deutlich für die Sparkassen-Idee ein. „Wir sind unersetzlich für den Mittelstand und sorgen dafür, dass auch die Konditionen bei den Geschäftsbanken attraktiv bleiben. Schauen Sie nach England: Da sind die Sparkassen verschwunden, Gebühren und Preise sind heute extrem höher."

Der Sparkassenchef will auch im Ruhestand Düsseldorf die Treue halten. Vielleicht erfüllt er sich seinen Traum und legt sich einen Oldtimer zu. Entspannung findet er schon heute bei Beethoven, Mozart, Oper, Schauspiel und viel Lektüre. „Ich lese immer mehrere Bücher gleichzeitig. Historische Texte etwa oder Krimis. Meine Tochter hat mir gerade den neuen Mankell geschenkt."

 ■ Autor: Uwe-Jens Ruhnau

Rainer Schwarz

Wer Rainer Schwarz aus der Ruhe bringen will, muss schon defekte Triebwerke aufbieten. Angst beim Fliegen – das ist dem Flughafen-Chef fremd. Immerhin: Die Pakistan International Airlines forderte ihn vor 15 Jahren dann doch einmal heraus. Unfreiwillig, versteht sich. „Wir sind von der Fachhochschule München zu einer Konferenz nach Pakistan geflogen, und auf besonderen Wunsch mit dem Lumpensammler: der PIA", erinnert sich Schwarz. „Da ging so ziemlich alles schief." Dass kaputte Sitze ständig zusammenklappten, löste zwar noch keine Nervosität bei den Passagieren aus. „Aber", so Schwarz, „dann fiel ein Triebwerk nach dem anderen aus." Gottlob verabschiedete sich wenigstens eines nicht vollständig, „Wir sind noch auf pakistanischem Boden gelandet, wenn auch nicht da, wo wir eigentlich hin sollten."

Die Gelassenheit, mit schwierigen Situationen besonnen umzugehen, zeichnet den 47-jährigen Kettwiger aus, der am 1. Januar 2002 Hans-Joachim Peters offiziell an der Spitze des drittgrößten deutschen Flughafens ablöste. Denn nach dem vergleichsweise beschaulichen Leben am Nürnberger Airport, den er zuvor dirigiert hatte, blitzte und donnerte in Düsseldorf ein Krisengewitter im Zuge des Terroranschlags vom 11. September und der SARS-Erkrankungen in Fernost. Schwarz stellte sich der Herausforderung in der ihm eigenen Nüchternheit und nahm auch ein gellendes Pfeifkonzert in Kauf, als er der Belegschaft im Mai 2003 die neue Unternehmensstrategie „Take-off" präsentierte, in deren Mittelpunkt die geplante Auslagerung von über 1 000 Jobs stand.

„Das war eine Situation, durch die man durch muss", sagt Schwarz kühl und klar. „Die Menschen brauchen jemanden, dem gegenüber sie ihre Emotionen ablassen können, und die Geschäftsführung musste sich stellen." Er sei nicht nervös gewesen, als er die alte Werkshalle auf dem Flughafengelände an jenem Morgen betrat, erinnert er sich. „Aber es gibt schönere Tage."

Sich sichtbar aufzuregen, das passt nicht zu Schwarz. „Es gibt emotionalere Menschen als mich", sagt er lächelnd. Eine Selbsteinschätzung, die noch nie auf Widerspruch gestoßen sein dürfte. Seine Betriebstemperatur steigt allenfalls, wenn das Beharrungsvermögen seiner Gesprächspartner jenseits jedes Arguments sinnvolle Veränderungen blockiert. Schwarz empfindet seine Aufgabe nicht als Bestimmung, die es mit Märchen über Fliegerleidenschaften oder Kindheitserinnerungen samt Modellflugzeug-Sammlungen auszuschmücken gilt. Die zehn, zwölf Flieger aus Glas, Metall oder Plastik, die sein Büro oberhalb des Rollfelds schmücken, hat er geschenkt bekommen oder von seinem Vorgänger übernommen.

Der Mann, der gerne segelt, surft, (Wasser)-Ski läuft und Motorrad fährt, hat keinen Pilotenschein und, wie er sagt, auch nie die Lust verspürt, einen zu machen. „Die erste Generation von Flughafen-Chefs, das waren ja noch Kriegsflieger, die zweite, das waren Leute, die durch die Pilotenprüfung bei der Lufthansa gefallen waren", schmunzelt Schwarz und setzt hinzu: „Meine Generation betreibt diese Arbeit als Management-Job." Gleichwohl müsse er sich mit seiner Branche identifizieren können. „Und das Fliegen ist ja ein sexy Produkt", weiß er.

Seine Fähigkeit, sich schnell einzuleben, ist ihm stets eine große Hilfe gewesen. Schwarz, der sich am Lehrstuhl für Finanzwirtschaft in Bayreuth einen Doktortitel verdiente, studierte in Paderborn und Berlin, absolvierte Praktika in Sydney und Connecticut, lebte in München und Nürnberg, ehe er in die Nähe seiner Heimat zurückkehrte. Ein Kosmopolit, der sich nun mit Frau und zwei Kindern mehr Bodenständigkeit verordnet hat. Dennoch: Düsseldorf, nur eine weitere Zwischenstation? „Ich hab meine Ziele nicht so konkret formuliert", sagt Rainer Schwarz. Ein Anflug von Schwärmerei in seiner dezent-kontrollierten Art lässt immerhin noch Raum für Spekulationen. Die USA haben es ihm angetan, „dieses Freizügige, nicht eingeengt sein", sagt er. „In Deutschland bin ich mit meinem Lebenslauf doch eher ein Exot", findet er. Mindestens eines an Rainer Schwarz aber ist deutsch und total unexotisch: Er trinkt an Bord – wie alle – Tomatensaft.

 ■ Autor: Frank Preuß

Marie-Luise Smeets

Endlich mal nicht in den Schulferien Urlaub machen. Zeit für Freunde haben. Nie wieder zu viel Kaffee in langen Sitzungen trinken. Keine Termine, kein Stress. Für Marlies Smeets wird das mit 68 Jahren eine neue Erfahrung. „Bislang gab es immer Zwänge", sagt die Bürgermeisterin. Damit soll Schluss sein. Anfang 2004 hat sich die SPD-Frau entschlossen, nicht mehr bei der Kommunalwahl anzutreten.

Mit ihrer Zielstrebigkeit hatte Marie-Luise Smeets in ihrer beruflichen Laufbahn rekordverdächtig oft als Frau eine Vorreiter-Rolle: Sie war die erste weibliche Auszubildende bei ihrem langjährigen Arbeitgeber, der Rheinbahn. Wurde dort erste weibliche Abteilungsleiterin, gehörte bis zu ihrem Ausscheiden 1996 zu den leitenden Angestellten. Sie war im Rathaus die erste Fraktionsvorsitzende und bis 1999 die erste – damals noch ehrenamtlich – Oberbürgermeisterin. „Als Frau braucht man auf jeden Fall Köpfchen, aber auch Herz, und muss sich manchmal aufs Bauchgefühl verlassen. Dann macht man seine Sache schon gut", sagt sie lächelnd.

„Uns Marlies", wie die Düsseldorfer ihre ehemalige Oberbürgermeisterin freundschaftlich nennen, hat immer versucht, nah am Puls ihrer Heimatstadt zu leben. Kontakt mit Leuten auf dem Markt, Diskussionen bei einem Glas Altbier – jederzeit. Schreibtischtäter sind ihr ein echter Graus. Zum Beispiel junge Leute, die direkt nach dem Studium einen Posten in Brüssel ergattern, ohne je an der Basis gearbeitet zu haben. So etwas ärgert die resolute Frau. Weil die keinen Schimmer haben, welche Konsequenzen ihre Entscheidungen haben. Im lokalen Wahlkreis hingegen entlädt sich der geballte Wähler-Ärger.

Marlies Smeets hat Kommunalpolitik von der Pike auf gelernt: Der Vater engagierter IG-Metaller und überzeugtes SPD-Mitglied. Die Tochter neugierig, was er alles mitentscheiden kann. Die beiden haben viel diskutiert. Mehr als vier Jahrzehnte hat Marlies Smeets in der Landeshauptstadt als Kommunalpolitikerin und spätere Ratsfrau mitgearbeitet.

Grobe Schnitzer, nein, die habe sie sich eigentlich nicht erlaubt, resümiert sie. Stolz ist sie auf die Tieferlegung der Rheinuferstraße – auch wenn die Politik sich anfangs schwer getan habe. Bloß der Kommunalwahlkampf 1999 sei schief gegangen: „Vielleicht hätte man da die Kampagne anders anlegen müssen", sagt sie heute selbstkritisch. Mit rund 2 000 Stimmen eroberte damals ihr Kontrahent Joachim Erwin die Doppel-Position als Oberbürgermeister und Verwaltungs-Chef.

Marlies Smeets hat sich trotzdem aufgerappelt und fünf Jahre weiter in der zweiten Reihe gearbeitet. Für ihre Stadt. Denn Düsseldorf ist für Marlies Smeets ein Original – und soll es bleiben. Am Lambertus-Platz, am Rheinufer – da fühlt sie sich so richtig zuhause. „Wir müssen aber auch aufpassen, dass die Stadt ihre Individualität bewahrt", mahnt die SPD-Frau. Einkaufsstraßen und Büroglasbauten wie an Kasernen- oder Breitestraße und Graf-Adolf-Platz gebe es heutzutage überall.

Auf den ersten Blick bleibt bei einem solch beruflich ausgefülltem Leben kaum Zeit für Privates. Doch der Eindruck täuscht. Einsam war die 68-Jährige nie, hat Freundschaften gepflegt. Seit über 40 Jahren beweist sie auch nach Dienstschluss Treffsicherheit: in ihrem Damenkegelclub. „Man muss in den Zeiten, in denen man Hochkonjunktur hat als Politiker, in denen man umschwärmt wird und plötzlich ganz viele Leute hat, die einen kennen und hofieren – trotzdem alte Freundschaften pflegen. Sonst ist man einsam, wenn man mal aufhört." Das sei bei einem 14-Stunden-Tag nicht immer leicht. Aber machbar. Auch darum hat Marlies Smeets vor jenem ersten Tag ohne Kommunalpolitik keine Angst. Viele glauben, sie falle in ein Loch, schaffe die Umstellung nicht. Bei solchen Bedenken schüttelt die 68-Jährige vehement und fast trotzig den Kopf:

„Ich schaffe das schon, weil ich immer in meinem Leben Situationen, in denen ich vor eine Entscheidung gestellt worden bin, geschafft habe." Ihre Freunde sind da, wenn Amt und Mandat wegfallen.

 ■ Autorin: Andrea Militzer

Michael Specking

„Das Beste, was einem passieren kann, ist, einem Westfalen zu begegnen", sagt Michael Specking. Für den 47-Jährigen bedeutet das von ihm recht frei interpretierte Sprichwort zweierlei: Einerseits ist der gebürtige Neunkirchener seiner Herkunft entsprechend der Bodenständigkeit verpflichtet, anderseits prägen Flexibilität und Bewegung sein Leben. Das Schicksal führte ihn schon in Metropolen wie Ankara und München oder Städte wie Dresden. Seit Mai 2001 ist er als General Manager für das Hilton in Düsseldorf-Golzheim verantwortlich.

Für Specking selbst ist weniger der Ort als die Aufgabe faszinierend. „Wo liegt schon Katmandu?" sagt er. Er liebäugelt stattdessen mit der für ihn größten möglichen Herausforderung: Spätestens 1988, als er in der türkischen Hauptstadt zum Eröffnungsteam des Hilton gehörte, infizierte er sich mit dem Machervirus, entdeckte sein Faible für das Bauen und Verändern.

In Düsseldorf hat er jetzt das Hilton Hotel innerhalb von zwei Jahren auf einen zukunftsträchtigen Stand der Dinge gebracht. Der Herr über das Investitionsvolumen von 45 Millionen Euro hat die Tagungs- und Veranstaltungskapazitäten um 30 Prozent erweitert und damit für das Haus ein drittes Standbein geschaffen. So sorgt Specking für Bodenhaftung in bewegten Zeiten. „Durch eine äußere Veränderung ändert sich auch das Innenleben", erklärt der Manager seine Begeisterung. „Es entsteht Raum für neue Ideen, Aufbruchstimmung macht sich breit." Zufrieden sitzt er in der ebenso dezent wie exklusiv gestalteten Lounge des Hotels. Für das Gespräch wählt er eine ruhige Ecke – aber auch von dort behält er alles im Blick. Obwohl er sich auf seine 200 Mitarbeiter verlässt, problemlos Dinge delegieren kann.

Es ist ein ungewöhnlicher Lebenslauf, der Michael Specking auf die obere Sprosse der Karriereleiter gebracht hat. Als jüngster von vier Brüdern lebte er zunächst die Prinzenrolle. „Mein 17 Jahre älterer Bruder musste mit mir im Kinderwagen spazieren gehen und war ganz empört, wenn er für meinen Vater gehalten wurde", erinnert er sich amüsiert. Allerdings musste der Nachzügler früh das Elternhaus verlassen. Nach dem Tod seines Vaters besuchte Specking ab seinem zehnten Lebensjahr ein Internat, im Westfälischen gelegen.

Dann war es das „Medium Mensch", wie er es ausdrückt, das ihn interessierte. Er arbeitete in einem Kinderheim, war in der Altenpflege aktiv. Folgerichtig entschied er sich für ein Studium der Sozialwissenschaften, nachdem er auf dem zweiten Bildungsweg erfolgreich sein Abitur bestanden hatte. Nach zwei Semestern warb ihn ein Freund ab, München hieß die neue Heimat. Dort wurde an der Universität zum ersten Mal der Studiengang Business Management Hospitality Industrie BA angeboten. 20 000 bewarben sich, unter den 15 Nachnominierten war Specking dabei. „Ich habe Glück gehabt", kommentiert er dies und wehrt Sprüche wie „Dem Tüchtigen gehört das Glück" ab.

Dass er aus der Betriebswirtschaft in den Hotelbereich ging, lag an seinem Dozenten. „Professor Edgar E. Schätzing hat sehr hotelorientiert gearbeitet", erklärt Specking. Und letztendlich hat gerade so ein Betrieb besonders viel mit dem bereits oben zitierten „Medium Mensch" zu tun. Das erste Praktikum absolvierte er in Hamburg und schon dort war es ein Hilton Hotel, das ihn anzog. Inzwischen ist der Vater dreier Söhne (20, 17 und zehn Jahre alt) seit über zwanzig Jahren der Kette treu geblieben, wurde 2001 mit dem „Long Service Award" ausgezeichnet.

Dass Specking ein Mann ist, der Herausforderungen liebt, unterstreicht auch die Wahl des Familienhundes. „Fritz" heißt der sächsische Vierbeiner und zählt als Dackel zu den eigenwilligen Vertretern. Wer mit dieser Rasse klar kommen will, muss präzise Weisungen geben können, einfühlsam sein und immer der Boss. Michael Specking kommt mit seinem Jagddackel zurecht, zweifellos.

 Autorin: Pamela Broszat

Paul Spiegel

Paul Spiegel will kein Übervater sein, kein Mahner der Nation. Es gefalle ihm „überhaupt nicht, dauernd als moralische Instanz gesehen zu werden", betont der Präsident des Zentralrats der Juden in Deutschland. Lieber gibt sich der gelernte Journalist und Chef der renommierten Düsseldorfer „Künstler- und Medienagentur" als interessierter Diskussionspartner und geduldiger Zuhörer.

Und doch hat Spiegel, seit ihn der Zentralrat im Frühjahr 2000 an die Spitze wählte, immer wieder Diskussionen angestoßen und Tabus gebrochen. So hielt er, der als Kind vor den Nazis floh und seine ältere Schwester verlor, als erster jüdischer Repräsentant eine Rede zum Bundeswehr-Gelöbnis im Berliner Bendler-Block – dem Ort, an dem im Dritten Reich das Oberkommando der Wehrmacht gesessen hatte.

Von der Gesellschaft fordert er ein stärkeres Bekenntnis zugunsten der Minderheiten. Scharf verurteilte er am 9. November 2000 vor dem Brandenburger Tor den Begriff einer „deutschen Leitkultur". Zugleich betont der Zentralratspräsident sein Vertrauen in die Demokratie unseres Landes.

Jüngst forderte er eine Patriotismusdebatte. „Warum sollen denn die Deutschen nicht Fahnen hissen oder die Hymne singen?" Schließlich gehe es als Patriot darum, zu seinem Land und dessen Geschichte zu stehen, zu den guten, aber auch zu den negativen Seiten.

Stets verfolgt Paul Spiegel mit seinen Äußerungen ein Ziel: Vorurteile auszuräumen, Barrieren abzubauen. „Wenn das Miteinander zwischen Juden und Nichtjuden am Ende meiner Amtszeit unbefangener wäre als heute, hätte ich etwas erreicht", sagt er.

Dass dank des Zuzugs aus Osteuropa inzwischen mehr als 100 000 Juden in Deutschland leben, empfindet Spiegel als „Wunder für ein Land, in dem vor 60 Jahren niemand an eine solche Wiedergeburt geglaubt hat". Er hoffe auf eine „Renaissance" des jüdischen Lebens. Doch der visionäre Realist weiß um die Wichtigkeit, die Ankömmlinge in den Gemeinden einzubinden. „Das ist die größte Aufgabe meiner Amtszeit."

Für seine Brückenschläge zwischen den Religionen ist Paul Spiegel vielfach ausgezeichnet worden. Und doch freute er sich besonders, als ihm die Philosophische Fakultät der Heine-Universität im Februar 2004 die Ehrendoktorwürde verlieh. Ministerpräsident Peer Steinbrück sprach von einer „Auszeichnung für einen Ausgezeichneten". Spiegel, der seit 1958 in Düsseldorf lebt, empfand die Verleihung als „Ehre" und wohl auch als Bestätigung.

Angesichts der Präsenz seines Ehrenamtes wird leicht vergessen, dass Paul Spiegel auch beruflich überaus erfolgreich ist. 1986 eröffnete er seine Künstler- und Medienagentur, heute eine Adresse von internationalem Ruf. Sein Gespür für Menschen und der nimmermüde Einsatz haben sich ausgezahlt. Ex-US-Präsident Jimmy Carter, UN-Generalsekretär Kofi Annan, Popstar Elton John – die Liste der Namen, die der Düsseldorfer vermitteln kann, scheint endlos. Im vergangenen Jahr erweiterte Spiegel sogar die Palette, gründete mit seinem Freund Hans Meiser die Firma „creaevent". Dort organisiert er Großveranstaltungen. „Andere in meinem Alter gehen in Rente", so der 66-Jährige. „Doch daran denke ich gar nicht."

Immerhin hat sich Spiegel vor einem Jahr Verstärkung geholt. Dr. Werner Hellfritzsch, ehemals Direktor der Deutschen Oper am Rhein, steht ihm nun als Partner zur Seite. Schließlich brauche er auch Zeit für seine Frau Gisèle, sagt Spiegel. Mit ihr feierte der Wahl-Rheinländer gerade den 40. Hochzeitstag. Die Eheleute haben zwei erwachsene Töchter.

Sein größter Wunsch sei es, einmal die Show-Diva Barbra Streisand zu engagieren, bekannte Spiegel einst. Bis heute ein Traum. Zur Millennium-Feier habe er der Sängerin im Auftrag eines Kunden sage und schreibe 26 Millionen US-Dollar geboten – für einen Abend. „Doch sie sagte, sie habe Angst zu fliegen." Spricht es aus und setzt das milde, für ihn typische Lächeln auf. Er kann die Absage verschmerzen. Schon plant Paul Spiegel den nächsten Coup. „Ich will Bill Clinton nach Düsseldorf holen." Anfang 2005 soll es so weit sein. Doch worum es genau gehen wird, darüber hüllt sich der Profi in Schweigen.

 ■ Autor: Lars Björn Gutheil

Rolf Steinhäuser

Rund um die Basilika St. Lambertus ist die Stadt noch ein Dorf. Man kennt sich, man versteht sich, man hilft sich. „Zwei Straßen weiter ist das anders, da beginnt die Anonymität der Altstadt", sagt Rolf Steinhäuser, Stadtdechant und Pfarrer an der ältesten Düsseldorfer Kirche – Kopf und Herz einer modernen katholischen Gemeinde. Der gebürtige Kölner kann gar nicht anders, als mittendrin zu sein. Geografisch, aber auch von Amts wegen: in der Seelsorge seiner Pfarre mit Gottesdiensten, Kirchenmusik auf hohem Niveau, Adventsbasaren und Karnevalsfeiern.

Düsseldorfs oberster Katholik kennt die Sorgen vieler Gemeinden. Sinkenden Mitgliederzahlen und wachsendem Desinteresse begegnet der Stadtdechant bei seinem Projekt „City-Pastoral". Die Kirche in Düsseldorf will neue Wege gehen. „Wir haben ein niederschwelliges Angebot für alle, die nicht kirchlich sozialisiert sind", erklärt Steinhäuser. So öffnet St. Lambertus auch zu einem populären Ereignis wie der „Nacht der Museen" die Pforten: Mit Lesungen, Musik – und einem Gebet zur Nacht. Ein Museum sei die Basilika zwar nicht – aber vieles darin sei durchaus museumswürdig.

Das alleine wäre dem religiös engagierten Mann aber zu wenig: „Mir ist wichtig, dass es ein weitergehendes religiöses Angebot gibt." Dazu zählen in St. Lambertus beispielsweise eine Fußwallfahrt oder Exerzitien im Alltag. Klare Vorstellungen, ehrlich und schnörkellos formuliert – so macht er es eben, der 52-Jährige, der als Vorsitzender der Caritas und Mitglied in zahlreichen Gremien ständig einen vollen Terminkalender hat.

Steinhäuser möchte nicht nur in den Gemeinden wirken, sondern auch an den Rahmenbedingungen und Konzepten mitwirken, für Finanzen und Personal verantwortlich sein. Die Glaubensarbeit hat Rolf Steinhäuser von Jugend an gelernt. Zunächst als Jugendleiter in seiner Heimatgemeinde am Stadtrand von Köln, später als Diözesan-Jugendseelsorger in Köln und Altenberg.

Düsseldorf war fern. Und eine echte Herausforderung. Im Winter 1996 wurde er versetzt. Kurz vor Weihnachten kam der neue Pfarrer und damals stellvertretende Stadtdechant an. Es war kein euphorischer Start in dieser Stadt, über die er bestenfalls alle Vorurteile kannte. Zweieinhalb Jahre lang hätte Rolf Steinhäuser am liebsten mehrfach im Monat die Koffer gepackt und wäre rheinabwärts gefahren. „Kirche spielt hier eine andere Rolle als in Köln, die Stadt definiert sich eher über Messe, Mode und Flughafen. Köln definiert sich neben Karneval auch über die Kirche und den Dom." Zu viel Fassade, zu wenig Tiefgang. Rolf Steinhäuser hat aus- und vor allem angepackt. Er ist ein echter Glücksfall für die Gemeinde und die Düsseldorfer Katholiken.

Im Projekt „City-Pastoral" haben der Stadtdechant und seine Mitstreiter viel vor. Ein Stadthaus soll an der Maxkirche als Treffpunkt für die Katholiken der Stadt und als Anlaufstelle öffnen. Trotz der Sparpläne des Bistums macht Steinhäuser sich dafür stark. Menschen in die Kirche zurück zu holen – das hat er in seiner Gemeinde oft geschafft. Auch bei den wenigen Kindern und Jugendlichen, die in der Innenstadt wohnen. „Bei uns sind in den letzten Jahren alle Kommunionkinder Messdiener geworden", sagt der Pfarrer lächelnd. In vielen anderen Bereichen ist die Zahl der Ehrenamtlichen ebenfalls gewachsen. Sein oberstes Gebot: „Ehrenamtliche Helfer muss man pflegen, sie sollten ruhig überlegen und auch mal Nein sagen können." So viel Geduld, so viel persönlicher Einsatz: Es sind die kleinen menschlichen Geschichten, die für Rolf Steinhäuser seinen Beruf reizvoll machen.

„Trauungen habe ich eine Zeitlang nicht gerne gehalten", erzählt der Pfarrer. Ein bisschen sei ihm das wie Theater vorgekommen, weil viele Paare nichts mit Glaube und Kirche zu tun haben. „Heute sehe ich das positiv, weil die Menschen die Möglichkeit haben, eine positive Erfahrung mit Kirche zu machen. Außerdem erfahren sie im Gespräch vor der Trauung viele Dinge voneinander, über die viele noch nie geredet haben – zum Beispiel, ob und wie der andere glaubt."

 ■ Autorin: Andrea Militzer

Roderich Stomm

Blazer, gestreifte Krawatte, Hornbrille: Roderich Stomm besticht durch makellos klassisches Outfit. Dennoch ist der Chef von Canon Deutschland alles andere als ein gemütlicher Gentleman, der am liebsten Golf spielt, während andere arbeiten. „Nicht mein Stil", kommentiert der promovierte Betriebswirt und passionierte Opernfreund (seine Lieblingsoper: „Turandot" von Puccini). Aber von seinen 1 000 Mitarbeitern verlangt er das gleiche Engagement, das er im Dreiflügelbau aus Stahl und Glas an den Tag legt.

Seit 1995 hat die deutsche Canon-Zentrale ihren Hauptsitz im Fichtenhain in Krefeld, 15 Kilometer von der Kö entfernt. Hier hat Roderich Stomm seit 1999 das Sagen – einer der Topmanager Deutschlands, der einen Jahresumsatz von einer Milliarde Euro verantwortet und vor drei Jahren die Fusion von zwei Canon-Töchtern durchführte. Als harten, unbequemen Verhandlungsführer respektieren ihn Betriebsräte, heißt es. Ursache: Der Fusion fielen 30 Prozent der Arbeitsplätze zum Opfer, im Nachhinein eine zukunftsweisende Entscheidung. Von diesen hat der gebürtige Münchner schon viele getroffen, denn er arbeitet bereits 19 Jahre für den Weltkonzern, der nicht nur Fotoapparate produziert.

Mit Kameras fing alles an. „Kwanon" hieß der Markenname der ostasiatischen Firma, bevor sie nach Amerika expandierte. Aus „Kwanon" wurde „Canon". Der Name hätte sonst keine Chance in den USA gehabt, so Roderich Stomm, der sich seit dem Studium für Markt, Werbung und die Frage interessiert: Wie überzeuge ich Massen von (m)einem Produkt?

Eine enorme Vielfalt von neuester Technik fertigt der japanische Hightech-Riese mittlerweile – vom Laserdrucker und Camcorder bis zu Präzisions-Maschinen, die Mikrochips herstellen. Mit weltweit 200 Gesellschaften und einem Jahresumsatz von 25 Milliarden Euro liegt der Konzern weit über der Henkel AG. Der neueste Clou sind Flachbildschirme, die Canon und Toshiba gemeinsam produzieren. „In der Anmeldung von Patenten rangiert Canon auf Platz zwei der Weltrangliste", begeistert sich Stomm für den Global Player, an dessen Erfolg in Europa er maßgeblichen Anteil hat und zu dessen Europavorstand er gehört.

Denn vor 1999 eroberte er als Geschäftsführer von Wien aus den Osteuropa-Markt: Ungarn, Polen, Rumänien ... Vom Hotelzimmer aus warb Stomm Sekretärinnen, Techniker und zuverlässige Taxifahrer an. „Eine abenteuerliche Zeit", erinnert sich der Pionier. In diesem Genre hatte er sich schon in den wilden 70ern beim US-Konzern Gillette profiliert. Für den Marktführer von ‚Toiletteries' kaufte und verkaufte Stomm kleine Unternehmen, von Kaugummi- oder Spielzeugherstellern.

Am Rhein fühlt sich der Wiener wohl, bevorzugt gutbürgerliche Küche im Altstadt-„Schiffchen". Der 56-Jährige hat in Düsseldorf viele Freunde aus der Studentenzeit, von einem mietete er ein Haus in Stockum. Freitagabend zieht es ihn aber nach Wien – dort hat er mit seiner Frau Sylvia und dem 11-jährigen Sohn Max eine Eisen-Villa auf dem Kahlenberg. Konzipiert wurde das Haus, in dem einst die Rothschilds residierten, vom berühmten Turmbauer Gustave Eiffel. Stomms Wurzeln sind in Wien; denn sein Vater stammt aus einer alten österreichischen k. u. k. Offiziersfamilie. Und der Urgroßvater diente als General in der kaiserlichen Armee.

Als Pennäler drückte Stomm in München einige Jahre die Schulbank des Luitpold-Gymnasiums. 1962 zog es die Familie ins heimatliche Wien, bedingt durch den frühen Tod des Vaters. Dort studierte Roderich Stomm nach der Matura an der Hochschule für Welthandel, einer Traditions-Universität aus der Zeit von Maria Theresia. Nach der Doktorarbeit drängte es ihn zum Waschmittel-Magnaten. Henkel galt bereits als die Kaderschmiede. Klaus Morwind (heute zweiter Mann bei Henkel) stellte Stomm ein. Doch als er ein höheres Gehalt forderte, musste er in einer Fallstudie gegen eine Gruppe von Gelehrten antreten. Knallharter Wettbewerb, einer gegen alle. Stomm kam, siegte und lernte viel – von Waschmitteln, Forschung, Verkauf und Vertrieb. Kenntnisse, die ihm später zur steilen Karriere bei Canon verhelfen sollten.

 ■ Autor: Michael-Georg Müller

Tsunejiro Takagi

„Kannst du Auto fahren? Kannst du Alkohol vertragen? Kannst du Mah-Jong spielen? Kannst du Golf spielen?" Das waren die vier wichtigsten Fragen, die sein erster Chef an den jungen Tsunejiro Takagi stellte – und die sein Leben maßgeblich beeinflussten. „Meine Antwort war jein", sagt er Jahrzehnte später und lacht, „ich konnte nicht Golf spielen." Also gab der Boss dem jungen Mann, der gerade sein Volkswirtschaftsstudium erfolgreich abgeschlossen hatte, einen Golfschläger zum üben – und den Job.

Damals, im Jahre 1959, wusste er noch nicht, dass er die Stadt Fukuoka im Süden Japans verlassen, und dass Deutschland seine zweite Heimat werden würde. Heute ist Takagi nicht nur ein erfolgreicher Geschäftsmann, sondern auch ein hervorragender Golfspieler, außerdem Mitbegründer und Ehrenpräsident des Kosaido International Golfclubs.

Beim Thema Golf gerät der Japaner mit den lebendigen Augen ins Schwärmen. Selbstverständlich erzählt er auf Deutsch, wie alles begann. Und wenn er erzählt, dann macht er es richtig spannend, setzt bewusst Pausen, um dann zur Pointe zu kommen. Eines Tages hatte sein Chef die Golfschuhe vergessen, also musste er sie holen, und er sollte auch mitspielen. Das war drei Monate nach der Einstellung. „Da war ich das erste Mal auf dem Platz und habe direkt eine 98er Runde gespielt." Ein Naturtalent. Höflich winkt Takagi ab. Er habe schon in der Schule Baseball gespielt, das habe sicherlich geholfen. Dann ergänzt er: „Über 100 habe ich nie gespielt." Heute hat er ein Handicap von 5,7.

1964 kam Tsunejiro Takagi nach Deutschland, zunächst nach Hamburg. Dort begann er für seine japanischen Landsleute einen Kurierdienst zu organisieren, den Overseas Courier Service. Hamburg war damals die größte japanische Kolonie, wichtige Dokumente wurden hin- und hergeschickt, möglichst schnell. Und alle wollten Informationen aus der Heimat. Dabei waren die meisten Zeitungen zehn Tage alt und älter. Also ließ Takagi sie einfliegen.

Das Geschäft boomte. Binnen 24 Stunden waren die Japaner in der Hansestadt bestens informiert. Wesentlich besser als die Kolonie in Düsseldorf. 1970 ging er probeweise an den Rhein. Seine Frau Atsuko kam mit den beiden Kindern Yurie und Kenji, die beide in Hamburg geboren wurden, ein Jahr später nach.

Die Wohnung an der Luegallee in Oberkassel diente gleichzeitig als Büro. Der Infoservice wurde ausgebaut, japanische Zeitungen nicht nur nach Deutschland, sondern nach ganz Europa und Nordafrika verschickt. Am Anfang sei es schwierig für die Familie gewesen. Es gab nur ein japanisches Restaurant, erinnert er sich. Das Wasser aus der Leitung habe man nicht trinken können. Japanische Lebensmittel gab es so gut wie gar nicht. „Reiskuchen und Chinakohl haben wir uns Weihnachten schicken lassen und mit den Nachbarn geteilt." Das sei absoluter Luxus gewesen. Für frischen Fisch ist er manchmal am Wochenende nach Amsterdam gefahren.

Ein Pionier eben, auch beruflich. Zu seinem Kurier- und Informationsdienst kam eine Buchhandlung dazu. „Weil der damalige Chef der Bank of Tokyo unbedingt einen Bestseller lesen wollte", erklärt er. Davon hatten wiederum die anderen gehört und wollten ebenfalls das Buch lesen. So gründete der clevere Geschäftsmann gemeinsam mit seiner Frau 1974 die erste japanische Buchhandlung in Europa.

Auch bei der Suche nach einem geeigneten Grundstück für den Golfclub, den sich vor allem die japanische Handelsgesellschaft wünschte, war Takagi maßgeblich beteiligt. 1990 wurde der Kosaido-International Club in Hubbelrath eröffnet, und Takagi lässt es sich nicht entgehen, mindestens zwei Mal die Woche dort zu spielen, nachdem er in den Ruhestand getreten ist.

„Golf hält jung", sagt er und ist froh, dass seine Frau ebenfalls spielt. Tradition ist es, zwischen Weihnachten und Neujahr zum Golfen nach Portugal zu fahren. Da spricht der Süd-Japaner, dem es in Düsseldorf oft zu kalt ist – der sich aber im Rheinland zu Hause fühlt, und zu dessen Lieblingsgerichten Kasseler mit Kartoffelpüree und Sauerkraut zählt.

 ■ Autorin: Birgit Wanninger

TaylorMade

Martin Thiel

Martin Thiel ist jemand, der von sich selbst sagt, er sei „frankophil". Und das fast von Geburt an. Denn die Liebe zu Frankreich ist ihm geradezu in die Wiege gelegt worden. Schließlich ist Thiel südlich von Saarbrücken aufgewachsen; sein Elternhaus lag nur einen Steinwurf weit von der französischen Grenze entfernt. Kultur und Lebensart der Menschen aus dem Nachbarland hat Thiel schon als Knirps aus nächster Nähe erlebt.

Doch wenn's ums Auto geht, denkt der Saarländer sozusagen in Deutsch. „Ich bin ein BMW-Mann", sagt der Chef der Düsseldorfer Niederlassung des bayerischen Autobauers. Auch das im Grunde schon von Kindesbeinen an, denn auch Vater Thiel war ein passionierter BMW-Fahrer.

Natürlich hat der Junior seine Vorliebe für die Bajuwaren als künftigen Brötchengeber nicht nur vom Gefährt des Seniors abgeleitet. Was viel mehr Schubkraft für ihn hatte: „BMW strahlt wie keine andere Marke Dynamik und Lebensfreude aus." Ein Satz, der aus einem Werbespot der Bayerischen Motorenwerke stammen könnte. Aber Thiel, Betriebswirt mit dem Schwerpunkt Marketing, wirkt damit überzeugend, vielleicht auch, weil er die wunderbaren BMW-Werbespots in der alten Sportschau aus den 70er Jahren im Gedächtnis hat – Samstagabende zwischen Ernst Huberty und der Liebe zum Auto. Es versteht sich von selbst, dass Martin Thiel und seine Frau, Eltern eines zwölfjährigen Jungen und einer zehn Jahre alten Tochter, Autos aus München fahren. Der Mann macht seinen Job allem Anschein nach mit Begeisterung. In seinem Büro und beim Rundgang über das Gelände an der Grafenberger Allee plaudert er über 3-er und 5-er BMW, über Produktneuheiten aus der bayerischen Autoschmiede, über neue Zielgruppen, die das Unternehmen erschließen will, über die Markterfolge des Mini.

Seit August des vergangenen Jahres ist Martin Thiel in Düsseldorf zu Hause – nach fünfjährigem Betriebswirtschaftsstudium in seiner Heimatstadt, etwa 19 Jahren in verschiedenen BMW-Funktionen in München und einer zwischenzeitlichen Singapur-Etappe. Düsseldorf ist der vorerst letzte Schritt auf der Karriereleiter und gewiss kein schlechter: In der Landeshauptstadt mit zwei Standorten an der Grafenberger Allee und einem in Ratingen steht nicht irgendeine Niederlassung, sondern eine von 18 konzerneigenen und in deren Kreis immerhin die fünftgrößte. Eine Niederlassung, die Thiel in den nächsten Jahren signifikant wachsen sehen will. Sein Ziel für das zu Ende gehende Jahr: Je 2 700 Neu- und Gebrauchtwagen verkaufen, dazu 500 Motorräder, insgesamt 170 Millionen Euro Umsatz machen. Solche Kennziffern müssen sein. Ein Ökonom denkt auch in Zahlen, sonst wäre er kein guter.

Ein Saarländer im Rheinland, passt das eigentlich? Für Thiel ist das kein Problem, im Gegenteil: Für ihn seien bei einem Wechsel aus München nur Düsseldorf und Hamburg in Frage gekommen, versichert der Wahl-Niederrheiner, der seiner zweiten Heimat hohes Lob zollt: „Düsseldorf ist eine pulsierende Stadt." Mit Menschen, die Thiel wegen ihrer Offenheit schätzt, mit einer aus seiner Sicht beeindruckenden Wachstumsstärke: „Toll, wie schnell in Düsseldorf Entscheidungen gefällt und umgesetzt werden." Und was für einen BMW-Mann ein nicht zu unterschätzender Faktor ist: „Düsseldorf hat nach München die zweitgrößte Kaufkraft." Ein Phänomen, das dem Standort-Chef und seinen 350 Mitarbeitern Perspektiven lässt. Andererseits bringt reichlich Umsatzpotenzial natürlich reichlich Arbeit mit sich. Dies wiederum führt dazu, dass Thiel für sein großes Hobby Tauchen (der Mann ist ausgebildeter Tauchlehrer) gegenwärtig kaum Zeit bleibt. Und auch beim Marathonlauf, der zweiten großen sportlichen Leidenschaft des Managers, ist sie knapp geworden: „Momentan reicht es nur zu 20 bis 30 Kilometern pro Woche." Unbefriedigend für jemanden, der Ungeduld als seine größte Schwäche bezeichnet. Aber für eine große berufliche Leidenschaft muss man hin und wieder auch mal Opfer bringen. Was Thiel bestimmt gerne macht.

 ■ Autor: Georg Winters

Michael Vesper

„Und dann bin ich im zarten Alter von zwei Jahren nach Düsseldorf verschleppt worden." So eine freundliche Nickeligkeit kann eigentlich nur von einem Kölner stammen. Richtig, von einem gebürtigen Kölner, der jetzt auch wieder in der Domstadt wohnt. Dessen Leben aber von seiner Düsseldorfer Zeit maßgeblich geprägt wurde, und der vor allem auch seit Jahren seinen Dienstsitz in Düsseldorf hat: Dr. Michael Vesper, Mitglied der NRW-Landesregierung, hochkarätiger Grünen-Politiker.

Alt eingesessene Düsseldorfer assoziieren mit dem Nachnamen Vesper eher noch den Vornamen Herbert. Das war der Vater des heutigen Ministers – ein prominenter Düsseldorfer Ratsherr, Mitglied der CDU und lange Jahre im Kulturausschuss aktiv. Dessen beruflicher Versetzung zur Landesversicherungsanstalt Rheinprovinz im Jahr 1954 verdankt Michael Vesper den Zwangs-Auszug 40 Kilometer rheinab. „Wir haben hier zusammen mit meinem 1956 geborenen Bruder erst in einer kleinen Sozialwohnung an der Humboldtstraße gewohnt und sind dann in die Florastraße nach Bilk gezogen", erinnert sich der Minister.

Volksschulzeit in der Schule an der Kronprinzenstraße, dann von 1962 bis 1970 „auf Görres" an der Kö. Der Schulweg führte Michael täglich zwei Mal am Ständehaus vorbei. „Das Gebäude am Schwanenspiegel hat mich schon immer fasziniert. Mein Vater träumte davon, dort Landtagsabgeordneter zu sein, und ich wollte das dann auch!" Herbert Vesper war der Titel MdL nicht vergönnt. Sohn Michael schaffte ihn im Mai 1990 und er bildete gemeinsam mit Kollegin Bärbel den ersten Fraktionsvorstand.

„Schade, dass mein Vater das nicht mehr mitbekommen hat", sagt Michael Vesper heute bedauernd. Der 1988 gestorbene Senior war von der grünen Polit-Karriere seines Sohnes zwar nicht sonderlich erbaut – „aber er hat mir das politische Denken mitgegeben und war letztlich froh, dass ich nicht in die SPD eingetreten bin". In der Tat: Vom politischen Erwachen in katholischen Jugendgruppen und mit älteren Ministranten im ehemaligen Dominikanerkloster an der Herzogstraße („Das ist für die WestLB abgerissen worden – so was würde man heute auch nicht mehr machen!") über eine gescheiterte Schulsprecher-Kandidatur mit 15 führte der Weg 1973 zum Soziologie-Studium in Bielefeld, zu Dritte-Welt-Gruppen und später direkt in die Gründungsphase der Grünen.

Dort ist der Mann, der nach eigenen Worten nach Möglichkeit „Gegensätze auszugleichen sucht", seit Anbeginn in den Führungsgremien aktiv. Nach seiner Wahl in den Landtag 1990 erlebte er das Ständehaus zwar nicht mehr als Parlamentarier, weil zwischenzeitlich der neue Landtag am Rhein fertig gestellt worden war. „Aber ich konnte im Jahr 2002 als Städtebauminister das neue Museum K 21 eröffnen", freut sich Vesper – womit er eine weitere besondere Beziehung zu dem ehrwürdigen Gebäude knüpfte. Überflüssig zu sagen, wohin der Blick aus seinem Amtszimmer in der 5. Etage an der Elisabethstraße fällt …

„Düsseldorf hat sich städtebaulich in den letzten Jahren sehr gut entwickelt", kommt ein Kompliment aus berufenem Munde. „Eine wunderschöne Stadt, die nur manchmal die Nase etwas zu hoch trägt", gibt es einen kleinen Dämpfer hinterher. Vesper steht da eher auf Bodenständiges: „Ich esse seit 35 Jahren an dem selben Stand auf dem Carlsplatz meinen Matjes und ich trinke gerne ein Alt beim Uerigen." Mal einen Abstecher in den Hafen zu „Monkey's Island" würde er allerdings auch gerne öfter machen. Doch dafür reicht die Zeit meist nicht. Wenn der stets gut gefüllte Terminkalender abgearbeitet ist, geht es nach Hause zu Ehefrau Ferdos Forudastan, einer renommierten Journalistin, und den drei Kindern Ramin (*1996), Daria (*1998) und Navid (*2003).

Auch das Gespräch mit dem Chronisten steht unter ministeriellem Zeitdruck – die Mitarbeiter drängen. „Ein Interview mit dem WDR – Entschuldigung!" ruft Vesper und ist verschwunden. Kameramann, Toningenieur und Redakteur warten bereits – natürlich vor dem Ständehaus.

■ Autor: Ulrich Hermanski

Gerd Welchering

An jedem Dienstag Heimatabend. Über 300 Männer im Saal. Begrüßungsritual: „N'ovend, leeve Jonges." – „N'ovend, Baas." Oft gibt es Vorträge von prominenten Gästen. Zum Abschluss wird immer das Heimatlied gesungen, und zur Totenehrung klingt die Heimatglocke. Versammlungsleiter ist meistens Gerd Welchering. Seit 1998 ist er Vorsitzender des mit rund 2 700 Mitgliedern größten deutschen Heimatvereins: „Düsseldorfer Jonges". Das neunte Oberhaupt seit Vereinsgründung 1932. Vorgänger führten den Titel Präsident im Briefkopf, Welchering findet: „Baas (Dialektausdruck für Meister, Chef) ist das richtige Wort."

Heimat und Brauchtum stehen in der Satzung des Vereins, aber Weltoffenheit auch. „Die Fremde hat mich geformt, hat mich Toleranz gelehrt." Welchering hat eine Weltkarte an der Wand im Büro: „Ich brauche die Weite." Offenheit braucht er auch, und Mut. Sein Leben beweist es. So einen nennen die Amerikaner einen Selfmademan. Er war sogar mal Tellerwäscher. Elf Kinder gab es im Haushalt eines Musikpädagogen in westfälischer Provinz. Gerd Welchering wurde in Billerbeck geboren, lernte erst mal im Betrieb seines Großvaters die kunstgewerbliche Herstellung von Stilmöbeln. Da im beginnenden Wirtschaftswunder die meisten Kunden in Düsseldorf waren, möblierte und vertäfelte der Lehrling ihnen die Herrenzimmer und Büros und lernte erstmals eine Großstadt kennen. Dann macht er ein Volontariat in einem Kölner Einrichtungshaus, anschließend zog es ihn in die Ferne. Egal wohin, Hauptsache weg.

Ohne Rückfahrkarte ging Ende 1957 der abenteuerlustige Jüngling in Melbourne, Australien, von Bord des Schiffes und fragte gleich, wo das beste Einrichtungshaus der Stadt sei. Als er endlich in einem Hinterhof eine Klitsche fand, wusste er: „Ich bin am Ende der Welt." Um sofort das nächste Schiff zurück nach Deutschland zu nehmen, fehlten ihm allerdings zehn australische Dollar. So blieb er, ging jeden Abend ins Kino, um Englisch zu lernen, und arbeitete als Tellerwäscher in einem Restaurant. Nach allen Stationen in der Gastronomie war er schließlich Hotelausstatter. Nebenbei drehte er 16-mm-Dokumentarfilme mit einer Arriflex.

Er hat dort eine Deutsche geheiratet, kehrte mit ihr, als sich Nachwuchs ankündigte, als studierter Bachelor of Commerce nach Deutschland zurück. Das Glück zerbrach. So hat er eine Tochter aus erster Ehe und ist jetzt in zweiter Ehe, wie er betont, seit 31 Jahren glücklich verheiratet. Er hatte ein Hotelrestaurant in Rhöndorf und ließ sich dann als Immobilienkaufmann in Düsseldorf nieder.

Welchering, erfahren im Putzen von Hotelküchen, war erfinderisch: Er hat ein Patent für einen Reinigungseimer mit Auswringmechanik für den Wischmopp. Und ist zu Lande, in den Lüften und auf dem Wasser zu Hause – ein scheinreicher Mann: Führerschein, Pilotenschein, Motorboot- und Segelbootschein. Nur hat er für solche Hobbys jetzt keine Zeit mehr. Im Ehrenamt als Baas der „Düsseldorfer Jonges" ist er pro Woche, einschließlich Repräsentationspflichten bei festlichen Anlässen, bis zu 30 Stunden eingespannt.

Filmproduzent war er auch mal, finanzierte einen sechsstündigen Fernseh-Vierteiler nach dem Roman „Fabrik der Offiziere" von Hans Hellmut Kirst. Bei der Vermarktung geriet er in Mühlen der Sendeanstalten. „Ich könnte einen Krimi erzählen."

Eine „Höllenarbeit" steht ihm als Vertrauensmann für 170 000 Düsseldorfer in 548 Vereinen bevor, wenn es jetzt um die Realisierung eines Gesellschaftshauses mit Bürgersaal an der Ratinger Straße geht, eventuell auf der Basis einer Stiftung gemeinsam mit der Stadt.

Wenn er irgendwann mal Muße hat, will er seine sensitive Seite pflegen, nur die innere Stimme hören, für die der Kopf ganz frei sein muss: Radiästhesie, Erdstrahlenkunde und Spürsinn mit Pendel oder Wünschelrute interessieren ihn.

Und wo ist Heimat, Herr Heimatvereinsvorsitzender, lieber Baas? „Wo man Erfüllung findet für seine Lebensphilosophie." Natürlich ist der Zugereiste längst in Düsseldorf heimisch. Der besondere, einzigartige Reiz der Stadt: „Kunst, Kultur, Wirtschaft, Geschichte, alles in dichter Nachbarschaft."

 ■ Autor: Werner Schwerter

Josef Kürten
Bernard Henrichs
Klaus Bungert
Ernst Meuser
Johannes Rau
• Präsidenten der Düsseldorfer Jonges •
Franz Müller
Wilhelm Schmitz
Hermann H. Raths
Kurt Monschau
ÜSSELDORFER
ONGES
1932

Wim Wenders

Im August 1945 wurde Wim Wenders in Düsseldorf geboren. „Wir wohnten damals im einzigen Haus an der Klever Straße, das dort stehen geblieben war." Seine ersten Erinnerungen sind Schuttberge, durch die Straßenbahnen fuhren. Später zog die Familie nach Urdenbach im Süden, weil der Vater Oberarzt, dann Chefarzt am Benrather Krankenhaus wurde. Nach der Volksschule kam er ins Benrather Schlossgymnasium. „Die überfluteten Rheinwiesen bei Urdenbach waren wunderbar. Im Winter konnte man auf dem Eis kilometerweit Schlittschuh laufen."

Mit der Großmutter ging er in Märchenfilme. „Hans im Glück" spielt am Anfang von „Lisbon Story" (1995) eine Rolle, wenn Rüdiger Vogler auf der Fahrt nach Portugal ein Stück nach dem anderen seines Autos verliert oder eintauscht. Wenders las griechische Sagen. „Sigurd" finden wir wieder im Film „Im Lauf der Zeit" (1975), und Apollo oder Hermes (als Michelin-Männchen verkleidet) im selben Film. „Der ganze Lastwagen war ja ein vollgestopfter Mythen-Transporter."

Dann zog die Chefarztfamilie wegen einer besseren Position nach Oberhausen. „Wir fuhren jede freie Minute nach Düsseldorf." Eine Paul-Klee-Ausstellung muss ihn enorm beeindruckt haben, denn viele Aquarelle von Wenders Hand dieser Zeit tragen Klees Zeichen.

Wenders begann, in 8-Millimeter zu filmen. Einmal nahm er von oben durchs Fenster nur seine Straße auf. „Was machst du denn da?", so die Mutter zum scheinbar kunstlosen Tun. Doch Wenders fand's interessant, und der heimliche Blick durchs Fenster auf die Straße kommt bei ihm immer wieder vor. In Oberhausen gibt es alljährlich die Westdeutschen Kurzfilmtage. „Da habe ich immer eine Woche Schule geschwänzt."

Medizinstudium in Freiburg – abgebrochen. Philosophiestudium in Düsseldorf – abgebrochen. Soziologie in Bochum ebenfalls. Kunstakademie Düsseldorf – Bewerbung abgelehnt. Dann ging er nach Paris und begann eine Lehre als Kupferstecher. „Das war vormittags. Aber meine Mansardenbude war bitterkalt. So ging ich in die Cinémathèque. Ein Film – ein Franc. Jeden Tag sah ich sechs, sieben Filme, zehn Stunden im Warmen, und schrieb im Dunkeln mit." So begann der Filmjournalist Wenders. An der Hochschule für Fernsehen und Film in München wurde er angenommen, schrieb für die „Filmkritik", die SZ, drehte erste Pop-Kurzfilme. Inzwischen kam Pop-Art auf und die Verbildlichung von Trivialkultur wie der Flippermaschine oder des Westerns („Same Player Shoots Again", „Alabama", „Silver City", „3 amerikanische LP's"). Eine Laufbahn begann. Der weitere Verlauf von Wenders' Biografie ist besser bekannt. Mit Fassbinder, Herzog, Schroeter und anderen wird er bald zu den Fahnenträgern des Neuen Deutschen Films gerechnet. Der Pfad seiner Filme ist von Ehrungen und auch Kassenerfolgen gesäumt. Nachdem er sich vom Handke-Einfluss gelöst hatte („Die Angst des Tormanns beim Elfmeter"; „Falsche Bewegung"), zu freieren Reise- und Wander-Filmen gekommen war („Alice in den Städten"; „Paris, Texas"), auch von Text-Vorlagen („Der amerikanische Freund" nach Highsmith; „Hammett") Abstand nahm, mischten sich zu Spielfilmen wie „Der Stand der Dinge", oder „Der Himmel über Berlin" mehr und mehr dokumentarische Arbeiten wie „Nick's Film – Lightning over Water", „Tokyo-Ga" oder „Aufzeichnungen zu Kleidern und Städten" sowie der überaus erfolgreiche „Buena Vista Social Club". In Amerika hatte er teils Pech („Hammett"), teils Glück („Am Ende der Gewalt"; „The Million Dollar Hotel"). Sein neuer Spielfilm, „Land of Plenty" über das gegenwärtige Amerika, eine Koproduktion, hatte jetzt Welturaufführung im Wettbewerb von Venedig.

Zwei wichtige Einflüsse: der halbvergessene japanische Meisterregisseur Yasujiro Ozu und der greise Italiener Michelangelo Antonioni, mit dem zusammen er 1995 „Jenseits der Wolken" drehte. Von den drei namhaftesten Düsseldorfer Filmregisseuren Harry Piel, Helmut Käutner und eben Wenders hat letzterer wohl die meisten Preise und Auszeichnungen bekommen (beispielsweise Goldener Löwe; Goldene Palme). Aber das hat wohl auch mit der Inflationitis von Preisen zu tun. Dieses Jahr bekam Wenders nun auch den „Helmut-Käutner-Preis der Landeshauptstadt Düsseldorf".

 ■ **Autor: Sebastian Feldmann**

Bruder Matthäus Werner

Ein lallender Betrunkener liegt auf einer Bank am Oberkasseler Salierplatz. Eine Schar von Jungen drängt sich um ihn und treibt ihren Schabernack mit ihm. Einer macht nicht mit: Dem jungen Michael ist das Treiben seiner Spielkameraden zuwider. Ihn rührt die Hilflosigkeit und die Einsamkeit des vor ihm liegenden Menschen.

Michael Werner heißt seit seinem Ordenseintritt Bruder Matthäus. Die Episode aus Kindertagen hat er bis heute nicht vergessen. Auch in der Schule fühlte er sich zu den Außenseitern in der Klasse hingezogen, half ihnen, nahm sie in Schutz. „Ich war immer ein frommes Kind", sagt der Ordensmann über sich selbst. Klösterliches Leben faszinierte ihn früh, doch Priester zu werden, kam für ihn nie in Frage. „Etwas Soziales" wollte er in seinem Leben tun.

1964 trat er den „Armen-Brüdern des heiligen Franziskus" bei, die der Lehrer Johannes Höver gut 100 Jahre zuvor in Aachen gegründet hatte. Hövers Wahlspruch: „Sich in den Werken der Barmherzigkeit üben" sprach den jungen Ordensmann an, der statt mit großen Worten lieber mit konkreten Taten vom Gott der Liebe erzählen wollte. Er war sich wohl bewusst, dass es dazu mehr brauchte als nur guten Willen. So studierte er in Essen Sozialarbeit und schloss das Studium 1971 mit dem Diplom ab. Die Leidenschaft des Anfangs ist ihm geblieben. „Ich will Menschen Lebensraum schaffen, die nicht die Leistung bringen können, die unsere Gesellschaft von ihnen erwartet", sagt der hagere Ordensmann bestimmt, denn: „Auch sie sind von Gott geliebt!"

Einen Drang in die Öffentlichkeit hat der Mann mit der braunen Kutte und dem weißen Strick von sich aus nicht verspürt: „Andere sind es gewesen, die mich aufgebaut haben", meint er. Seine Bekanntheit weiß er zu nutzen, nicht nur zur Spendenwerbung: „Die Armen in unserer Stadt haben gesellschaftliche Relevanz: Sie fordern unsere Solidarität heraus. Und sie spiegeln uns unser anderes Ich wider. Denn der Mensch ist mehr als nur Konsument."

Einen Namen hat sich der emsige Ordensmann in Düsseldorf spätestens 1995 gemacht. Damals rief er zusammen mit dem Journalisten Hubert Ostendorf medienwirksam die Obdachlosenzeitung „Asphalt" ins Leben. Später tauften sie das Blatt in „fifty-fifty" um. Nicht nur, weil die Hälfte des Preises den meist wohnungslosen Verkäufern als Gewinn verbleibt. Sondern auch, weil die meist wohnungslosen Autoren über die Zeitung ihr Leben mit den Lesern teilen. Aus passiven Hilfeempfängern wurden so kleine Unternehmer. Der Erfolg dieser „Ich-AGs" hält bis heute an.

Über „fifty-fifty" kam es zu Kontakten mit Künstlern wie Jörg Immendorff und Bert Gerresheim. Berührungsängste kennt Bruder Matthäus nicht: „Auch Künstler sind im Grunde Außenseiter", meint er verschmitzt, „sie werden erst dann akzeptiert, wenn sie berühmt geworden sind".

Mittlerweile ist seine „Ordensgemeinschaft" an vielen Orten in der Stadt präsent: mit Nachtunterkünften, Beschäftigungshilfen, Wohnprojekten, Streetwork. An bereitwilligen Spendern herrscht im wohlhabenden Düsseldorf kein Mangel: „Ich gebe den Menschen die Gelegenheit, dass sie bei mir ihr soziales Gewissen austoben können."

Fromm ist Bruder Matthäus bei aller Arbeit geblieben. Jeden Morgen um halb sieben beginnt für ihn der Tag im Haus mit Meditation und Gottesdienst zusammen mit seinen vier Mitbrüdern. Und am Abend gegen halb elf nimmt er erneut das Gebetbuch für das Nachtgebet, die Komplet zur Hand.

Als „Generalrat" ist der Ordensmann verantwortlich für die 15 Armen-Brüder in Deutschland, Belgien und den Niederlanden. Über die Perspektiven seiner Gemeinschaft macht er sich keine Illusionen: Seit Jahren ist kein junger Mann mehr beigetreten. Und wenn es eines Tages keine deutschen Bruder mehr geben sollte? „Dann könnten Mitbrüder aus Brasilien hier einsteigen, dort floriert unsere Gemeinschaft", meint er gelassen. Und schließlich sind da die vielen Mitarbeiter, die schon jetzt aus der Arbeit der „Ordensgemeinschaft" nicht wegzudenken sind. Die Leidenschaft für Außenseiter wirkt ansteckend.

 Autor: Bruder Frank Peters

Alexandra von der Weth

Alles an ihr ist in Bewegung, sie sprudelt über vor Ideen und Geschichten, ist nachdenklich und gleich darauf albern, philosophiert, spekuliert und schwärmt: Alexandra von der Weth, Sopran-Star der Rheinoper schillert in so vielen Facetten, dass man gar nicht weiß, wie man anfangen soll, sie zu schildern. Schillernd ist aber nicht nur die attraktive Oberfläche, Alexandra von der Weth hat Tiefgang, einen Hang zur Mystik, ist süchtig nach Literatur und Kunst und immer auf der Suche nach dem, was die Welt im Innersten zusammen hält. Sie scheint vieles zugleich zu sein, was widersprüchlich ist und vereint es doch in ihrem, wie sie sagt „irrlichternden" Wesen. Sie ist großzügig und ausufernd, immer neugierig, immer auf dem Sprung. Das Widersprüchliche macht sie faszinierend, aber zugleich verletzlich und angreifbar. Alexandra von der Weth ist kein Fels in der Brandung, sie ist ein Luftwesen, das es immer hinauf zu ziehen scheint.

Heutzutage geben sich Opernsängerinnen gerne normal, betonen ihre Bodenständigkeit, laufen in Jeans herum und wehren sich vehement gegen den Verdacht, Diven-Allüren zu zelebrieren. Dennoch sehnt sich das Publikum nach Stars, die eben ein bisschen mehr als normal sind. Alexandra von der Weth kommt in Jeans zum Interview und signalisiert zunächst das normale Mädchen von nebenan. Und doch ist ein gleich ein Hauch von Glamour um sie, eine subtile Erotik, die die Blicke eben nicht nur auf der Bühne auf sich zieht. Mit „groß, blond und sexy" ist sie aber schlecht beschrieben, denn ihre Ausstrahlung ist höchst fragil, sie spielt mit ihren Schlüsselreiz-Attributen, weckt begehrliche Blicke mit einer gewissen mutwilligen Ironie und lacht nach jeder geglückten Geste der Verführung, als sei alles nur ein Spaß gewesen.

Ihr bewegtes Leben war schon früh von der Faszination des Gesangs geprägt. Mit vier Jahren hörte sie Aufnahmen von Leontyne Price und wusste sofort: Ich will Sängerin werden. Sie hörte „Tristan" und „Aida", schwere Kost fürs Kindergartenalter, und war gleich mit „heiligem Ernst" bei der Sache. Im heimischen Coburg ging sie auf das musische Gymnasium „Albertinum", das offizielle Hauptfach war Geige, ihr Herzensfach aber die eigene Stimme, die sich schon früh zum lyrischen Sopran rundete. Mit 17 Lenzen sang sie zum ersten Mal öffentlich: Elsas Traum aus Wagners „Lohengrin", bald darauf die Sopranpartie aus Orffs „Carmina Burana", dann die erste Arie der Königin der Nacht. Nach dem Studium kam das erste Engagement an der Deutschen Oper in Berlin und dort wurde die Begegnung mit Regisseur Günter Krämer zum eigentlichen Schlüsselerlebnis der Opernsängerin von der Weth. Die Blanche in „Dialog der Carmeliterinnen" war ihr Durchbruch zur überzeugenden Sänger-Darstellerin.

Dann kam der Wechsel an die Düsseldorfer Rheinoper und hier wurde sie mit Massenets „Manon" zum Star. Es folgten Mozart- und Händelpartien, die „Traviata", „Lucia di Lammermoor", Strauss' „Capriccio"-Gräfin und – ihr spektakulärster Erfolg – Bellinis „Norma" in Werner Schroeters bildermächtiger Inszenierung. Gastspiele führten an große Bühnen, ihr Repertoire erweitert sie ständig und scheut sich auch nicht vor Neutönern. Dennoch ist ihr Weg nicht gradlinig, ihre Karriere nicht frei von überraschenden Wendungen. Es gab Brüche, Irritationen, Entwicklungsschübe und Rückschläge. Was für den Betrachter sprunghaft wirkt, folgt jedoch im Grunde nur der Logik oder eben Alogik ihres überbordenden Wesens. Dabei steht immer ihre unverwechselbare, kostbar timbrierte, weich leuchtende Sopranstimme im Mittelpunkt, die sehr vielfältige Möglichkeiten besitzt und eben deshalb zwischen Barock und Avantgarde so vieles mit vibrierendem Leben füllen kann.

Ob sie eines Tages im schweren Wagner-Fach landet, ob sie ihren Mozart-Gesang vertieft, ob sie ihre Liebe zur Videokunst zur Profession macht oder ob ihr Interesse für tibetischen Buddhismus sie eines Tages ins Kloster zieht: Es ist ihr fast alles zuzutrauen. Nur eines traut man ihr nicht zu: dass sie ein langweiliges, berechenbares Leben führt.

Albrecht Woeste

Seinen Ruf als Wirtschaftszentrale am Rhein verdankt Düsseldorf in starkem Maß seinen Unternehmerfamilien. Dass zwei Namen von ihnen noch immer großes Gewicht in der Stadt haben, das darf sich hingegen ein einzelner, Albrecht Woeste, ans Revers heften. Der Ingenieur, Unternehmer und Sportliebhaber ist Urenkel von Fritz Henkel, dem Gründer des Waschmittel- und Klebstoffherstellers Henkel. Zugleich ist er Spross der Familie Woeste, die in Düsseldorf-Bilk ein wichtiges Unternehmen für Rohrverschraubungen gründete.

„Solche Namen haben einen guten Klang", räumt der 69-jährige Woeste ein. Doch seinen Weg als Unternehmenschef der Firma Woeste und oberster Kontrolleur des Henkel-Konzerns musste der gebürtige Düsseldorfer schon allein gehen. Heute ist der frühere Präsident der Industrie- und Handelskammer einer der einflussreichsten Vertreter des Düsseldorfer Bürgertums. Er ist aktiv für den „Rochus"-Tennisclub, dessen Turnier GmbH er leitet, ist Vizepräsident des Düsseldorfer Reiter- und Rennvereins, Mitglied der „Düsseldorfer Jonges" und engagiert sich im Industrieclub.

Zuvor musste sich der Träger des prominenten Namens erst einmal bewähren. Der gelernte Ingenieur schaute sich um in der Welt – in der Schweiz, in England und in anderen Düsseldorfer Unternehmen. 1963 übernahm er die technische Leitung im väterlichen Betrieb. 13 Jahre später war er Alleininhaber des Metallunternehmens, und im gleichen Jahr wurde er auch stellvertretender Vorsitzender des für den Familienkonzern Henkel so wichtigen Gesellschafterausschusses. Dessen Leitung trat er dann 1990 an – zugleich mit dem Vorsitz im Aufsichtsrat.

Ein geteiltes Leben für den rührigen Unternehmer. „Ich arbeitete morgens in meinem Büro in Bilk und fuhr nachmittags mit dem Auto in den Stadtteil Holthausen, wo die Henkel-Zentrale steht", beschreibt Woeste seine damalige Zeiteinteilung. „Der Weg zwischen beiden Büros reichte zum Umschalten." Als Klammer nutzte er seine Kenntnisse als Unternehmer und Ingenieur. „Wenn ich durch die Waschmittelproduktion von Henkel gegangen bin, habe ich sofort gesehen, ob alles optimal läuft", sagt der Technik-Fan. „Schließlich habe ich mich 40 Jahre mit solchen Problemen beschäftigt." Das Verkaufen der Henkel-Produkte überlässt er aber lieber den Marketing- und Vertriebs-Profis. „Da höre ich gerne auf fachkundigen Rat."

Bei den großen unternehmerischen Entscheidungen im Henkel-Konzern wie dem Kauf von Schwarzkopf, Loctite oder des US-Waschmittelherstellers Dial war er wiederum voll beteiligt. Da konnte Woeste schon mal direkt eingreifen, wenn es dem Konzerninteresse diente. So hatten er und der frühere Konzernchef Helmut Sihler in Erfahrung gebracht, dass der schwedische Kosmetikhersteller Barnengen zum Verkauf stand. Die Stockholmer Großbank Nordbanken hatte das illiquide, aber markenstarke Unternehmen in Pfand genommen. Sihler und Woeste vereinbarten, sofort Kontakt mit dem ihnen unbekannten Management aufzunehmen. Sie wollten keine Zeit verlieren. Zuvor musste der damalige IHK-Präsident Woeste allerdings einen offiziellen Termin der Kammer wahrnehmen und traf dort ausgerechnet den Chef von Nordbanken – als Vertreter einer schwedischen Wirtschaftsdelegation. Noch im Nebenzimmer verabredeten die beiden die Kaufabsicht.

Noch wichtiger ist Woestes Position in der großen Henkel-Familie. Genau 83 Mitglieder zählen die Nachkommen von Firmengründer Fritz Henkel. „Die muss ich alle unter einen Hut bekommen, Künstler, Schauspieler, Rechtsanwälte, Ärzte." Als Familienmensch hält der Unternehmer die Kontakte, versammelt die über die ganze Welt zerstreute Sippe mehrfach im Jahr in Düsseldorf. „Da sind lange Diskussionen angesagt, aber am Ende haben wir uns bislang noch stets geeinigt", berichtet Woeste. Familienfehden wie in anderen deutschen Industrieclans gibt es bei Henkel nicht.

Auch die eigene Familie kommt bei Woeste nicht zu kurz. Den väterlichen Betrieb hat er zum 65. Geburtstag an seinen Sohn Gerrit abgegeben. Und seine sieben Enkel sieht der Großvater regelmäßig. Allerdings nur so oft, dass auch für seine Leidenschaft, den Galoppsport – Woeste hat eigene Pferde – noch ausreichend Zeit bleibt.

 Autor: Martin Kessler

Ingo Wolf

Der Name, die Farbe des Haarschopfs, die Körpergröße, der Beruf – es liegt nahe, bei Ingo Wolf auf Wortspiele zu verfallen. „Der graue Wolf“, „Der Wolf in seinem Revier“ lauteten die Schlagzeilen, als der bis dahin außerhalb der FDP eher unbekannte Politiker in jenem turbulenten Herbst 2002 auf den Sessel von Jürgen Möllemann als Fraktionschef der Liberalen im Düsseldorfer Landtag gehievt wurde. Eine Karriere im Blitztempo. Viele wunderten sich – nur Wolf selbst sich nicht.

Heute ist Wolf Spitzenkandidat der NRW-FDP für die kommende Landtagswahl und hat nach Lage der politischen Dinge gute Chancen, alsbald als stellvertretender Ministerpräsident die Geschicke des größten Bundeslandes mitzubestimmen. „Das war so nicht geplant. Aber die Politik ist manchmal unberechenbar. Es war für mich selbstverständlich, die Verantwortung anzunehmen“, sagt er heute im Rückblick. Wolf war erst seit zwei Jahren im Landtag, hatte einen guten Ruf als Fachmann für Kommunalpolitik. Dann stürzte Möllemann über die Flugblattaffäre, die 24 liberalen Abgeordneten brauchten jemanden, der den Laden zusammenhielt, und wählten Ingo Wolf.

„Dabei war ich schon fast in Berlin“, erinnert sich Wolf. Denn er hatte auch ein Bundestagsmandat und wollte in der Hauptstadt Karriere machen. Aber so startete er in Düsseldorf durch. Für diese Spitzenposition fühlte er sich gerüstet. „Ich war stellvertretender Stadtdirektor in Euskirchen, danach Oberkreisdirektor. Eine äußerst befriedigende Zeit, denn man verantwortet alle Politikfelder und hat den Kontakt zur Basis ebenso wie den Einblick ins große Ganze“, so Wolf. Wenn er von dieser Zeit erzählt, leuchten noch heute die Augen des 1,90 Meter großen Fast-Fünfzigers.

Er weiß, dass er die großen Gaben des „political animal“ Möllemann nicht hat: Möllemann spielte fast perfekt auf der Klaviatur der Mediengesellschaft, Wolf kann da nicht mithalten. Aber er setzt seine Stärken dagegen: Solidität und Verlässlichkeit. Diese werden gespeist aus einem intakten familiären Umfeld: Der glücklich Verheiratete ist Vater von drei Kindern, von denen das älteste gerade aufs Gymnasium gekommen ist. Der promovierte Jurist hat eine Juristin geheiratet, die mittlerweile wieder halbtags arbeitet. Die Familie zieht es im Sommer zum Wandern in die Berge, die Wochenenden werden zu Radausflügen genutzt, wenn es das Wetter hergibt. Da Wolf zudem noch leidenschaftlich gern auf Inlineskates unterwegs ist, kann man ihm flinke Beine attestieren. Den Grundstock für seine gute Konstitution holte er sich schon in jungen Jahren. Denn Wolf war begeisterter Feldhockeyspieler und diente zehn Bundesligajahre dem Verein Rot-Weiß Köln als Vorstopper.

Er wohnt in Köln, als Kleinkind kam er aus Braunschweig mit seinen Eltern in die Domstadt. Vom Karneval ist er infiziert, den feiert er gerne in Düsseldorf. „Ich bin wegen der Werte von Freiheit und Selbstverantwortung 1988 in die FDP eingetreten. Davon finde ich in der rheinischen Mentalität viel wieder, deshalb fühle ich mich hier sehr wohl“, sagt Wolf. Deutlich mehr von dieser Mentalität täte dem ganzen Land gut, davon ist Wolf überzeugt. In der Wirtschaftspolitik, bei der Bildung, in der Forschung oder der Bürokratie – die Liberalen wollen das Land durchlüften. Einmal war Wolf, gerade erst frischgebackener Fraktionschef, schon nahe daran, auf die Regierungsbank zu wechseln. Als Ministerpräsident Peer Steinbrück (SPD) aus heiterem Himmel eine Koalitionskrise losbrach, schien ein Wechsel von den Grünen weg und hin zur FDP in der Luft zu liegen. „Ich habe das gelassen gesehen. Letztlich ist es an Steinbrück gescheitert.“ Was damals nicht klappte, soll nun mit der CDU gelingen, eine Koalitionsaussage zugunsten der Rüttgers-Truppe ist nur noch Formsache.

Bis es soweit ist, will sich Wolf landesweit bekannt machen – ohne den Rummel, der bei Möllemann so oft zum Zirkus geriet. Fallschirmabsprünge wird es mit ihm nicht geben, obwohl auch Wolf diesen Sport beherrscht. „Wolfs Revier“ ist jetzt ganz NRW: So heißt es auch auf seiner Homepage. Manche Wortspiele liegen einfach zu nahe, als dass man auf sie verzichten kann.

Autor: Frank Uferkamp

Bernhard Zamek

Wer kennt es nicht, das rote Rechteck mit den gebogenen Ober- und Unterkanten, in dem mit kräftigen, schnörkellosen Lettern weiß der Name Zamek prangt? Gleich hat man den freundlichen Werbeslogan im Ohr, der verspricht „Mit Zamek fängt die Mahlzeit an"? Der Name der Suppen-Dynastie gehört zu Düsseldorf wie Schlossturm und Weiße Dame. Mittlerweile bereitet sich die vierte Zamek-Generation auf die Arbeit im Familienunternehmen vor. „Er macht das gut", sagt Bernhard Zamek, Firmenchef der dritten Generation, über seinen Sohn, der sich die ersten Sporen im Marketing verdient.

Bernhard Zamek – oder besser: Ben, so kennt ihn Düsseldorf – führt die „Nahrungsmittelfabriken" mit ihrer Zentrale in Reisholz allein, seitdem sich sein Vater Günther Anfang der 90er Jahre aus dem operativen Geschäft zurückgezogen hat. „Aber er war noch oft in der Firma, verfolgte das Geschehen genau", sagt Ben Zamek. Wie das so ist bei richtigen Familienunternehmern. Für den Sohn keine Belastung, eher wie ein As im Ärmel, eine Art Versicherung. Im Sommer 2004 ist Günther Zamek verstorben. Er hatte das Unternehmen von seinem Vater Bernhard senior übernommen, der den fetthaltigen Brühwürfel erfunden hat und diesen seit 1932 produzierte und verkaufte. Der Würfel war gewissermaßen der Grundstein, heute gehören Suppen und Soßen, Teigwaren und Feinkost, Süßspeisen und Tiefkühlkost zum Sortiment. Rund 700 Menschen arbeiten in Düsseldorf, Köln und Dresden bei Zamek und erwirtschaften einen Umsatz von 130 Millionen Euro.

Das rote Logo prangt in Supermärkten, Metzgereien und in der Gastronomie – aber auch auf Sporttrikots. Sport ist die Leidenschaft von Ben Zamek. Mit dem Fußball und auf Skiern hat er es in seiner Jugend zu einiger Perfektion gebracht, er war auf einem Sportinternat und verpasste 1967 nur knapp die Qualifikation für die Olympischen Winterspiele. „Nach einer Studienzeit und diversen Praxiserfahrungen bei in- und ausländischen Banken und Unternehmen holte mich mein Vater in die Firma und ließ mich alle Bereiche des Unternehmens von der Pike an durchlaufen", sagt er, und räumt schnell das Klischee vom „goldenen Löffel im Mund" aus dem Weg.

Der sportliche Ehrgeiz ist ungebrochen, doch heute fließt er in die Jugendarbeit. Dort ist eine Sparte nicht genug für den Mann, der vor Energie sprüht – der Tennis- und Eishockey-Nachwuchs in der Landeshauptstadt profitiert von Ben Zamek und seiner Sportbegeisterung. Sein Motiv: „Ich habe im Internat und im Sport gelernt, wie wichtig die Erfahrung ist, gemeinsam zu gewinnen und zu verlieren." Eine Erfahrung, die Zamek unerlässlich findet, um im Leben Sicherheit zu finden. Und: „Wir haben hier etwas Gutes aufgebaut und verdienen damit Geld. Daran möchte ich andere teilhaben lassen." Die anderen – das sind vor allem die Kinder und Jugendlichen in seiner Tennis- und Eishockey-Schule; das war und ist auch die DEG. Als diese 1998 in einer finanziellen und sportlichen Krise steckte, griff Zamek nicht nur zum Scheckbuch, sondern packte auch beherzt mit an: Er stellte sich als Präsident zur Verfügung. Dieses Amt bekleidet er noch heute.

Auch als Manager setzt Ben Zamek auf Beweglichkeit. „Wir sind schneller als die Großen", begründet er den anhaltenden Erfolg der Firma, „und das wissen die Großen auch", fügt er angriffslustig hinzu. Zamek verfolgt eine Doppelstrategie: Die eigene Marke ist stark im Fachhandel, für den breiten Markt produziert er aber auch Handelsmarken. Die strenge Absatz-Kontrolle erkennt schnell Flops und Renner im Sortiment. Und Zamek reagiert sofort.

Das geht, weil das Team mitzieht. Die Firmenleitung schult ihre Mitarbeiter immer wieder, informiert sie und bezieht sie die wirtschaftliche Entwicklung ein. Deshalb kann Ben Zamek sicher sein: „Wenn wir die Produktion plötzlich hochfahren müssen, sind die Mitarbeiter da."

Er weiß: „Unternehmer müssen sich Veränderungen stellen, sonst haben sie keine Chance zu überleben." Wie er das Tag für Tag schafft, bei diesen vielfältigen Aufgaben? Ben Zamek antwortet wie immer – schnell und augenzwinkernd: „Ich esse halt die vielen guten Dinge aus unserem Hause."

 ■ Autorin: Annett Urbaczka

Geburtstage

Januar

12.01.1948	Heinz-Richard Heinemann
20.01.1963	Oscar Bruch jun.
21.01.1967	Peter König
22.01.1967	Jenny Jürgens
28.01.1942	Josef Klüh

Februar

10.02.1933	Gottfried Arnold
12.02.1958	Axel Herberg
14.02.1926	Walter Brune
18.02.1926	Klaus Bungert
20.02.1968	Alexandra von der Weth
21.02.1946	Peter Förster
26.02.1944	Karl-Heinz Meyer
27.02.1936	Marie-Luise Smeets

März

08.03.1937	Coordt von Mannstein
08.03.1960	Christoph Ingenhoven
09.03.1952	Udo Hinsche
10.03.1946	Ute Henriette Ohoven
19.03.1969	Michael Schnitzler
26.03.1955	Ingo Wolf
31.03.1942	Ulrich Schmidt

April

01.04.1946	Jürgen Büssow
02.04.1913	Friedrich G. Conzen
06.04.1936	Manfred Kronen
06.04.1952	Michael Vesper
09.04.1962	Susanne Anna
10.04.1954	Werner M. Dornscheidt
17.04.1952	Helge Achenbach
20.04.1949	Marcellino Hudalla
25.04.1941	Markus Lüpertz

Mai

01.05.1946	Ulrich Lehner
01.05.1947	Jean-Claude Bourgueil
04.05.1937	Kurt Merse
05.05.1942	Ulrich von Malotki
06.05.1944	Wolfgang von Meibom
12.05.1952	Rolf Steinhäuser
24.05.1955	Heiner Kamps
26.05.1926	Udo van Meeteren
29.05.1930	Burkhard Hirsch
29.05.1941	Toni Lirsch

Juni

02.06.1941	Karl-Heinz Lause
03.06.1944	Jean-Hubert Martin
04.06.1943	Lutz Aengevelt
04.06.1943	Hanns Friedrichs
06.06.1928	Heinz Hessling
08.06.1944	Joseph Anton Kruse
11.06.1951	Manfred Breuckmann
14.06.1945	Jörg Immendorff
18.06.1941	Gert Kaiser
25.06.1936	Claus Groth

Juli

06.07.1948	Werner Greb
08.07.1949	Bernhard Zamek
27.07.1941	Frank Schnitzler
31.07.1958	Jürgen Marbach

August

06.08.1951	Kay Sebastian Lorentz
14.08.1945	Wim Wenders
15.08.1960	Peter Nöthel
23.08.1952	Anne-José Paulsen
26.08.1940	Hermann Franzen
31.08.1939	Josef Arnold

September

02.09.1949	Joachim Erwin
05.09.1949	Joachim Hunold
07.09.1961	Peter Christian Küspert
12.09.1942	Bernd M. Michael
16.09.1944	Klaus-Peter Müller
19.09.1957	Michael Specking
24.09.1963	René Heinersdorff
26.09.1936	Gerd Welchering
27.09.1962	Christiane Oxenfort
29.09.1939	Otto Schneitberger

Oktober

02.10.1949	Hans-Heinr. Grosse-Brockhoff
08.10.1935	Bert Gerresheim
09.10.1936	Tsunejiro Takagi
12.10.1948	Fritz Behrens
14.10.1942	Tristano Onofri
17.10.1962	Roland Ross
18.10.1965	Oliver Schmidt
20.10.1940	Jürgen von Kuczkowski
20.10.1946	Alfons Labisch
25.10.1954	Vera van Hazebrouck
30.10.1935	Albrecht Woeste

November

02.11.1972	Anna Montanaro
08.11.1953	Thomas Krauth
08.11.1943	Bruder Matthäus Werner
10.11.1959	Martin Thiel
12.11.1964	Thomas Berthold
13.11.1924	Matthias Mauritz
17.11.1934	Edgar Jannott
17.11.1951	Anna Badora
27.11.1938	Horst Klosterkemper
28.11.1935	Albert Eickhoff

Dezember

02.12.1947	Roderich Stomm
05.12.1941	Hans Schwarz
11.12.1956	Rainer Schwarz
13.12.1938	Heinz Georg Kramm (Heino)
14.12.1939	Wolfgang Schulhoff
21.12.1941	Wolfgang Kühn
29.12.1965	Olaf Göttgens
31.12.1935	Engelbert Oxenfort
31.12.1937	Paul Spiegel

Die Autoren

Dr. Heribert Brinkmann, geb. 27. Juni 1956,
Redakteur, Lokalredaktion Rheinische Post, Moers

Michael Brockerhoff, geb. 7. September 1951,
Redakteur, Lokalredaktion Rheinische Post, Düsseldorf

Pamela Broszat, geb. 12. Januar 1959,
freie Journalistin

Dr. Torsten Casimir, geb. 9. November 1961,
Leiter Kulturredaktion Rheinische Post

Nathalie Dirim, geb. 25. September 1973,
Kolumnistin, EXPRESS-Redaktion, Düsseldorf

Sebastian Feldmann, geb. 28. Februar 1943,
Redakteur, Kulturredaktion Rheinische Post

Arno Gehring, geb. 12. November 1952,
Redakteur, EXPRESS-Redaktion, Düsseldorf

Friedhelm Görgens, geb. 5. November 1948,
Herausgeber

Regina Goldlücke, geb. 9. November 1949,
freie Journalistin

Michael Grixa, geb. 19. Juni 1949,
Leiter EXPRESS-Redaktion, Düsseldorf

Jürgen Grosche, geb. 11. September 1960,
freier Wirtschaftsjournalist

Dr. Lars-Björn Gutheil, geb. 21. Juni 1972,
Assistent der Geschäftsführung der Industrie- und Handelskammer (IHK) Linker Niederrhein und Journalist

Ulrich Hermanski, geb. 31. Juli 1956,
Rechtsanwalt und Publizist

Claudia Holthausen, geb. 19. November 1959,
Kontakte für Kultur, PR

Inge Hufschlag, geb. 17. November 1945,
Redakteurin, Handelsblatt

Bernd Jolitz, geb. 22. Januar 1963,
Redakteur, Sportredaktion Rheinische Post

Dr. Martin Kessler, geb. 7. September 1959,
Leiter Wirtschaftsredaktion Rheinische Post

Dieter Koditek, geb. 5. Juni 1943,
Redakteur, Sportredaktion Rheinische Post

Jutta Laege, geb. 13. April 1969,
stellvertretende Leiterin EXPRESS-Redaktion, Düsseldorf

Peter Lamprecht, geb. 28. April 1945,
Landespolitikkorrespondent Welt am Sonntag, NRW

Ulrike Merten, geb. 13. Juli 1958,
Kulturredakteurin Neue Rhein Zeitung, Düsseldorf

Andrea Militzer, geb. 28. März 1973,
freie Journalistin

Michael-Georg Müller, geb. 14. Dezember 1953,
Lehrer und freier Autor

Regine Müller, geb. 22. April 1962,
freie Journalistin

Hans Onkelbach, geb. 3. Juni 1953,
Leiter Lokalredaktion Rheinische Post, Düsseldorf

Bruder Frank Peters OFM, geb. 28. Oktober 1966,
Franziskanerpater und Journalist

Natascha Plankermann, geb. 24. September 1966,
Journalistin, Autorin, PR-Beraterin

Frank Preuß, geb. 24. März 1961,
Leiter Lokalredaktion Neue Rhein Zeitung, Düsseldorf

Brigitte Röbel, geb. 30. Juni 1942,
Kulturredakteurin, BILD, Düsseldorf

Matthias Roscher, geb. 15. April 1945,
Redakteur, Wirtschaftspolitik, Lokalredaktion Rheinische Post, Düsseldorf

Uwe-Jens Ruhnau, geb. 13. Oktober 1963,
Leiter Lokalredaktion Düsseldorf, Neuss/Kreis Neuss und Burscheid, Westdeutsche Zeitung

Alexander Schulte, geb. 25. September 1968,
Redakteur, Sport und Kommunalpolitik, Lokalredaktion Westdeutsche Zeitung, Düsseldorf

Ludolf Schulte, geb. 19. Juni 1940,
Redakteur, Kommunalpolitik, Lokalredaktion Rheinische Post, Düsseldorf

Werner Schwerter, geb. 17. September 1951,
freier Kulturjournalist

Dieter Sieckmeyer, geb. 1. März 1959,
Redakteur, Lokalredaktion Westdeutsche Zeitung, Düsseldorf

Carlheinz Tüllmann, geb. 9. März 1943,
Redakteur, Magazinredaktion Rheinische Post

Frank Uferkamp, geb. 29. Dezember 1962,
Redakteur, Landeskorrespondent Westdeutsche Zeitung

Annett Urbazcka, geb. 14. Juli 1963,
Redakteurin, Wirtschaftsredaktion Rheinische Post

Birgit Wanninger, geb. 1. Dezember 1954,
Redakteurin, Lokalredaktion Rheinische Post, Düsseldorf

Georg Winters, geb. 24. Oktober 1961,
Redakteur, Wirtschaftsredaktion Rheinische Post

Tigo Zeyen, geb. 29. September 1965,
PR-Beraterin, Journalistin, Buchautorin

Die Herausgeber

Natascha Plankermann, geb. 1966 in Wuppertal, lebt in Düsseldorf, studierte Germanistik, Geschichte und Kunstgeschichte und ist ausgebildete Redakteurin. Als Ressortleiterin war sie maßgeblich beteiligt am Aufbau des bundesweit erscheinenden Monatsmagazins „Lenz", arbeitet nunmehr als freie Journalistin regelmäßig für Publikationen des Goethe-Instituts, überregionale Magazine und Tageszeitungen. Sie verfasst Broschüren und Newsletter in Zusammenarbeit mit dem NRW- und dem Bundeswissenschaftsministeriums; sie gibt Seminare für Presse- und Öffentlichkeitsarbeit.
Mehr unter www.pla-text.de · Kontakt: info@platext.de

Tigo Zeyen, geb. 1965 in Buenos Aires, lebt in Köln, studierte Sprachwissenschaften, Romanistik und Politologie und arbeitete mehrere Jahre in Südamerika, Europa und Asien. Ausgebildet als Journalistin, Hörfunk- und Fernsehredakteurin beim WDR, Köln, ist sie seit zehn Jahren erfolgreich selbstständig als Kommunikationsberaterin im Bereich PR und Marketing. 2000 trat sie mit ihrem ersten Buch über Indien in die Öffentlichkeit. Weitere folgten. 2003 gründete sie einen professionellen Biografie-Service, der sich mit den Lebensläufen von Privatpersonen und Unternehmensgeschichten befasst.
Mehr unter www.ueber-ihr-leben.de oder www.ueber-ihre-firma.de
Kontakt: tigozeyen@web.de

Der Dank der Herausgeber für das Zustandekommen dieses Buches gilt vor allem Axel Pollheim. Als Herausgeber von „100 Düsseldorfer Köpfe", 1996, haben seine Erfahrungen, sein Rat und seine tatkräftige Unterstützung wesentlich zum Gelingen dieses Projekts beigetragen. Außerdem sei den Autoren, die ausführliche Interviews mit den Düsseldorfer Köpfen geführt und exklusive Portraits verfasst haben, herzlich gedankt.
Natascha Plankermann und Tigo Zeyen, November 2004

Friedhelm Görgens, geb. 1948 in Langenfeld/Rhld., Studium der Geschichte, Germanistik und Politischen Wissenschaften in Köln. Seit 1969 als Journalist tätig, 1977–1986 Pressesprecher der CDU in NRW und seit 1983 CDU-Landtagsfraktion NRW, 1986–1991 Redaktionsleiter „Deutschland Union Dienst", 1991–1994 Pressesprecher der internationalen Hilfsorganisation CARE, 1995–2002 Chefredakteur Kommunalmagazin von CDU und CSU, seit 2002 Chefredakteur „Soziale Ordnung".

Der Fotograf **Hartmut S. Bühler,** geb. 1955 in Tübingen, war Autor für Wirtschafts- und Medienmagazine sowie Redakteur diverser Tageszeitungen. Darüber hinaus Texter einer internationalen Werbeagentur. Seit 1989 widmet er sich ganz der Portraitfotografie. Seine Auftraggeber sind Wirtschafts- und Publikumszeitschriften, PR-und Werbeagenturen. Die Bilder des Wahl-Düsseldorfers zeichnen sich aus durch ein hohes Maß an Einfühlungsvermögen.
Mehr unter www.hsbuehler.com · Kontakt: info@hsbuehler.com

Dank an: PPS Zentrum für Bildkommunikation, Düsseldorf: Christof Bergmann, Barbara Heinemann, Achim Frey, Kirsten Klasen, Silke De Payrebrune, Jasmin Rankovic, Andrea Schreier. Extra-Dank an Thomas Kieslich, Martin Seiwert, Peter Stippel (für unerschütterliche Treue) von der Redaktion absatzwirtschaft – Zeitschrift für Marketing; Verlagsgruppe Handelsblatt. Jens-Peter Feddersen (Godfather of Light & E 6-Process, Mentor), Anke Freymuth (Ideengeberin, Motivatorin, „best Mensch"), Jürgen Gockel, Michael Helbing (Assistent, Berater), Lilia Hirsch (für Anschub), Rita Jankowski, Helga & Hubert Kemper, Christoph Kniel (Star-Assistent), Andreas Oberholz, Ilse Pelz, Lucia Pieper, Waldemar Porschke (Assistent), Rechtsanwalt Christian Segbers & Frau Barbara, Angelika & Jürgen Schütt, Wiltrud Schwab, Bert Verheyen.
Hartmut S. Bühler, November 2004